我与百年廊小

朱保良／著

上海社会科学院出版社
SHANGHAI ACADEMY OF SOCIAL SCIENCES PRESS

领导视察

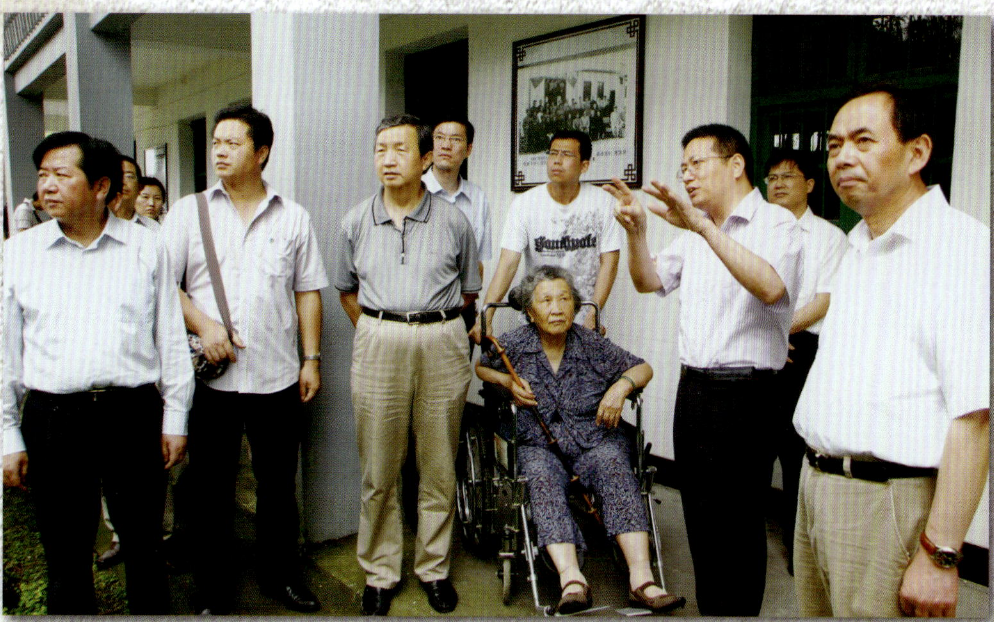

时任国务委员、国务院秘书长马凯来校视察

时任全国妇联副主席焦扬来校调研

专家指导

◀ 原上海市教育委员会副主任张民选教授来校调研指导

▼ 当代教育名家、华东师范大学叶澜教授来校考察指导

时任中国教育学会常务副会长、原国家副总督学郭振有教授来校指导

特级教师、上海市英语教研员朱浦来校指导英语教学

特级教师、上海市数学教研员姚剑强来校指导数学教学

上海市语文教研员薛峰来校指导语文教学

教学研讨

语文教研组

数学教研组

英语教研组

综合学科教研组

能歌善舞

1）学生在中央电视台跳莲湘舞
2）能歌善舞雕塑
3）全体学生在操场上一起打莲湘
4）学生在课间玩唱拍手歌

校园美景

1）何朱两先生铜像
2）静渊亭
3）志贤门
4）校训石

5）张鲜军雕像

6）松梅园

7）桃李园

8）荷池咏春

镇校之宝

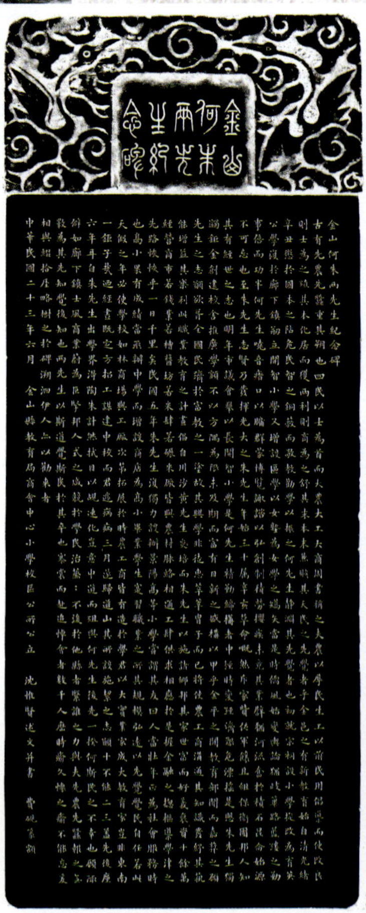

1）1917年学校全体师生合影
2）110多年前学校创始校“斗姥阁”里的茶几
3）20世纪30年代“何朱两先生纪念碑”拓片

一阁一馆

1

2

3

1）斗姥阁（校史馆）
2）学生参观斗姥阁（校史馆）
3）领导参观何鄂雕塑馆
4）“斗姥阁（校史馆）”“何鄂雕塑馆”落成典礼

4

牵手复旦

1）2017年学校与复旦大学签约

2）复旦大学学生参观我校

3）我校教师参观复旦大学

4）我校学生参观复旦大学

对外交流

1

2

1）香港教育代表团来校参观

2）美国中美友好协会执行主席兼秘书长肖云飞先生来校参观

3）韩国首尔金城初等学校师生与我校学生开展交流活动

4）澳大利亚华裔青少年与我校学生开展交流活动

3

4

名人题词

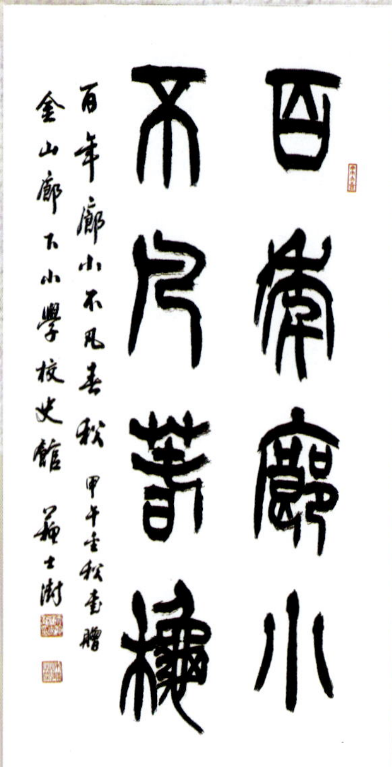

1

2

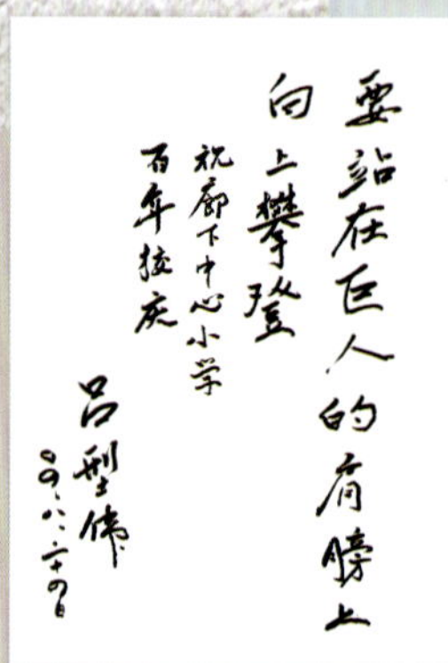

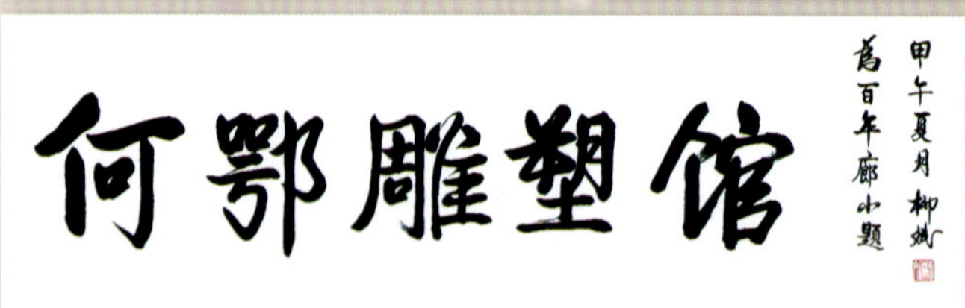

3

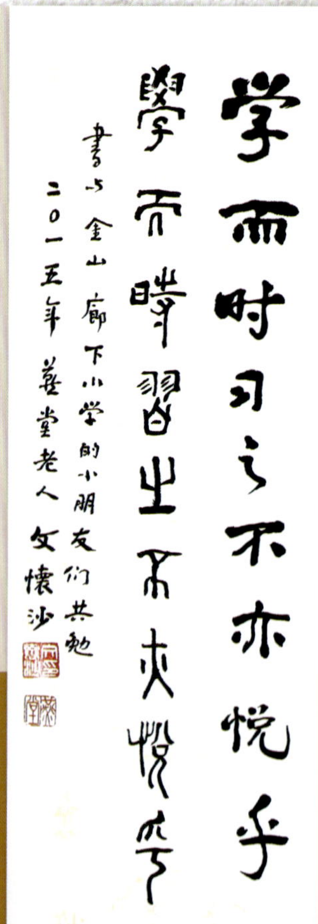

4

1）中国书法家协会主席苏士澍题词

2）全国著名教育家吕型伟题词

3）原国家教育委员会副主任、教育部原总督学柳斌题词

4）国学大师文怀沙题词

校友寄语

校友、时任共青团上海市委副书记马春雷在母校百年庆典上讲话

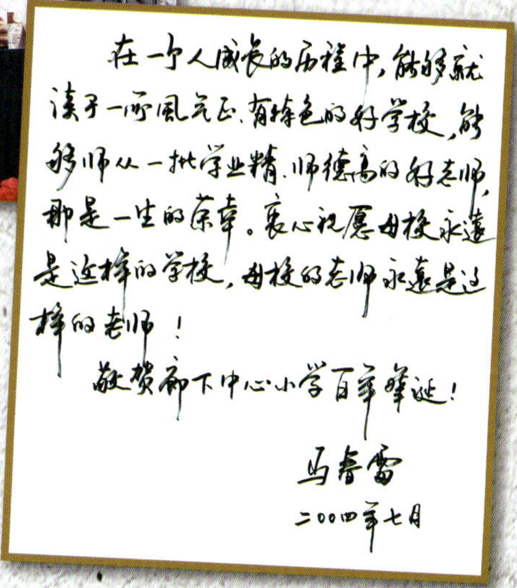

在一个人成长的历程中，能够就读于一所风气正、有特色的好学校，能够师从一批学业精、师德高的好老师，都是一生的荣幸。衷心祝愿母校永远是这样的学校，母校的老师永远是这样的老师！

敬贺廊下中心小学百年华诞！

马春雷

二〇〇四年七月

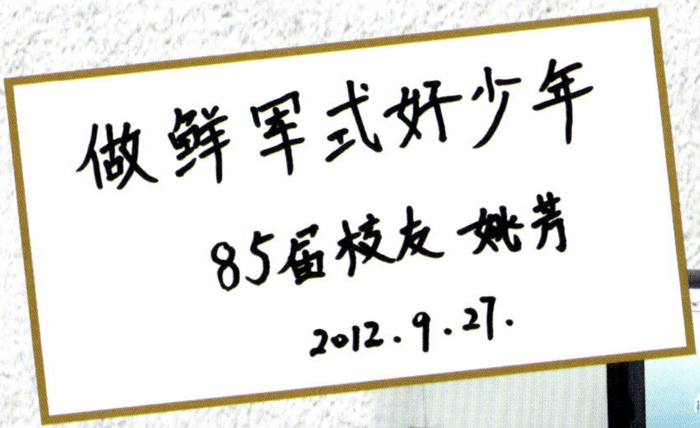

做鲜军式好少年

85届校友 姚芳

2012.9.27.

校友、残奥会冠军姚芳

学校荣誉

2014年学校荣获全国教育系统先进集体

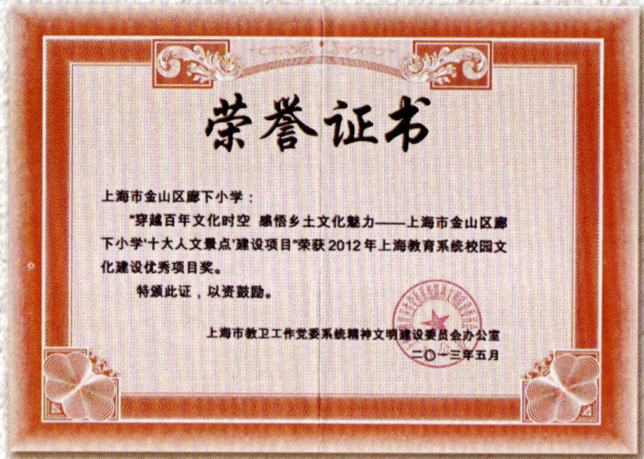

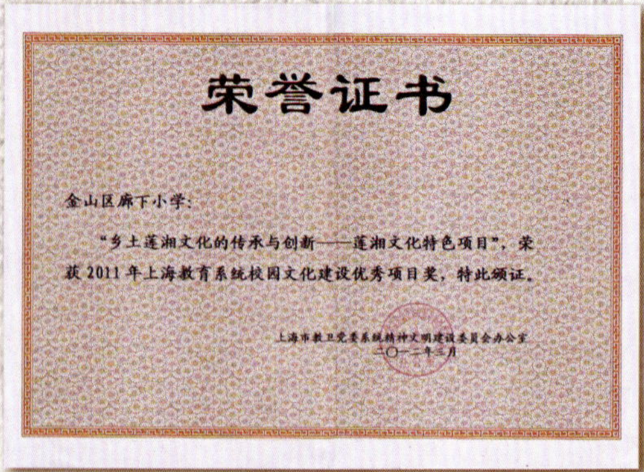

学校特色品牌项目"打莲湘、十景点、拍手歌"

在2011、2012、2013年先后荣获上海市教育系统校园文化十佳优秀项目奖

目　　录

序　一

于　漪

朱保良同志是一位令人十分尊敬的农村小学校长。一所极其偏远不为人知的处于低谷的百年老校，在他十数年的精心治理下，元气恢复，生机蓬勃，创新发展，努力登攀，步入上海教育先进行列，进入全国教育系统先进集体排头兵队伍。对他办学所取得的优异成绩，我肃然起敬，倍加赞赏；然而，更使我仰慕敬重的是他的赤子之心、人格魅力、专业追求和奉献精神。这些精神元素注入了学校工作，熏陶全校师生，构成教育磁场，群策群力，在改革开放新时代创造百年老校新精彩。

朱保良校长办学治校，既把握纵横交错，又推行内外结合，突出重点，带动一般，目标高悬，节节推进，以科学有序赢取实效，以艺术张扬增添色彩。

敬畏历史，寻根探源。朱校长首先做的事是不忘本来。要让百年老校发出新枝，郁郁葱葱，繁花似锦，先要把老校的根根底底弄清楚。弄清楚根在哪里，魂在何处，价值意义何在。“根”与“魂”是根本性、稳定性的东西，经过筛选能不断连续和传承下来的东西。忽视或丢失学校的历史文化，血脉是不通畅的，精神家国是坍塌的，价值取向会出现乱象。朱校长深知其中要义，花大气力作深入细致的调查研究，奔波行走，查阅文献资料，访问校友，访问学校创始人后裔，获得了丰富的史料，了解了捐巨资兴办学校、扩大规模的感人事迹，而创办学校的初心更是令人崇敬——“开启智慧，报效社会”。办学理念就是要开启学生智慧，觉悟人生，报效国家社会，改变贫穷落后状况。《华严经》中说，“不忘初心，方得始终”。百年老校，历经沧桑，爱国兴校、兴校爱国的传统要继承，要发展。为了更贴近学生，适合学生，在新的历史起点上学校确立了“开启智慧，润泽生命”的办学理念。办学为了启智，为了让每一个生命更充实，更好地为国家为社会服务。传承不是照搬，而是要把握根本性的东西，根据育人需求、时代特点，进行创新性的发展。

教育文化、校园文化除了时代性的发展变化，还有它的地域性差异。朱校长治校不仅回顾历史，找准时间纵线上的坐标，而且环视本土的民风民俗，寻找滋养学校成长的精神沃土。其中尤为突出的是革命前辈投身革命的业绩给后辈以深刻的教育。"方正做人，踏实做事"是校友马本初的人生信条，也是他家人信奉的价值观，朱校长将此吸纳，以"方方正正做人，踏踏实实做事"作为校风。他认为："校风是一所学校的精神和灵魂。将校友的家风作为校风，旨在让孩子们学习革命前辈不畏艰险、无私奉献、坚韧不拔的民族气节，也是对中华传统美德的传承。"这样纵横交错、时空聚焦的思考与举措，把时间深处的育人价值明灯高高升起，闪发出时代的光辉。

教师队伍建设是提高教育质量的重中之重。朱校长深谙其中之道，采用了"以教师的发展促进学生和学校的发展"的策略。面对骨干教师外流、教育教学观念比较落后、尖子学生流失的困难，朱校长未采取管、卡、堵的强硬措施，而是体谅教师住房、交通不方便的难处，关爱教师，服务教师，大力开展校本研修，提升教师专业发展水平，增强学校的吸引力与凝聚力。他精心设计校本研修模式，把教学、科研、进修三者融合起来，把实践反思、同伴互助、专业引领结合起来，用送出去、请进来，内外结合的方法，提升培养的质量和效度。选派部分教师赴市内、区内兄弟学校学习，请专家来学校指导，形成课题，实践探索，反复研修，坚持数年，使得各个层面的教师均获得提高，课堂教学质量也获得大幅提升。在研修过程中，完善内容，完善制度，一步一个脚印，边行边改边提升，寄寓了朱校长对队伍建设的良苦用心，也为远郊农村小学校本培训提供了一种行之有效的经验。

校园文化是金山区廊下小学亮丽的品牌，凡亲临学校的领导、专家、教师、学生，无不为之赞叹。它的亮丽不仅在于树木葱茏，亭台楼阁，布局典雅，更在于它丰厚的人文内涵，贯通历史与当下，激励传承与发展。学校是学生求知成长的场所，他们德性的熏陶、智性的发展、体质的增强、审美的鉴赏与校园文化的丰厚或贫瘠、典雅或低俗紧密相联。耳濡目染，熏陶润泽，学校环境起着潜移默化的育人作用。朱校长的校园文化创建是把与学校有关的一切优质教育资源调动起来，精心组合，让学生置身其中，倾听历史诉说，感受榜样召唤，享受民俗文化，展开双翅翱翔，历史与地域融合，传承与创造并行。在这样的环境中成长，"开心果""智多星"就不是空洞的口号，而是智慧开启、生命受到润泽的必然表现。

朱保良校长在廊下小学带领全校师生创造的百年老校新气象、新作为、新经验，绝非偶然。他三十五年磨一剑，凡事亲力亲为，率先垂范，体验甘苦，充满了人文关怀；抱着一颗感恩的心，虔诚地传承先辈爱国济民的人生价值，赋予时代元素，恩泽莘莘学子；谦虚好学，自觉锻造，博采众长，追寻教育愿景的实现。数十年辗转多种岗位，增长见识，积累经验，积蓄力量，为办好廊下小学打下了厚实的基础。厚积而薄发，是人的成长之道，也是教育发展之道。一名农民的儿子在共产党领导的中国特色社会主义的盛世，成长为有理想、有作为的卓越小学校长，创建着百年老校的新辉煌，可喜可贺，更值得敬佩。中国的农村教育太需要这样具有赤子胸怀、乡土情结、专业追求、真抓实干的教育家。

我这名耄耋之年的老教师，为朱校长的教育生涯文录作短序，以表敬佩之意。

2018年2月6日

（作者为语文特级教师，上海市杨浦高级中学名誉校长，2017年新中国教育名家大师）

序　二

顾宏伟

朱保良校长从教数十年，情系“廊小”，办学有方，积淀良多，智慧绽放，如今著书立说，可喜可贺。

金山区廊下小学，坐落于浦江源头、山塘河畔，是一所有着 110 多年历史的百年老校。不过在十多年前，或许其大名在上海还鲜为人知。可如今，她已从一所普通的农村小学，一步步地跨入了上海乃至全国的先进行列。在金山，只要一提起她，当地百姓和各级领导无不跷起大拇指，夸这所学校风气正，有特色，是我们金山的骄傲！不少教育界人士，包括一些教育专家来“廊小”后，都深感“震撼”：“你一进校园，就会感受到充满乡土人文气息的清香和韵味。”“这是一所有故事、有温度、有特色、有厚重文化底蕴和现代生命信息的不一样的学校。”

“廊小”为什么会发展得如此迅速？这不禁使我想起人们常说的一句话：“有了一位好校长，就有了一所好学校。”是呵，当地老百姓和政府领导在夸“廊小”、夸“廊小”师生的同时，也都会不约而同地夸起“廊小”的掌门人——朱保良。

说实在的，我认识朱保良校长已有好多年了，对他的为人、对他的办学、对他的奉献早有耳闻。特别是我走上区教育局局长这一岗位后，了解他的机会就更多了。乍一看，朱校长很内敛，给人以一种低调、平和、不爱言辞的感觉，但是和他熟悉后，就会发现他实际上是一个“外冷内热”的热水瓶式人物。当他和你聊起教育、学校、教师、学生时，你就会领略到一个操着廊下口音普通话，如数家珍、滔滔不绝、激情飞扬的校长风采。他一直在“廊小”工作，已逾三十五年，在三尺讲台上“摸、爬、滚、打”施展才华，屡建奇功，是一位诲人不倦、育人有方的好老师；在办家门口的好学校、成就高品位的优质学校上“探、闯、实、新”，大展身手，屡有佳绩，是有追求、有激情、有自信且更有思想的智慧型校长。

百年校庆是学校难得的历史发展机遇，一所历经百年的乡镇小学，在新的历史时期，如何传承历史文脉，如何跟上时代步伐，如何发扬优良传统，如何创出办学特色?

"站在新百年的起点上"——这句朴实而又富有力量的话语，成了廊下小学2004年百年校庆的主题，并从此成为学校新百年发展更有蓝图、更有作为的主旋律，成为激励"廊小"每一个学生发愤求学、每一位老师悉心施教的不竭动力，更成为朱保良校长智慧办学、文化立校、特色育人的力量源泉。

——梳理、提炼、做强学校办学方略。朱保良校长的教育观鲜明而富有特色，且又特别接地气，已成为"廊小"师生的共识和指引。朱校长承前而启后，明确提出了"开启智慧，润泽生命"的办学核心理念和"方方正正做人，踏踏实实做事"的校风，精心制定了"倾心培养快乐生活、健康向上、能歌善舞的开心果和全面发展、兴趣广泛、敢于提问的智多星"的培养目标，科学确定了"以教师的发展促进学生和学校的发展"的办学策略："尊重每个教师，信任每个教师，肯定每个教师，关心每个教师，依靠每个教师；用发展的眼光正确评价每一位教师，用欣赏的眼光挖掘教师的优点，在适宜的场合用尊重的语气指出教师的不足。"富有人性化的管理既调动了全体教师的工作积极性，又提高了全体教师的幸福度，让每一个教师更爱学校、更爱教育、更爱学生。"每个学生在老师的心目中都是好学生，每个老师在学生的心目中都是好老师"，这既是对每个老师、每个学生的尊重、信任和认可，也是对每个老师、每个学生的期望、要求和鞭策，也使师生的关系更和谐、更温馨、更平等。

——关注、引领、做优教师专业发展。朱保良校长深知学校发展关键在于教师，必须着力培养一支"师德高、学业精的智慧型教师队伍"。朱校长多年来领衔的"三步曲实践课校本研修模式研究"成为"廊小"教师专业发展最成功的范例。它以教研组或备课组为实体，面向每一个教师，围绕课堂教学内容及教学方法进行研讨，特别是这种建立在教师个体独立钻研的基础之上的同伴互助式的研讨和专业引领，不但具体实在，针对性强，而且更具有实效性。朱保良校长视野开阔，特别重视专家引领，把市、区好多名师名家请到学校，给教师把脉诊断，面对面指导，引领教师把教育理念转化成教育教学实践，从而更有效地促进了教师教育教学水平的提升。如今，"三步曲实践课"这一平台，已成为教师内涵发展持久、有效的动力和途径，教师的整体水平较过去有了长足的进步，学校还相继培养了一批在区内外有一定影响的骨干教师，为乡镇学校教师的专业发展提供了宝贵的经验。

课堂，是学校教育、教学的主阵地，课堂教育教学水平是教师最重要的核心素养之一。朱保良校长基于学校“爱教、善教”的教风和“乐学、智学”的学风的秉承，关注教育核心地带的品质，响亮地提出了“智慧课堂”，从教师预设智慧、生成智慧和学生学习智慧等方面加以研究，努力实现课堂从关注知识和技能到关注学生智慧和生命提升的跨越，创设生动有趣和充满活力的智慧课堂，为“廊小”教师专业发展另辟蹊径。

——凝聚、浓郁、做特校园文化。校园文化是廊下小学最有影响、最有成效、最有底气的品牌特色，朱保良校长是坚定的传承者、有效的发展者、卓越的创造者。2011 年、2012 年、2013 年，学校“打莲湘”“十景点”“拍手歌”三个项目先后获得上海市教育系统校园文化十佳优秀项目奖，在全市鲜见，这凝聚了朱保良校长的心血、激情和智慧。

运用民间舞蹈、非遗项目——打莲湘，打造成别具一格、远近闻名的“一校一品”。朱保良校长亲自搜集材料，编写教材，制定课程，做到艺教和体教的完美结合，取得了令人赞叹的成绩，成功打造成上海闻名的艺术教育品牌，跻入上海市首批非物质文化遗产“十大传习基地”的行列，成为上海市首批校园文化建设“一校一品”特色学校。

2004 年，学校百年庆典时建造了“百年廊小十大人文景点”，2013 年借“校安工程”又新建了十大人文景点，听朱保良校长说要在他退休前再建十个景点，令人期待。10 多年来，朱保良校长独具匠心，一点一点、始终不停地查找、搜集、挖掘，让“廊小”的文化越来越厚重、越来越丰富、越来越像一所立体的百年老校。特别让人赞赏的是，那一个个景点，朱校长还分别赋予教育内涵，让这些天天展现在学生面前的简单、朴素的景点变得高雅、美丽、精致而又有文化，变成一个个有丰富的教育表情、一个个有精彩的教育故事、一个个有深邃的教育内涵的育人天地，成为学校传统文化教育最佳的素材和富蕴的营养，天天滋润着学生快乐健康地成长。

运用拍手歌对学生进行德育教育是朱保良校长的又一个创举。难以想象，朱保良校长亲手自编自创 100 多首深受小朋友喜欢的拍手歌，编成校本教材，让学生在拍拍唱唱、玩玩乐乐中，学知识、学道理、学做人，产生了非常好的教育效果，专家给予高度评价，已成为金山区乃至上海市校园文化特色品牌。

“学鲜军”也是“廊小”一张亮丽的名片。朱保良校长运用校友张鲜军烈士的资源，创造性地开展对学生的德育教育，让“鲜军事迹、鲜军精神”成为“廊小”的宝贵财富和精神食粮，让“学鲜军，做鲜军式好少年”成为“廊小”学子的荣耀和追求，成为“廊小”永远高扬的一面旗帜。

“斗姥阁”是“廊小”历史上的第一个校舍，1904年，创始人何静渊先生在廊下的道教场所“斗姥阁”创办了廊下小学。为此，朱保良校长想方设法让“斗姥阁”重见天日，绞尽脑汁挖掘、整理、搜集了非常珍贵的100多件史料和文物，又亲自整理编写了110年校史，让“斗姥阁”成为“廊小”有历史、有积淀、有价值、有品位的校史馆，成为上海市鲜见的校园教育博物馆，令人钦佩。

“廊小”创始人后裔、全国著名雕塑家何鄂女士被朱保良校长的执着精神所深深感动，毅然在百年“廊小”创建了大师级的何鄂雕塑馆，成为“廊小”学生认识雕塑、学习雕塑、喜欢雕塑、艺术熏陶的新天地。以美辅教、以美益智、以美育德，给学校的艺术教育带来了深远的影响。

还值得一提的是，朱保良校长力邀全国20多位名人名家先后为“廊小”题词，吕型伟、文怀沙、苏士澍、柳斌、顾明远、于漪等名人墨宝成为学校宝贵的教育资源，其品位高、内涵深，时时闪烁着艺术的光芒和育人的智慧，让“廊小”师生分享了一份不一样的、独有的精神美餐。

现在的廊下小学特别美丽、特别有文化，拥有“五园三区、一阁一馆、双十景”，散发出浓浓的乡土文化魅力，充满生机和朝气，成为学校非常珍贵、非常有价值的校本教育资源。为此，朱保良校长早已亲笔写好了两万多字的导游词，即将闪亮登场的百年“廊小”的“小导游”又势必成为“廊小”一道亮丽的风景线。朱保良校长正自信地要让乡土情结与母校情愫朴实无华地根植于学生的内心，即便毕业之后鹏程万里，“廊小”的每个学生也会记着一砖一瓦，一草一木。

乡村的孩子不比城里的逊色。正如不想当将军的士兵就不是好士兵一样，朱保良校长用激情感染每一个“廊小”学生：我们不是燕雀，而是鸿鹄！走进“廊小”校园，学生微笑相迎，彬彬有礼，特别阳光、自信、活泼、快乐、健康，是“开心果、智多星”的具体写照。更令人欣喜的是，“廊小”的农家孩子能走进中央电视台，走进上海电视台，走进上海旅游节开幕式，走进上海世博园，走进上海大世界表演亮相、崭露锋芒。

天道酬勤。朱保良校长对学校工作大事小事充满激情，他的阳光心态、务实作风和创新精神，成就了“廊小”这些年来一件又一件的大事、好事和精彩事，廊下小学师生的幸福指数逐年提高，政府管理部门和地区家长的满意指数日益提升，办学质量指数不断攀高。十多年来，廊下小学一步一个脚印，从一所普通的农村小学已打造成全国教育系统先进集体、上海市文明单位、上海市十大家门口好学校、上海市行为规范示范校、上海市艺术教育特色学校、上海市花园单位、上海市校园文化环境建设示范校、金山区素质教育实验校，成为金山教育的一张名片。

总之，如今的"廊小"给人的感觉是快马扬鞭、日新月异，社区问卷满意率连续12年达到100%。凡是走进"廊小"校园的教师、专家和领导，无不被"廊小"充满自信、幸福的师生笑容所感染，无不被匠心独运的校园文化所震撼，无不被朱保良校长的执着与追求所敬佩和感动。

"廊小"的成功，给我们许多美丽的现实、美妙的享受和美好的遐想，让我们坚信，智慧、创新、激情、实干的校长就是一所优质学校的根基。可以说，这本专著，既是朱保良校长科学办学、智慧办学、创新办学的见证，也是金山小学教育、金山基础教育、金山优质教育的缩影，其中的论述、论断，不仅有浓浓的教育情、乡域情，而且有深深的学术味、育人味。

中国的教育，尤其是农村学校，就是需要这样既有教育理想和信念，守望乡土，钟情、醉心教育，又能真抓实干、敢于创新、勇于突破的校长。写到这里，我情不自禁地为朱保良校长点赞，这是"廊小"家门口好学校的春天写真，也是一位农村特级校长睿智前行的开拓写照。

2018年3月18日

（作者系上海市金山区教育局局长）

第一章　我的教育观

廊下，是生我养我的地方。自1983年至今，我一直在“廊小”工作，和这所家乡的百年老校相伴了将近35年。

我深深地热爱家乡的土地，深深地热爱家乡的教育。这种发自内心的守望和情怀，让我从投身教育那一刻起，就全身心地工作着、奋斗着、追求着。

做校长，一定要有自己的教育观。这种教育观一定要来自历史、来自现实、来自实践、来自思考，一定要有故事、有内涵、有温度、接地气，一定要成为全体师生的共识、目标和行动。

我要让每一个学生在“廊小”追求智学，过得开心，学得智慧，成为好学生；让每一个教师在“廊小”追求善教，过得幸福，获得成功，成为好老师；既要使每一个“廊小”人的生命变得更加滋润和精彩，更要使百年“廊小”的生命继续焕发青春的活力。这就是我作为一个平民校长的职责和使命。

第一节　我从教的第一站

20世纪60年代，我出生在原金山县廊下乡的中联村，是个土生土长的“廊下人”。打从出生的那天起，我一直是喝廊下的水、走廊下的桥而成长起来的一位农民的儿子，从没有离开过这块土地。

中联村坐落于现廊下镇西部廊淦岛，由陆家浜、吴泾、泖秀三个自然村组成。它北面与吕巷镇泖湾村交界，南面与中丰村相邻，西面与浙江省平湖市新埭镇姚浜村相邻，东面以六里塘为分隔，区域面积2.99平方公里。那时，六里塘上还没有桥，到廊下还要乘摆渡船。中联村是廊下最偏僻的乡村，贫穷落后，交通不便，村内没有一条像样的路，更不要提石子路与柏油路。到了晚上，整个村庄漆黑一片。陆家浜的人上镇买东西一般都到吕巷集镇。要是到廊下镇办事，那要先摆渡过六里塘走到吕巷，然后乘公交车再到廊下。如果回来晚了，摆渡船收工了，还要拼命喊摆渡船工，方能回家。

儿时，我家里很穷。父母都是纯朴、老实、勤劳、善良的农民，不识字，但始终教育我们子女做人要本分、老实。我兄弟姐妹五个，两个哥哥，两个姐姐，他们书读得很少，小学大多没有毕业。我是幸运的，书读得最多。我穿的衣服袜子都是打了补丁的，穿的雨鞋是我哥哥穿过的补了又补的，经常要渗水，下雨天不得不多次在鞋底替换稻草来维持鞋底干燥。一日三餐吃的全是粥，很少吃上一顿饭。平时只有家里来了亲戚才会烧几个鸡蛋，一般也只有在家里卖掉一头猪后才舍得买肉吃，而父母却又舍不得吃，总要留给我这个最小的孩儿。

过年，那是我们儿时最盼望的日子。吃鱼吃肉，剃新头，穿新衣，贴春联，放鞭炮，可以拿到几毛钱的压岁钱，可以跟父母一起走亲戚，可开心啦！小时候，我长得矮，奶奶教我一个长得高的方法，说在大年初一天蒙蒙亮的时候，到自己家后面的竹园里摇竹头。有一次，大年三十那天，我吃好年夜饭，特地在墙壁上做了个我身高的记号。第二天一早，我冒着寒冷，真的悄悄地来到竹园里摇竹头，边摇边说："摇竹头，摇竹头，让我快快长高，让我快快长高！"非常巧的是，我家后面一家的小孩也在摇竹头，我假装没有看见，因为我奶奶说摇竹头是不能让人看见的，否则白摇了。从年初二开始，我几乎每天都到记有身高记号的墙壁前量来量去，但好像一点也没有长高。我问奶奶，竹头摇了怎么不长高呀？奶奶笑着说，你摇竹头的时候一定被人看到了。我想，奶奶说对了，我摇竹头时真的被人看见了。现在想想，摇竹头是新年第一天希望自己快快长高的一个美好的童年梦。

我小学是在自己村里的中联小学读的，初中是在廊下西片中民中学读的，高中就读于镇上的廊下中学。上小学和初中一二年级时，正处在"文革"期间，受"读书无用论"影响，学习没有多少压力。放学后参加"小小班"，和小伙伴们一起做做作业，看看书。那时候的生活很清苦，但无忧无虑，很快乐，很轻松，很童趣。打打弹子，翻翻洋片，滚滚铜板，捉捉知了，抓抓萤火虫，跳跳"房子"，拔拔毛针，烧烧野餐，扔扔镰刀，玩玩橡皮筋，还有用竹叶做做风车，用麦秆做成碗盛豆，热了跳到河里游一会儿，渴了用手在河里捧一把水喝，用竹竿做的水枪相互射击，用三角鱼网下河或在垄沟里抄鱼……最有趣开心的是夏天晚上，我经常用手电筒照黄鳝，一两个星期后，把积累起来的黄鳝拿到街上卖掉能得到几块钱，成为一个"有钱人"。

小时候，我们这里家家户户都要养猪羊和鸡鸭，全家人都要割草，读书的小孩一般每天放学后要割一篮草。那时，割草人多，地上草来不及长，割满一篮草要花很长时间。我很贪玩，常常只割半篮草带回家，时时受到父母责怪。为了逃避父母批评，有一次，我想出了一个能让半篮草变成满满一篮草的好办法。我把割好的半篮草倒在地上，在篮里放几块砖头，在篮的上半部用几根小枝条交叉撑在篮的两边，然后把这些草放到枝条上，满满的重重的一篮草就完成了。回到家，我先让父母看看满满的篮子，然后进小屋快速把"一篮草"倒在家人割好的草堆上。天衣无缝，好几天谁都没有识破。可有一次，我刚到家，看到几个邻居小伙伴正在玩打弹子，我来不及把草倒掉，就出去玩了。结果，我妈妈倒我割的这篮草时发现了我的坏主意，又气又好笑，马上把我叫回来，骂了我一顿。后来，我只好老老实实地割满一篮草，不再惹我妈生气。

进入初中，每天放学后还要在生产队里做"一饮烟"（下午分上下两个时段的下一时段）的农活。寒暑假，几乎天天要务农，要挣工分，农村里几乎所有的苦活、累活我都干过。拔秧插秧，割稻挑稻，挖沟敲麦泥，赤脚挖河泥，拔野草打药水，摊田地施肥料，有时还通宵开夜工。但这些苦没有白吃，我从小养成了吃苦耐劳、勤劳勇敢的精神。

有件事至今印象很深。农忙季节，我和几个伙伴常常要在生产队仓库场上干晒谷、翻谷、收谷的活。翻谷、收谷时需要抄谷板，传统抄谷板很小，每次翻的谷不多。我建议仓库保管员把抄谷板放大两倍，这样效率可一下子提高几倍。收谷时因抄谷板大，谷堆在一起推不动，我又建议仓库保管员在抄谷板上系根绳子，一人拉，一人推，收谷又省力又快。这可以算是我小时候的小发明小创造吧！

那时，在我们乡下，孩子唯一的出路，就是靠读书，靠书包"翻身"，因为只有迁出农村户口成为城镇户口，那才是最光荣、很自豪的事。

我在就读高中时曾经放弃过学业，干了两个星期的农活。我哥哥运气好，是拿工资的城镇户口，常年住在街上，见识多，看得比较远，知道我弃学后回家痛骂了我一顿。说一家的希望都寄托在我身上，硬是逼着我继续上学，还让我住在他的厂里看着我，早饭晚饭也吃在厂里。为了不辜负家人的希望，实现"书包翻身"的梦想，我发扬"笨鸟先飞"的精神，发奋学习。夏天夜里，我常在蚊帐里看书做作业，早上天刚亮就起来看书。班主任庄文元老师对我很照顾，把他办公室的钥匙给了我，晚上夜自修让我一个人在办公室里专心做作业，还把从他校要来的试卷给我做。功夫不负有心人，1981 年我考取了金山县教师进修学校承办的中等师范教育班。我算是很幸运的，那年，一个乡考取中专以上的人很少，廊下中学只考取了两人。

金山中师班因为招收的是高中毕业生，所以学制只有两年。师范学校免费读书，自己不出一分钱，吃得比家里好。但那时，大家一般都不愿意考进中师班，因为中师毕业后大多分在条件艰苦的村校任教。

在师范学校里，让我记忆犹新的是练普通话。我家和浙江平湖交界，方言口音很重，小学普通话基础打得不扎实，前鼻音和后鼻音、平舌音和翘舌音都分不清。为此，我下了比别人多几倍的时间学习拼音，朗读文章，练习绕口令，有时候声音大，音又不准，常引起别人笑话。通过努力，我进步很大，普通话笔试成绩很好，常得到老师表扬肯定，可口试成绩总在中下水平。

两年师范学习最后一个学期，我们有几个月的实习。我被安排在金山县实验小学（现在的金山区第一实验小学）。我非常珍惜实习机会，带着好好学的美好愿望来到实验小学。实验小学的实习氛围特别好，教育教学活动多、质量高，为我们创造了很多学习机会。领导没有架子，非常热情，给我们安排了最好的指导老师。教师平易近人，教学水平高，经验丰富，热情耐心地指导帮助我们。学生活泼可爱，胆子大，常围在我们身边问这问那。我朴实低调，虚心好学，认真钻研教材，善动脑筋，与小学生打成一片。有一次，我上了一节自然课，因为我运用多种方法，注重调动学生的积极性，课堂效果很好，被该校教导主任冯老师看中了，她要求我留在实验小学工作，做自然课专职教师。当时，我心头一热，自己是一个普通的学生，没有背景，没有关系，要我留在金山最好的学校工作，这不是天上掉下来的馅饼吗？为此，我好几天睡不着觉，有一次还做了一个真的在实验小学工作的梦。后来，曾在中联小学工作过的教过我的实验小学教师黄镇渊告诉我，说冯教导看人很准，能被冯教导看中非常不容易，但要我作好思想准备，不要抱太大的希望，因为要进实验小学的老师不知有多少，冯老师毕竟只是教导主任，难免心有余而力不足。后来，真的被黄老师说中了，我没有分在实验小学，但我在实验小学学到了很多，收获很大，尤其找到了做一个好老师的自信。

1983 年 7 月，我从金山中师班毕业，被分配在自己村的中联小学，这是我从教的第一站。校舍还是当年我读书时的样子，只是多了一间面东的教室，学校有了围墙。

那时，工资普遍不高。记得我第一个月工资是三十四元五角，我让父亲到街上买了几斤猪肉，庆祝一下，全家吃得很香。家人和亲戚看到我"书包翻身"拿工资了，都为我高兴，左右邻居都向我投来羡慕的目光。

尽管中联村很落后，条件艰苦，但我是中联村人，对自己的村庄有很深的感情，且中联的父老乡亲非常淳朴善良，对教师都非常尊重，左右邻居常要我为他们写信、写文章，这让我感到做老师有成就感，很幸福，父母也常嘱咐我为乡邻多做点好事。

我是中联小学唯一的师范毕业生。村校校长许照明对我很器重，生活上、工作上给予我很大的关心，经常问寒问暖，在工作上尽可能地给我创造条件。我也常送一点青菜、大豆之类的农副产品给许老师，以示感谢。

中联小学不是一所完小，只开设一至五年级，六年级要到中民小学就读。我教五年级语文兼班主任。分在最偏僻的村校工作，虽然很失落，但我非常珍惜教师这个岗位，全身心地投入到工作中。乡村生活很单调，我的精力几乎全部放在工作上。每天，我一走进学校，就有一股强烈的责任感在催促我、激励我，要把家乡的孩子教育好、培养好，要做一位学生喜欢、家长满意、同事赞许、领导认可的好老师。工作不久，大家都说我干劲足，热情高，办法多，给学校带来了不一样的活力。教育教学上的事我认真干，总想干得好一点，好一点，再好一点；学校的事我总抢着干，总觉得自己年轻，应该手脚勤一点，多做一点，辛苦一点。上班早一点，下班迟一点，晚上常备课、批作业，成了我工作的常态和习惯。

工作伊始，班级纪律管理是我碰到的最头疼的问题。学生上课讲话、做小动作、插嘴、顶撞老师之类事件时常发生。我用过很多办法，立壁角、罚抄课文、罚扫地，也用手推过学生的头，也向家长告过状。这些手段，应该说开始有一定效果，但后来越用越没有效果。怎么办？我一直在思考，一直在寻找好办法。

有一次，一个喜欢听故事的学生突然问我肚子里有故事吗，我说有呀，你们想听吗？大家都说想听。我就讲了孙悟空三打白骨精的故事，学生个个听得津津有味。听完了，还要让我讲，于是我就对学生说，你们上课表现好，不讲话，不做小动作，我就给你们讲故事。结果，学生表现越来越好，我讲的故事也越来越多。有趣的是，有一次我故事讲到一半后故意不讲下去，在吊足了学生胃口后，我让学生自己说接下来故事该怎样发展，结果学生兴趣很高，讲了很多故事发展的可能，我再一一进行点评，并把故事的发展过程讲了出来。我讲的故事，有些是书上看来的，有的是我根据班级的情况即兴编出来的。村校课外书籍很少，也很陈旧，我特地自费到街上买了好几本《故事会》，自己还订了份《演讲与口才》。

我除了用故事教育学生外，还经常对他们加以表扬肯定。在表扬肯定的同时，再提一两点学生需要努力的要求。用故事教育学生，用多表扬、多肯定激励学生，同时再提点学生需努力的要求，这就是我走上工作岗位后摸索出来的管住学生纪律的两个最有效的好办法。

教学既是一门科学，也是一门艺术。要上好课，得经过反复锤炼，不断实践。至今我还清楚记得，第一次走上讲台的“尴尬”。第一节课，尽管作了充分准备，可那四十分钟的一节语文课，我用了二十分钟不到，课就已经上完了。怎么办？台下的孩子一个个睁大着眼睛看着我。我无奈，剩下的时间就只好让学生自己看书。不过，这第一次的“尴尬”却成了激发我前进的动力。后来，为了上足一节课，内容安排尽量充分一点，晚上我经常在家里要反复试讲。有一次，因为自己试讲太投入，声音太响亮，窗边吸引了几个邻居在偷听，搞得我很难为情。

教学上碰到搞不懂的问题，我经常写信给教师进修学校语文教研员薛兴荣和唐颂尧两位老师，他俩非常热情，及时给我答复，让我受益匪浅。现在，回过头来看我当时提出的问题，真的很稚嫩，乃至很可笑。可正因为这种好学、钻劲，让我越来越喜欢教书，教学成绩也越来越优秀。

当年，廊下辅导区有一所中心小学和二十多所村校。辅导区每几周就要组织一次教研活动。当时，交通很不方便，如果到中心校，我们村校都要租一艘农用机船开到中心校参加活动；如果到村校，就得自己步行到活动的学校。那时路都是泥路，我还没有自行车。

有一次，教研活动在村校山塘小学举行，听经验丰富的老教师王雪麟的公开课。那天正好下中雨，我连中饭都顾不上吃，就穿上塑料裤脚套和雨衣出发了。我先从学校步行四十分钟左右到六里塘三官堂渡口，摆过渡大约走了一个多小时到吕巷镇，然后买了两个面包在车站边吃边等公交车。半个小时后才乘上公交车，在廊下下车后又足足走了三刻钟才到山塘小学。虽然一路上泥泞不堪，裤脚上满是泥巴，走得很辛苦，但这次教研活动很有收获。王老师平易近人的教态，对学生循循善诱、时时肯定鼓励的教法，非常温馨又活跃的课堂气氛给我留下了终生难忘的印象。活动结束回到家天已经黑了，但我的心里却是亮堂堂的。

廊下中心小学的五年级语文教研组组长王吉莲老师教学经验很丰富，对青年教师既热情关心，又严格指导。从教第一年，我借她的班级在中心校上了一节公开课——《狼牙山五壮士》。这是我生平第一次面对全辅导区的五年级语文老师“亮相”，校长赵保全也参加了听课。那时，初出茅庐的我，十分珍惜这次机会，但心里又有点忐忑不安。

《狼牙山五壮士》这篇课文，写得生动形象，引人入胜。在备课时，我想，能否让学生在了解内容的基础上，指名一位朗读能力较强的学生有感情地朗读，让其他学生闭上眼睛，集中注意力，边听边想象，使静止的书面文字活起来，达到如闻其声、如见其人、如临其境的境界。我的这一教学设想得到了教研组长王吉莲老师的肯定，她鼓励我大胆尝试。

这篇课文第二段，作者把五壮士写得神态各异，栩栩如生。根据这个特点，当讲完这段后，我就指名一位学生有感情地朗读，让其他学生闭上眼，边听边想象五壮士那威武高大的形象。

这位学生朗读得很有感情，学生们侧耳静听，个个听得津津有味。学生读完后，我问大家：你们的脑海里仿佛出现了什么？学生们纷纷举手，争先恐后地一一说出了五壮士威武不屈、跟敌人顽强战斗的情景。这一教学方法，调动了学生各种感觉器官，课堂气氛非常活跃，取得了意想不到的教学效果。

这节公开课给大家留下了很好的印象，因而赵保全校长要我在全辅导区教师学年总结会上交流发言。这是非常荣幸的一件事，当时我讲的内容已经记不清楚了，大概是讲自己如何热爱教育、虚心好学、钻研教材、培养学生学习兴趣等。我发言时非常紧张，手脚发抖，稿子都拿不稳，说话疙疙瘩瘩，不敢看台下的教师。但就是这次交流发言，让我有一种成就感，更加坚定了做一个小学优秀教师的信心。

后来，我进一步对这种教法进行了研究。在一次次的教学实践中，我体会到，写得生动形象的文章，如《草原》《月光曲》《卖火柴的小女孩》等课文，采用这种教学方式，对提高学生学习兴趣都很有效。

一首好诗，就是一幅美丽的图画。我曾教过杨万里写的《小池》：“泉眼无声惜细流，树荫照水爱晴柔。小荷才露尖尖角，早有蜻蜓立上头。”这首诗，作者运用拟人的手法，以富有情趣的笔调，勾勒出一幅幽静明丽的水彩画：有池有泉，树荫映入水平如镜的池中，细细的流水从泉口悄悄地流向池中。优美柔和的风光显得格外迷人，尖尖的嫩荷叶角儿露出水面，有几只蜻蜓立在这上面。多美丽的一幅图呀！

当学生初步理解这首诗后，我就通过教师、学生反复朗读，让学生闭上眼睛，想象诗情画意；接着，把这首诗的插图挂出来，让学生边朗读边欣赏，把他们带进诗歌描绘的情景之中；最后，我还让学生根据诗的内容，结合自己的想象，写了一篇题为《小池》的短文。我还进行了认真总结，认为这种教学方法有以下几个优点：

——学生精神饱满、兴趣盎然，能唤起强烈的求知欲，充分调动学生的积极性；

——学生闭目静听，注意力高度集中，排除了外界干扰，克服了心不在焉的不良习惯，加强了记忆；

——人人用耳，个个动脑，张开想象的翅膀，培养了学生的想象能力；

——加强了学生对课文内容的进一步理解，陶冶了学生的思想情操。

一年后，我根据多年的实践研究体会，写了一篇教学小论文《闭目、静听、想象》，有幸发表在《上海教育》杂志上。这虽是一篇小论文，但当时能在《上海教育》上发表，也非常自豪。

在中联小学，也是我第一次当班主任。

期终考试结束后，班主任要写成绩报告单。我根据不同的学生写出不一样的评语，首先是肯定，哪怕最不好的学生我也要写上几句肯定的话，然后再提几点希望。成绩报告单需要家家户户送，路再远，哪怕刮风下雨，我也亲自将报告单送到家长手中。如果碰不到家长，就再次家访，直到碰到为止。碰到家长，我总是先夸奖一下孩子，然后再提出假期里的一两点要求。所以，家长和小朋友都喜欢我的到来。

第二年，我调到另一所村校——勇敢小学。因为勇敢小学是所完小，离镇区中心校近一点，条件也比中联村好一点，可以住宿。我和几位青年教师住在学校，但那时课余生活非常单调无聊，学校只有一台黑白电视机，频道少又不清楚。晚上，学校四周一片漆黑，我们常常早早地窝在床上，看看书打发时间。

勇敢小学离我家很远，一年后，我托人买了辆凤凰牌自行车。当时，石子路还没有通到勇敢小学，到学校还有一段泥路。下雨后，泥路上不能骑自行车，我只好把自行车扛在肩上，一步一拐地艰难走到学校，不是人骑自行车而是车骑人。这样的情景现在不会再出现了，如今想想也蛮有趣的。

1985年，原在山塘小学工作的王雪麟老师调到勇敢小学担任村校校长，我则担任勇敢小学教导主任。王老师人很随和，管理有经验，很有方法，和他一起工作非常开心，学到了很多管理和教育教学上的经验。

这个村校的学生很调皮，胆子很大，常常搞恶作剧，班级管理难度很大。有一天中午，我到教室里收作业本，从走廊窗口里发现几个男同学在窃窃私语，不知要搞什么鬼。等我走到教室门口，刚推开半掩半开的门，一把扫帚就掉了下来，里面的同学哄堂大笑，几个男同学笑得直不起腰来。那场面弄得我很尴尬，我火气很大，大声问谁干的，大家都说不知道。其实，我一看就知道是一个男同学干的，他已留了好几级，没有一个老师对他不头疼的。如果我把他拉出来，让他立壁角，或推到教室外面去，也许能镇住其他学生，但对这个久经沙场的学生来说一点也没用。我压住火，灵机一动，拿起这把扫帚对大家说："今天，你们中的一个学生用这把扫帚跟朱老师开了个玩笑，这把扫帚有点不高兴，因为它的作用是用来打扫卫生的，不是砸老师头的，你们说对不对?"大家都说对，我又说："现在，我们教室隔壁的弄堂里很脏，谁能用这把扫帚把弄堂打扫干净，让这把扫帚发挥应有的作用高兴起来?"

很多学生举起了手，我让那个搞恶作剧的学生打扫弄堂，自己也拿了把扫帚和他一起打扫，边扫边给他讲道理。后来，我又经常让他为班级做点事，他人大力气大，做事勤快，因此常得到我的表扬。从此，班级里恶作剧的事慢慢变少了，班风学风有了明显好转。

我非常注重班干部的培养，我认为人人可以做班干部。我喜欢培养两类学生担任班干部，一类是各方面都很优秀的学生，另一类是在某一方面优秀的或者进步大的学生。我对班干部要求很明确：首先，班干部自己各方面或在某方面做得好或进步大，且让班级里的学生都能感觉到，要起到榜样作用；第二，班干部要做到关心、督促、帮助、引导其他学生在各方面或某方面或某时段一起成长，共同进步，起到引领作用；第三，班干部无论班主任在和不在一个样，做好自我管理，真正成为班主任的助手。小学阶段，你要每一个班干部样样优秀、始终优秀是很难的，要允许班干部表现有起伏，有差异，有犯错，但班主任一定要及时引导、激励、帮助，多提一些班干部能做到的要求，有进步就是成功。

经过这些事例，我逐渐感觉到，一个教师尤其是班主任，只要把班级里几个难管理的学生管住，又注重培养好一支好的班干部队伍，班级管理就已经成功了一半。

在教学方面，我有一个教书诀窍，就是喜欢研究试卷。当时语文的单元试卷，期中、期末试卷都由金山实验小学曹明华、黄镇渊等有名气的老师出的，试卷质量很高。考试后我特别重视分析试卷，反复研究题目类型，研究考试重点，把这些题型、重点与平时课堂教学、平时作业联系起来，举一反三，强化训练，所以我教的班级考试成绩始终不错。如果某次考试成绩不理想，我也不会对学生发脾气，但一定会认真分析原因，并告知学生本次失误的原因和以后努力的方向。

当时，村校常缺英语老师，学校还安排我去教英语。对我来讲，英语不是强项，但由于我注重研究教材的重点、难点，喜欢研究试卷，再加上对学生的兴趣培养，注重错题难题的练习，故英语教学成绩在辅导区也名列前茅，在最后全区小学毕业考试中，我班英语成绩获辅导区第二名，很多英语老师对我刮目相看。但我是有自知之明的，因为我语音语调不准，生怕误人子弟，后来我坚决不教英语，仍教语文。现在回想起来，我当时的决定是对的。

我踏实的工作作风、虚心的学习态度、显著的教学成绩得到了中心校党支部的高度认可，1985 年，我加入了中国共产党，是“文革”后廊下辅导区第一位入党的青年教师。同年，因我工作认真，中心校领导推荐我和辅导区另外两位教师参加当年度成人高考。当时，校长王老师非常关心我的高考复习，除了让我带好班、上好课外，几乎所有的教导事务工作都不要我做，让我集中精力安心复习。一分耕耘，一分收获，辅导区推荐的三人中只有我考取了南市区教育学院理科班。教学点设在松江教师进修学院，每周一天脱产学习。三年后，我大专毕业，成为辅导区第一个从中师到大专的毕业生。

1987 年，王雪麟老师调中心校担任分管语文的副教导，我担任勇敢小学校长，杨士生担任教导主任。杨老师工作任劳任怨，责任心强，对我们青年教师很关心，教学质量过得硬。我非常尊重杨老师，两人的配合非常默契。

担任村校校长后，我明显感到肩上的责任大了许多。原来碰到难题可以推给王老师，现在只能自己担当，自己想办法解决。村校工作难度最大的，是第一学期开学前的排课，排得好，一年都顺，排得不好，工作就推不开，质量就成问题。我学习王老师的排课经验，对难排的年级、学科，预先和教导主任杨老师沟通、协商，然后再征求有关教师特别是有个性的教师意见，尽量让大家乐意接受。有人说我胆子小,但我始终觉得,靠强势,靠命令,靠居高临下得到的威信,教师是不服的。只有做通思想工作,才能调动教师的积极性。我经常让能力强、责任心大的教师多做一点,平时多肯定、多表扬。对教师在教育教学上碰到的问题和困难,我会千方百计地帮他们解决;对个性强的教师我常和他们沟通、交流,看到他们的长处,发挥他们的特长。在考勤上,我比较柔性,教师确实有事的,上班晚一点、下班早一点是允许的,但前提是工作安排好,不影响教育教学。

为了加强辅导区的统一管理,中心校每学期至少召开两次村校负责人会议。会上,我喜欢向中心校领导汇报老师的成功和经验,不会汇报教师的不足,有问题我自己承担。如果一定要汇报,那也是单独向领导讲,因为我知晓,绝大多数教师都是讲感情的,要面子的,你的肯定、照顾、宽容,他们是记在心里的。

每学期上班第一天和学期结束最后一天,我们辅导区全体教师都要集中在中心校开会。第一天上午由中心校领导布置学期任务和要求,下午各教研组活动;最后一天总结学期工作。每学期中间,中心校要组织村校领导和中心校年级组长、教研组长到每所村校视导,主要看校容校貌,听课,检查教师备课、作业批改等。每个村校都有自己的优势,视导是学习他校的很好途径,我比较善于学习,每次视导我都能学到很多,特别好的经验我会马上在自己学校实施。我们勇敢小学在村校中办学质量上乘,每次视导都能得到中心校领导的好评。

我担任村校校长两年,学校工作氛围很好,教师之间关系很和谐,大家的工作积极性都很高。因此,学校毕业班教学质量非常优秀,语文(杨士生任教)、数学(钱炳芳任教)和英语(王连军任教)等三门学科均获得过辅导区第一。

这两所村校的工作经历,为我后来的教师生涯打下了坚实的基础,是一笔宝贵的精神财富,也是一段难忘的美好回忆。

第二节　职业生涯的新起点

1989 年 9 月,我调入廊下中心小学,简称中心校。这是我职业生涯的新起点。

第一年，我任教六年级一个班级语文，并兼任班主任。我接的这个班级学生，是从万春和新建丰两所初小升上来的，行为习惯和学习基础都比较差，但我不气馁，也从不埋怨前任老师。面对班级现实，想办法，动脑筋。

首先，我从培养学生的学习兴趣抓起。以“兴趣是成功的种子”为班风，我请一位书法好的老师把这句话写好后张贴在黑板上方。第一节课上，我充满自信地告诉学生，不管你的基础如何，只要对学习有兴趣，就会产生学习动力，学习就会成功，一年后人人会取得好成绩，好的会更优秀，一般的会走向优秀，差的很快会跟上来。

这个班级，我印象最深的是教学生写作文。当时接这个班时，学生们都非常怕写作文，一提起写作文学生就抓耳朵皱眉头。即使写了也大多只有几句话，且错别字很多。

为了提高学生写作兴趣，我对学生说，写作文是一件很简单、很容易的事，就是写我们真实的生活。只要你把看到的、做过的、想到的写下来就好了。每天，人人都要看很多事，做很多事，想很多事，可以从早上醒来到晚上睡觉，乃至做梦都可以写。我还举例问学生：早上你几点钟起床的？谁叫你起来的？怎么叫你的？你有什么反应？什么时候你最不想起来？穿衣速度快不快？有没有闹过笑话？这一下子打开了学生的话匣子，学生特别有兴趣，话说得特别多。我说，把这些话写下来就是一篇很好的文章，可取名“起床”。

这篇写好后，我就说写写学校里上课，我说老师表扬或批评过你吗？因为什么事表扬或批评了你？老师说了什么话？表情怎样？你听了表情怎样？心里是怎么想的？同学们有什么反应？回去告诉父母了吗？父母怎样反应？把这些话写下来就是一段或一篇很好的文章，题目就叫《难忘的一课》。这样一引导，学生真的觉得写文章很容易、很简单、很有趣。我还特别强调，学生写作文一定要写真实的人、事和活动，不能写虚构的、假的。学生的作文，我都会非常仔细、认真地批改，把每个错别字圈出来。每次批改，我总要在最后写几句肯定、激励的话。学校里时间不够，我常常把作文本带回家批改。一段时间下来，学生写作兴趣越来越高，劲头越来越大。

为了进一步提高学生的写作兴趣，我还把好的作文在班级里张贴出来，或作为范文讲评。即使文章写得不太好的学生，我也要抓住好的一点表扬肯定一下，哪怕一句话或一个词语。有时，我还让学生在自己的作文里插个图，不会画图的画个花边美化一下。后来，我又让学生写日记，一开始字数要求不高，等学生有了天天能写的习惯后再慢慢提高要求。当时电视连续剧很流行，我让学生写连续日记，每则日记后面写上一句话：欲知后事如何，请看下篇分解。通过近一个学期的坚持，这个班的学生写日记写出了味道，写出了快乐，写出了水平，每个学生都写了好几本日记簿。因此，学生的作文水平越来越高，语文成绩越来越好。

学生作文好不好与学生的阅读关系很大。我发现作文写得好的学生大多喜欢看课外书，所以我很重视培养学生阅读课外书的兴趣。我经常对学生说，看书犹如银行里存钱，银行里钱多，你买东西就方便，想买什么就买什么，如果没有钱你就不能买东西；你书看得多，头脑中的知识就多，作文就有话可写，否则就写不出来。我经常让喜欢看书的学生介绍看书经验，范读他们写得好的作文，让学生觉得这些学生作文之所以写得好，是因为他们喜欢看课外书。有一次，一个上课积极发言的学生对我说，他不喜欢看课外书，但作文写得也很好，常得到老师的表扬。我说，这是因为你聪明，你喜欢上课发言，口头表达能力强；如果你再喜欢看课外书，你的作文一定写得更好、更优秀。为此，我有意识地培养他看课外书，让他在班级里交流看书想法，批改作文的时候给他多写几句肯定、鼓励的评语。一个阶段后，他真的喜欢看课外书了，作文也写得更好了。我一直认为，学生有时候主动阅读一篇文章或一本课外书，要比老师上一节语文课或几节语文课效果好。作为语文老师，一定要重视学生课外阅读，培养他们的阅读兴趣，教会他们阅读方法。这样做了，语文阅读和作文教学往往起到事半功倍的效果。

思想品德教育，我也采用学生喜欢的方法。1990年的德育主题是“两史一情”，为了提高学生的兴趣，我根据小朋友崇拜、喜欢孙悟空的特点，搞了个“孙悟空智学‘两史一情’”的学习园地，带领班级小朋友和孙悟空一起学“两史一情”。小朋友学得特别认真，特别有劲，班级活动搞得有声有色，充满生机和活力。

在抓学生学习兴趣的同时，我又着力抓了学生良好行为习惯的培养。

爱因斯坦曾引用过这样一句既俏皮又富有哲理的话：“如果人们已经忘记了他们在学校里所学的一切，那么剩下的就是教育。”这就是说，学校教育的内容可以忘掉，但教育的结果——素质的养成，是不可能消失的，而对小学生来说，素质养成的核心就是行为习惯的养成。

行为习惯教育和任课老师配合非常重要。我做班主任有一个特点，就是常常告诫并要求学生，不仅上我朱老师的课表现要好、成绩好，上数学、英语和其他老师的课表现、成绩也要好，否则我不满意、不高兴。我经常要问问任教这个班的其他学科老师，了解学生上课情况。对其他老师提出的要求，我尽量安排好，做好服务协调工作，还尽可能让上这个班级的老师统一一些共性的要求。班级活动，我经常请其他任课老师一起参加。和我搭班的数学老师杨健忠和英语老师卢益平都是充满激情、充满智慧的老师。当时，我们三个人教书理念基本一致，注重培养学生学习兴趣，作业布置比其他班级少，放学比其他班级早，活动比其他班级多，结果班级的班风学风越来越好，学生学习兴趣越来越浓，考试成绩越来越好。一年后，我班的语文、数学、英语毕业考试成绩均名列辅导区第一。

我还和数学、英语两位搭班老师进行了反复的探索研究，一起努力建设一个积极向上、你追我赶的班集体。

小学生由于年龄特点的原因，思想行为的表现往往起伏较大，教师抓一抓便会好一好，如果松一松那就不得了，事情就会接二连三发生。针对这种情况，我就以中队的名义坚持开展“每周一评”的活动。活动开展一学期后，中队里渐渐产生了一股向上的动力，班风学风出现了可喜的变化，有些后进队员也明显转变，一个团结向上、你追我赶、朝气蓬勃的集体形成了。

中队的“每周一评”，就是根据队员的一周思想行为表现，对照《小学生守则》和《小学生行为规范》以及中队的实际情况而制订出来的评议标准，利用十分钟队会或班队课，用模糊评议法，通过自评、互评或教师评的形式，评出十个表现好的“十佳”队员和十个表现差的“欠佳”队员。如果一连评到十次“十佳”，以后该队员就免评，荣称他为“信得过十佳”。评选后宣布评选结果，并张榜公布。

在评选时，我特别注意以下几个方面：

一是抓住队员的最佳心理时机进行教育。

被评为“十佳”的队员心情激动，从内心感到快乐和满足，处于最佳接受批评之际，我抓住这个有利时机，及时对该队员提出一个下星期需要努力的要求，因为这时该队员最听得进别人的意见，往往会起到立竿见影的效果。而被评为“欠佳”队员，此时情绪波动，我除了诚恳地指出他的缺点以外，更有意识地引导其他队员看到“欠佳”队员的优点，让他们在接受批评的同时，感到自己身上还有一些闪光点，从而树立信心，鼓起勇气。对一般队员，我针对他们可能出现的无所谓或灰心的心理，加以正确引导，引导他们从正反两方面吸取经验教训，激发前进的动力。这样对每个层次的队员都能起到教育效果。

二是充分发挥队员中的榜样作用。

俗话说，榜样的力量是无穷的。因为同龄人之间的生活、经历接近，所表现的好思想、好行为容易为队员感染。每周评出的“十佳”，尤其是“信得过十佳”就是队员中的榜样，我把“十佳”和“信得过十佳”队员身上所表现出来的闪光点写成表扬稿投给校红领巾广播台。这样做，既能促使“十佳”和“信得过十佳”时时处处严格要求自己，又能让周围同学学有榜样，容易找到可比可学的“参照物”，以此激励自己迎头赶上。

三是更加关注对后进队员的教育。

通过“每周一评”，后进队员由于内外因素的影响，往往有一种自卑心理，有一种“破罐子破摔”的想法，所以如果在评选时和其他队员一样对待，那肯定永远评不到“十佳”。因此，我用发展激励的眼光来对待后进队员。这就要求充分运用模糊评议法来进行，把后进队员所改掉一个缺点看成是一个了不起的进步，以此作为“十佳”的条件就有可能评上“十佳”。一旦某后进队员评上“十佳”，我就要适当的表扬，但同时又要不失时机地指出其身上还有的不足。此时的后进队员对老师的批评最容易接受并能改正，会起到意想不到的教育效果。

四是借机引导队员们进行自我教育。

苏霍姆林斯基说：真正的教育是自我教育。活动开展初期，我在晨会、品德课、班队课上做动员，讲清评选的重要性，接着有意识地在队员中寻找几个典型，同时引导队员勇敢地自评“十佳”或“欠佳”。在整个评选活动中，有意识地让队员进行自我总结、自我比较、自我评价、自我推荐、自我认识、自我提高，这样便可能达到自我教育的效果。

中队的“每周一评”对学生良好行为习惯的养成起了很大的作用，受到了学校的好评，并推广到了其他班级里。后来，我还特地写了一篇论文《中队的每周一评》，发表在 1990 年的《少先队活动》杂志上。

学生一旦犯了错误，我不是采取简单、粗暴的方式，而是耐心引导、循循善诱、晓之以理、动之以情。首先让学生承认错误，知道自己错了，知道给班级带来了不好影响；第二，让学生保证或决心以后不再犯同样的错误；第三，在批评的同时还要寻找、肯定犯错误学生身上的优点，让学生有信心改掉这个缺点。这样的教育处理，学生一般都能接受，绝大多数的错误不会再重犯。当然，个别学生不良行为可能已养成习惯，需要老师更多的耐心、精力和智慧。

教这个班级，还有一件事令我印象很深刻。

那也是在抓中队“每周一评”的日子里。

有一次，上课铃响后，我走进教室，一眼发现两个学生假闭着眼睛边做眼保健操边和旁边的同学讲话，这怎么行呢？

当时，我火冒三丈，真想大发雷霆，狠狠地训斥一番。但以往的经验告诉我，那是收不到好的效果的。于是，我便灵机一动，若无其事地把讲台上的粉笔盒悄悄地藏到前排一个学生的抽屉里。

做完操后，趁上课还未开始，我提了个出乎学生意料的问题：“老师的粉笔盒在哪里？”“哗”一下子举起了十几只小手。我先抽了两位做操认真的同学，一个说在办公室里，一个说在讲台的抽屉里，我一一摇了摇头。这时，看见我藏的一个学生好像识破了我的计策，突然把手放了下来，而另一个仍旧把手举得高高的。我就叫他回答。他胸有成竹地说在某某同学的抽屉里。于是，我一边拿出粉笔盒一边认真地说：“回答正确，但我要批评你，你不该回答正确！”

顿时，许多学生感到惊讶：“这是为什么？”我接着问把手放下去的那个学生，他红着脸说能回答出老师的这个问题，说明是睁着眼做保健操，看见了老师藏粉笔盒。学生听了恍然大悟，很多学生向我投来了敬佩的目光，另一个做操不认真的学生红着脸笑了。最后我说：“同学们，眼睛是心灵的窗户，做眼保健操能保护视力，预防近视，所以我们做眼保健操也要像学习语文一样认真。”

从此以后，那两个我本认为做操坏毛病永远改不好的学生，不但做眼保操认真了，而且学习也比以前认真了许多。

这次成功的教育给了我很大的启示：批评，也是一门学问，应该来一点创新。那种简单训斥的老一套批评方式已经行不通了，一两次也许有效，但时间长了效果就不行了，尤其是对那些一下子难以说服的学生。假如，我当时还是用简单生硬的训斥或罚站的方式对待这两个学生，最后也只能产生这样的局面：要么使学生感到不痛不痒，批评和不批评一个样；要么使学生产生对立情绪，明知自己不对，却不愿接受批评。可想而知，接下去被批评的学生肯定无心上课，同时对整个班级制造了紧张压抑的消极气氛，无利课堂教学。而我吸取了以往的教训，别出心裁地用藏粉笔盒的批评方式表达出我的批评意图，让被批评的学生笑中脸红，在内心深处认识错误和不足，迅速在行动上加以改正，使其他的学生也在轻松愉快的气氛中受到了一次难忘的教育，从而完满地达到了批评的目的。

这个“藏粉笔盒的故事”，不仅令我印象深刻，而且这个班的同学也记忆犹新。现在同学聚会很多,但小学同学聚会不多。而这一届同学已多次聚会,曾两次邀请我们语、数、英三位老师参加,一起怀旧、叙旧,非常有意思,"藏粉笔盒的故事"总是会被学生提起。

1990 年 9 月,我又接了五年级一个成绩中等水平的班。两年后,毕业考试,该班语文成绩也荣获辅导区第一名。

第三节　从年级组长到副校长的磨炼

我的成长,完全是在教育教学实践中一步一步磨炼出来的。从 1990 年开始兼任年级组长,每一次活动的策划和组织,对我来说都是一次锻炼,也经受了来自各方的考验。

20 世纪 90 年代,我们学校每年"六一"节要搞一个非常隆重的营火晚会。这一天,学校面貌焕然一新,处处彩旗飘扬,彩球彩纸挂满了班级。班级一般不安排教学,老师就和小朋友一起准备班级活动。年级组长则要配合学校做好安排。在营火晚会上有表演节目的班级(村校)感到非常荣幸,要反复排练这个节目,直到满意为止;没有节目的班级就准备自己班级的庆"六一"活动。晚会一般先是校长致辞,然后是表彰、发奖、领导讲话,接着节目表演,最后点起营火跳集体舞。其中有一个节目是师生同台表演,往往台上台下要互动,常是晚会的高潮。晚会上,镇分管副镇长、妇联主席、团委书记、村领导、企事业单位领导也都应邀参加,副镇长要代表政府讲话,各单位还要为学校捐资,尽管钱不多,但尊师重教氛围很浓。

晚会也受到学生家长的高度重视。每逢这一天,几乎所有的家长都来观看,结束时领孩子回家。当时,学校条件艰苦,用干石灰在靠近大楼走廊的操场边画个半圆就当作舞台,音响就是一只高音大喇叭,有时杂音很大,时时要发生刺耳的尖叫。但晚会气氛热烈,师生劲头十足,也没有发生过安全事故。儿童节是小学生最快乐、最幸福、最激动的一天。非常可惜,后来因为学校担心发生安全事故,营火晚会取消了。

学校教育应是多彩的,要与社会有机结合起来。1995 年,上海东方电视台、上海教育电视台、中央电视台相继播放了 150 集《东方小故事》,社会反响强烈。中华传统美德是一种高尚的精神,具有强大的生命力、凝聚力和感召力,对于净化人的心灵,规范人的行为具有重要作用。我觉得《东方小故事》蕴含着深层的道德力量，它通过艺术的形式，生动形象地再现历史事件和历史人物，顺应了小学生爱看影视的心理特点，容易被理解和接受，是一笔可贵的精神财富，其价值应该得到充分发掘。因此，我向学校建议将《东方小故事》引入课堂，对学生进行传统美德教育。

于是，学校每班每周开设了一节影视课，具体由我负责。那时条件非常艰苦，学校买了一台彩电放在一间大教室里，作为学校影视室，班级轮流观看。

首先由我做好教育专题的选择。中华传统美德内容博大精深。我对照《小学德育纲要》和《小学生行为规范二十条》，根据小学生年龄特点、认知水平和道德品质形成的规律，紧密联系《东方小故事》所反映的内容主题，确定了12个教育专题：即孝敬父母、尊敬老师、关心同学、谦虚礼貌、助人为乐、诚实守信、惩恶扬善、知错就改、立志勤学、律己宽人、勤俭节约、爱国爱民。在150集《东方小故事》中，我选择了既有古代又有现代的适合小学生观看的36个东方小故事，每一个教育专题配上3个东方小故事。

其次是做好重点教育专题的研究和分解工作。为了便于研究，也为了把教育内容落到实处，我根据小学生实际表现及成长规律又从12个教育专题中选取了“尊敬老师、诚实可信、助人为乐、勤俭节约、立志勤学、爱国爱民”6个专题为研究重点。各年级段对每个教育重点专题选配的3个东方小故事，其中1个为“强化观看”，2个为“一般性观看”。6个专题中的尊敬老师，主要属于日常行为规范；诚实守信、助人为乐、勤俭节约主要属于基础道德；立志勤学、爱国爱民主要属于价值观，同时每个专题中也穿插了其他内容。日常行为规范、基础道德和价值观是学生思想品德发展的三个层次。前两个层次是小学生最重要的基础，而价值观是小学生较高的发展层次，到中学乃至成人才能表现出来，具有长远效应。

重点专题确定后，我根据小学生各年龄段的心理特点，进行具体分解，让教师操作时有章可循、有的放矢地引导学生参与实践，提高实效。

第三是做好具体操作，我主要从两个方面入手：

一是课堂教学。我将教育过程分为三个阶段，并提出了各阶段的操作要点。

第一阶段：观前。

(1) 每个重点专题出一期校园影视指南，“指南”上印有教学目标，影视片名、片长、内容提要，思考题，活动提示，预先发给指导老师。

(2) 指导老师根据“指南”，利用一节晨会课做好观前指导，简要介绍一下时代背景、人物剧情，并根据班级实际提出几点要求。

(3) 学生根据老师的要求搜集好与专题有关的典型事例及一两句名人名言。

第二阶段：观时。

(1) 每个专题配上两节影视课，一节为强化观看(一集)，一节为一般性观看(二集)。影视课一般由班主任上，便于维护课堂纪律并和学生的实际思想有机结合。

(2) 影视课上先由教师作启发谈话，再组织观看，看后引导学生进行讨论，最后由老师做小结。

(3) 引导讨论时根据需要可重播某些特写镜头，教师引导要注意将传统美德赋予新的时代内涵，学生讨论要注意联系实际。

第三阶段：观后。

(1) 每个重点专题要求学生写(谈)一两次观后感。低年级主要采用口头交流的形式，用一两句话谈观后感想，中高年级主要在口头交流的基础上，采用写的形式表达观后感想。学生写(谈)观后感要实事求是，心里怎么想的就怎么说(写)，不能说假话。

(2) 再利用一节晨会课进行专题小结，肯定所取得的成绩，指出存在的问题，提出努力的方向。

(3) 各班可根据需要适当增加一两节晨会课，进行与专题有关的观后体会、典型事例、名人名言等情况交流。

二是少先队活动。我着重抓好以下三件事：

(1) 各年级段对每个重点教育专题开展一次班队主题会。班级活动要突出教育主题，紧密联系《东方小故事》、班级(中队)实际和学生实际，要寓教于乐，让学生快乐地接受教育。

(2) 每个重点专题除了上好一节主题班队会外，各班围绕主题开展一两次十分钟队会，学校开展一次队报或队角或黑板报评比。各班评比应及时将班中典型事例和优秀观后感推荐给学校大队部，由大队部在学校传统美德教育专栏张贴，在校红领巾广播里宣读。

(3) 雏鹰争章活动中的孝敬章、礼仪章、手拉手章、友谊章等七个奖章也与《东方小故事》有机结合，为争章活动丰富内涵，增添色彩。

此外，我还配合学校，注意重点教育专题在日常行为规范训练中进行强化操作。课堂教学、少先队活动、日常行为训练是对学生进行传统美德教育的主要操作途径。

后来，我们进一步扩大、丰富了影视教育内容，增加了故事片、动画片和教育专题片，深受学生喜欢。

几年后，我校影视教育取得了令人瞩目的成效。1995 年 10 月，课题《利用"东方小故事"加强农村小学传统美德教育的研究》被立为市级课题；1996 年，上海电教馆在我校召开了影视教育现场交流会，充分肯定了我校的影视教育经验，同年《上海电教》还刊登了由我撰写的影视教育经验论文《利用影视手段加强爱国主义教育》；1997 年，学校荣获上海市影视教育优秀成果评选一等奖；1998 年，影视教育课题《利用"东方小故事"加强农村小学传统美德教育的研究》荣获区首届教科研成果评选一等奖；1999 年，《上海教育科研》刊登我校的科研论文《利用"东方小故事"进行农村小学传统美德教育》；2000 年，学校荣获上海市中小学影视教育工作先进学校称号。

我真的没有想到，学校的影视教育会取得那么大的成绩。作为具体负责操作的我，很有成就感，感到无比自豪。我在这个过程中，教书育人和教科研的水平也有了很大的提高，并让我逐步认识到，只要认准一个目标，持之以恒地用心做下去，一定能取得成功。

我从 1990 年兼任年级组长，到 1995 年开始担任校长助理，再到 1996 年被任命为金山区廊下小学副校长，这中间是一个很大的飞跃，但也经受了不小的考验。

因为我没有中层岗位锻炼的经历，直接到校长助理，再到副校长，当时部分班子人员和教师心里有点不服，工作有时候不太配合我，所以工作一开始并不顺利。校长浦小弟看出了我的尴尬局面，及时告诫我要"耳朵大一点"，大度一点、大气一点，不要计较他人的态度。我也常常提醒自己，不管别人对我怎样，我都要尊重和信任每一个班子人员和教师，虚心向他们请教学习，做人尽量低调一点，名利看淡一点，工作勤奋一点、多做一点，分管的工作做好一点、出色一点。碰到棘手问题，我总要请教校长浦小弟和书记钱贵祥，他俩给予我大力支持、关心和帮助。就这样，我逐步得到大家的信任和支持，工作慢慢也顺利起来。

还有一件事令我最难忘、最有成就感，是我在任副校长期间，搞了个红读奖章的研究，效果非常理想。

我是一名语文老师，非常重视学生的阅读能力和阅读习惯的培养。但我发现学校语文教师普遍不重视学生阅读活动，存在以下状况：读书活动往往是短期行为，一阵风，不能持久开展；读书往往面向少数，针对一部分学生，大多数学生没有行动起来；主观上学校不够重视，学校课外书籍不多，读书氛围不浓，以致造成学生阅读面不广，阅读量不足，语言积累贫乏，独立阅读能力差的后果。

针对以上问题，为了调动学生的阅读兴趣，我思考能不能把红读（红领巾读书读报）和少先队奖章活动结合起来。因为奖章在孩子们心目中影响很大，他们羡慕、渴望、珍爱，为之欢乐、自豪。奖章好比爬高楼，一级又一级，一层又一层地不断向上攀登，级级有激励，层层有激励，激励孩子们真正做到"天天向上""时时奋进"。争章，就是不断地战胜自我，使学生感到明天的自己比今天的自己更优秀；争章，面向全体学生，抓住学生好胜求荣的心理，紧紧地吸引每一位学生，激发学生内在的动力，积极主动地去争章，是一种行之有效的自我教育活动。

我想，如果把红读与奖章活动有机结合，发挥奖章的激励、内化、实践作用，变少读书为多读书，变一时读书为持久读书，变少部分读书为人人读书，建立稳定有序而又充满活力的自主运转的读书活动，那么读书活动一定能成为一项具有生命力的教育活动。为此，我提出了"五星级红读系列奖章"的探索意向，意在为农村小学寻找红读的新路子，使红读活动经常化、系列化、多样化、生动化、实践化，有利于小学生读书能力的培养，更有利于小学生自我教育能力的培养。活动和探索是这样进行的：

首先，设立了五星级红读系列奖章。每个年级设一个星级奖章，依次为一星级红读奖章、二星级红读奖章、三星级红读奖章、四星级红读奖章和五星级红读奖章，每个星级奖章又设四个小章。

如以一年级为例：年级设一星级红读奖章，再设四个小章：一星级一步章、一星级二步章、一星级三步章、一星级四步章。每学期争二枚奖章，一学年争四枚奖章，四个奖章全部争到得一枚星级奖章。其他四个年级依次执行，在小学阶段读完五年得五枚星级奖章。

第二，制订好星级奖章的目标和具体要求。

每个星级奖章里的四个小章均有"争章目标、达标要求、活动参考、考章要求、具体书目"，由一星到五星，呈阶梯形，内容由浅入深，由少到多，循序渐进，形成系列化、递进化、长期化、固定化，使队员自觉地有目的地参加红读活动，不断增加阅读量，不断超越自我，体现出奖章对孩子的无限魅力。为了进一步体现我校争章特点，在争章内容中我们加进"鲜军故事"。张鲜军是我校毕业的学生，他在1997年为了救三个落水儿童而光荣牺牲，被追认为上海市革命烈士。把“鲜军故事”结合到五星级红读奖章中使星级奖章更具有内涵和魅力。

第三，实施星级奖章的途径和方法。

(1) 红领巾争章活动。把红读星级奖章作为奖章的一个重要部分，要求辅导员(一般都是语文老师)给予高度重视。

(2) 学校重大红读活动。如每年一次读书节，开展系列读书活动，每个班级评出5～10名阅读小博士，每个班级评出5～10个学习型家庭。

(3) 语文课外阅读活动。在校每天20分钟固定时间读书，提出“读书开智学知识，读书明理学做人”口号，形成“书香满校园，快乐伴成长”浓厚氛围；在家每天三十分钟读书，提出“每天读书半小时，快乐生活一辈子”口号，倡导“我和爸爸妈妈一起读书”活动，形成浓厚的家庭读书氛围。

(4) 建设好学校图书馆。每班每周一节到阅览室上阅览课，每班每周一次中午到图书馆阅览室看书。

(5) 建设好班级图书角。学生在空余时间可随时随地拿书看，我还主张学生把自己的书拿到班级让大家共享，丰富班级图书角。

一个阶段的探索，证明红读效果显著。一是学生红读兴趣浓厚，逐步养成了良好的读书习惯，每天在校阅读二十分钟、在家阅读半小时；二是阅读能力有明显提高，能摘录优美句子、写读书心得体会，为语文拓展课外阅读形成了很好的气候；三是全校形成了浓郁的读书氛围，人人争章，人人参与红读活动，人人持久读书，学生对争章、对读书越来越有兴趣，给红读增添了持久的吸引力，给奖章增添了无穷的诱惑力，为少先队雏鹰争章搭起了一个崭新的活动舞台。2000年，学校因五星级红读奖章成效显著，荣获上海市红读先进集体和上海市红读示范校荣誉称号。

任副校长期间，“面包中毒事件”则给我带来了深刻的警示教育。

那就是我们辅导区曾发生一次面包中毒事件。那时，学校给每个学生订一个面包和一包豆奶，以解决学生下午的饥饿，实际上也是因为学校办公经费紧张，借此搞的创收来弥补。那天，辅导区中民小学的学生吃了学校订的面包和豆奶后，有的学生肚子有点不舒服，个别还呕吐了。老师很担心，怕出事就将呕吐的小朋友送到廊下卫生院，严重的几个学生还挂了盐水。有的老师胆小，紧接着问其他小朋友还有没有不舒服的，不知为什么，不问不要紧，一问不得了，原来没有任何反应的同学也说肚子不舒服了。其他学校一问，很多村校包括中心校也有很多学生说肚子疼，老师也把他们送到医院，一下子超过了100多人，学校手忙脚乱，人心惶惶。

这件事马上惊动了社会各界，局镇领导来了，市教委领导也来了，很多家长都赶到学校或卫生院，也惊动了上海东方电视台。那天，我在松江本科进修回来早，到了学校碰到了这件大事，晚上也来到医院看望住院学生。市教委和局镇领导根据初步了解，并和医生沟通后判断，学生中毒估计和学生吃面包和豆奶有关系，但只有少部分学生中毒，大多数学生是心理随众现象，人家说不舒服自己也不舒服了，其实没有中毒。学校和医生沟通后，马上把不需要住院、不需要观察的学生送回家，只有十多位需要再观察的继续留下来，有几位继续挂盐水。

晚上，电视台记者要采访校长浦小弟，找来找去找不到，不知被谁说我是副校长，结果把话筒放到了我的嘴边。我根本没有思想准备不知该说什么好，我知道这种话很难说，带有风险，只能硬着头皮说，我说今天我在外面学习，具体情况也不太清楚，只知道现在留院观察和挂盐水的学生不多。采访好后，我已是满头大汗。

一段时间后，经化验调查，说是供应面包的厂家，一个职工的手伤口化脓，细菌污染了做面包的面粉。

这件事给我的启发很大：食品卫生非常重要，不能有任何麻痹；碰到重大事件，一定要沉着冷静；学校应急预案制度要完善，上下沟通要畅通。

6年副校长，我与学校共奋斗、同成长。我分管的教科研、少先队工作都取得优异成绩。1998年，学校荣获全国雏鹰大队称号；1999年，学校荣获上海市红读先进集体称号，学校教科研成果荣获区首届教科研成果一等奖；2000年，学校荣获上海市红读观摩示范校称号；2001年，学校再次荣获全国雏鹰大队称号。当然，这些成绩的取得是全体教职员工共同努力的结果，我只是起了应有的作用。

1999年9月，学校推荐我参加成人高考，我考上了上海师范大学公共管理专业进修本科。2002年7月毕业，成为我校第一位大学本科毕业生。恰逢这年8月，我在副校长这一岗位上经过6年的锤炼后，被金山区教育局任命为校长，成为了廊下小学历史上第25任校长。

在我被提名任校长时，校内有很多争议。教育局党委办公室来学校征求意见，有人说我的性格很内向，人老实又低调，处理事情胆小，不善言辞，不善交际，管理一所学校肯定不行；有人说我虽然教育教学成绩优秀，分管的科研、少先队活动和影视工作成效很大，但真的要全面管理一所学校，按我的性格有点难度；但也有人说我待人真诚，责任心强，做事踏实，工作有激情，肯动脑，方法点子多，又有6年的副校长经历，肯定能胜任校长。

说实话，当时我刚挑起校长这副重担时，心里也真有点担心，不踏实，但一想起当初做老师的初心，我便又暗暗下决心，为了家乡的教育，不管困难如何，既然做了，我一定要用心做、虚心做、尽力做，绝不辜负领导对我的期望和信任。

第四节　学校办学理念的传承和创新

走上校长这一岗位后，一个亟待解决的问题摆到了我和校领导班子面前：如何凭借学校百年文化积淀，进一步传承和发展“廊小”的风采。

办学理念决定着学校的走向。有什么样的办学理念，就有什么样的办学目标。我认为，办学理念不是凭空想出来的，也不是为了吸引眼球而提出的一个漂亮的口号。应该说，在我担任校长前的一段时期里，学校也有办学理念，但当时学校确实普遍存在不够重视理念的提炼，各学校提出的理念都大同小异，诸如“诚实、文明、进取、创新”等比较雷同的叫法，且和具体做法联系也不紧，存在“两张皮”的现象。

我认为，办学理念是学校发展的灵魂，集中地呈现着一所学校的精神风貌和价值取向。一所学校提出怎样的办学思想，反映了学校对文化的传承与发展，反映了对学校定位的理解，也在一定程度上预示着学校未来的发展方向。所以，办学理念一定是和学校的历史积淀和文化传承有关的，和学校与学生的时代发展有关，也一定和教师和管理者的想法实践有关。

一百多年前，我校的创始人何静渊、朱志贤两位先生创办了开智初等小学，提出了“开启智慧，报效社会”的办学理念。我觉得，当时教育先辈提出这样一个理念是非常了不起的。教育先辈的高瞻远瞩，看到国家贫穷落后，人民愚昧无知，唯有办学校，开启百姓的智慧，让百姓觉醒，让百姓有知识，才能去推翻黑暗社会、黑暗制度。可以说，这八个字至今仍具有重要的现实意义。

但这八字办学理念中的“报效社会”，虽然很响亮，也很有正能量，但对现在的小学生来说，概念大了些，成人化了一点，距离远了点。所以，我经多次反复思考，决定将“报效社会”改成“润泽生命”。这样提法，我觉得更贴近学生，适合学生。而且,这个提法对我们的教育工作者提出了更高的要求:只有遵循教育规律,遵循学生身心发展的规律,探究最合理、最适合、最有效、最有情感的教育方法,才能去润泽学生的生命。我认为,润泽生命的最终目的还是为了报效社会,也就是说,我们现在提出的核心理念和100多年前提出的理念是一脉相承的。

为了进一步明确和深化"开启智慧,润泽生命"这一办学核心理念的内涵,我又查找了许多有关资料,也反复阅读了有关书籍,紧紧地结合学校的历史和现状,较完整地诠释了"开启智慧,润泽生命"的办学理念。

百年沧桑,百年文化,百年传承,如今站在新的历史起点上,我们提出了"开启智慧,润泽生命"的办学理念,两者之间有哪些传承和发展呢?

"开启智慧,报效社会"与"开启智慧,润泽生命"一脉相承。虽然时间跨度长达一个世纪,但是核心理念依然不变,办学为了启智,教育为了育人,而根本目的就是为了让每一个生命更充实,使精彩的人生更好地为国家、为社会服务。前者是后者的历史基础,后者是前者的时代发展。

教育的对象是人,是一个个鲜活的生命体;教育的目的,就是要开启每个人的智慧,润泽每个人的生命。所以,教育必须要坚持以人为本的原则,做到目中有人,心中有人,教育应该让孩子越学越聪明,而且要学得快乐,学得自信,学得主动,学得有趣,学得滋润。学校不能把学生教成考试的机器和分数的奴隶,学校也不能把老师变成只会照本宣科的教书匠。

教育是事业,是科学,是艺术。我们追求的是科学与艺术完美结合的常青的事业。讲事业,就要爱生敬业,乐于奉献;讲科学,就要严格遵循教育规律,遵循学生身心发展的规律,遵循教师专业成长的规律;讲艺术,就要讲究教育的智慧,探究最合理、最适合、最有效、最有感情的教育方法。

教育,其实也很简单,就是用心学习,用心实践,用心反思,用心改进,再学习、再实践、再反思、再改进。我认为,学校教育的目的就是为了开启学生的智慧,润泽学生的生命。其支撑点,是建设一支师德高、学业精的智慧型教师队伍;其着力点,是打造生动有趣而又充满活力的智慧课堂;其出发点和落脚点,是为了每一个学生的终身发展,培养一批批快乐生活、健康向上、能歌善舞的"开心果"和全面发展、兴趣广泛、敢于提问的"智多星"。

因此,我们不仅要开启学生学习的智慧、活动的智慧、做事的智慧、做人的智慧;而且还要开启老师教书的智慧、育人的智慧、管理的智慧、家校联系的智慧、自我专业成长的智慧；同时也要通过合适的途径开启家庭教育的智慧、热爱生活的智慧、积极参与学校教育的智慧。

我们认为，学校的一切都是文化，学校的一切都是课程，学校的一切都是为了开启学生的智慧、润泽学生的生命。

“以教师的发展来促进学生和学校的发展”，这永远是学校最有效的办学策略。每个学生在老师心目中都是好学生，每个老师在学生心目中都是好老师。只有教师爱教，学生才会乐学；只有教师善教，学生才会智学，要以教师的智慧开启学生的智慧，以教师的生命润泽学生的生命。所以，我们组织的每一项改革，鼓励的每一次创新，采取的每一个措施，开展的每一个活动，都要坚持“开启智慧，润泽生命”的办学理念。我们首先要让每一个教师在“廊小”追求善教，教得成功，过得幸福，成为好老师，这样才能让每一个学生在“廊小”追求智学，学得智慧，过得开心，成为好学生。只有这样，每一个“廊小人”的生命才能变得更加滋润和精彩，百年“廊小”的生命才能继续焕发青春的活力。

为了突出、加深“开启智慧，润泽生命”这八个字的印象，我特地请全国教书育人楷模、语文特级教师、教育名家于漪老师题写这八个字，并刻在北校门面南的门上方的汉白玉上。这八个字苍劲有力，庄重大气，非常醒目，成为一道亮丽的风景线。

在新教学楼前的两个大花坛里，也把“开启智慧，润泽生命”这八个字做成中英文的塑料字斜放在里面，教学楼因此主题鲜明，给人力量。

设计校徽时，我也特地把这八个字放在上面。我校原来也有一个校徽，含义也很深刻，但我总觉得没有特色，只要把校名改一改，任何小学都合适。我和我校创始人后裔、高级工艺美术师何顾继德先生一起设计的校徽富有特色，含义深刻。校徽呈正圆形，图案以“山”字构成，新颖、简洁、美观，节奏韵律感强；色彩由红、绿、黄三色组成，绿色代表春天和学校地处现代农业园区，黄色代表阳光，红色代表生命。外环是中英文校名全称，图案左边建筑象征学校创始时的校舍“斗姥阁”，数字“1904”表明建校时间；图案右边是学校第一景点——西校门的缩影；中部圆柱形似一支笔，又似一根栋梁，三面梯次墙面恰似三本书，含有唐代大诗人杜甫“读书破万卷，下笔如有神”的诗意；水平线为一根莲湘棒，示意学校富有特色、远近闻名的地域文化——打莲湘；“开启智慧，润泽生命”是学校办学的核心理念。校徽寓意百年“廊小”具有深厚的文化底蕴和美好的理想追求，展示了“廊小”学子每天走进校园“天天要写好字，天天要读好书，天天要搞好活动，长大了做祖国的栋梁之材”的精神风貌。现在，我们的校徽镶在学生的校服上，又制作了大大的校徽挂在教学楼上，让校徽尤其是八个字的核心理念真正融入学校文化，深入学生心田。

“开启智慧，润泽生命”这一办学核心理念有历史，接地气，富有特色、魅力和文化内涵，永远是全校师生的共同价值取向，引领学校的一切工作。经过十多年的不断探索和实践，这一核心理念已逐步在全体师生中形成共识乃至共鸣，并不断地践行着“教育是一项开启智慧、润泽生命的事业”的崇高理想和伟大愿景。

第五节　一样又不一样的培养目标

“倾心培养快乐生活、健康向上、能歌善舞的开心果和全面发展、兴趣广泛、敢于提问的智多星。”——这是我们“廊小”在“开启智慧，润泽生命”这一办学核心理念指引下制订出来的学校培养目标。

这一不一样的培养目标的提炼，还有着一段不寻常的来历。

2002 年 8 月，我被教育局任命为校长。当时，有一个风气，就是乡镇学校的教师争相往城区跑，房子纷纷买到石化、朱泾城区，工作也千方百计要调到石化、朱泾城区学校。我校教师在 2002 年前后有近 20 位骨干教师调走，教师的整体水平下降了一个层次，严重影响了教学质量。

面对这种情况怎么办？俗话说：“新官上任三把火。”当时，我很焦急，虽然没有烧什么“火”，但确实立下目标，就是要千方百计把学校的教学质量搞上去。于是，在行动上采取了四项措施：一是搞“题海战术”，试卷一张连一张；二是搞加班加点，利用每天早晚和双休日时间进行补课；三是搞“睁一眼闭一眼”，教师占用综合学科，我只当作没有看见；四是少搞活动，能不搞的尽量不搞、少搞，集中精力抓教学质量。

功夫不负有心人。这四管齐下，教学质量确实提高很快，尤其是五年级毕业班教学质量显著提升。教师、班子和家长们都感到很高兴、很自豪，社会反响也不错，大家对学校给予很高评价。为了奖励五年级毕业班教师，我决定暑期旅游从两天增加到三天，乃至四天。

说实话，当时我也感到很高兴、很自豪，乃至很得意。但有一件事却深深触动了我。

一天中午，我走进一个毕业班教室，想和学生们交谈几句，给他们鼓鼓劲、加加油。上课时间还未到，教室里早已鸦雀无声，我看到的是学生正在做试卷，虽然很认真、很专心，但看上去一个个很疲惫。再看看老师，正在边监考边批改作业，老师也是那么认真，那么负责，但看上去也是很疲倦，很劳累。

我没有说一句话，悄悄地走出教室，回到办公室，陷入了沉思。我想，学校教育到底是为了什么？难道为了分数学生就学得那么苦、教师教得那么累吗？用加班加点、题海战术、占用综合学科，这分数是上去了，但学生学得太辛苦了，没有欢乐，没有童趣，培养的是没有快乐的高分低能，不聪明、不智慧。老师教得也太辛苦了，没有幸福感，这绝对不是我们教育的方向和目标。

打这以后，我一直在思考，学校如何端正办学思想，明确培养目标，把老师和孩子们从"题海"中解放出来。

我思考了很长一段时间。回顾历史，面对现实，我深感小学教育无疑是人生的启蒙教育，它为人的一生发展打下的是一个非常关键的基础。一个人一生最快乐、最纯真的童年时代，就是在小学度过的，它会给人的一生留下许多难以磨灭的美好回忆。因此，我们的教育应该要让学生快乐起来，健康起来，聪明起来，智慧起来，真正用"开启智慧，润泽生命"的核心理念去培养我们的学生。

我作为校长，有了这样的认识后，于是，便引领全体教职工，通过多次上下讨论，又请了好几位专家进行指导，大家的意见逐渐趋向统一，最后把"倾心培养快乐生活、健康向上、能歌善舞的开心果和全面发展、兴趣广泛、敢于提问的智多星"作为学校的培养目标。

这样的培养目标定位，既与上级的要求一致，如"全面发展，快乐健康"，又富有学校特色，接地气，如"能歌善舞、兴趣广泛、敢于提问"。这里的"能歌善舞"具有特殊的含义："歌"，主要指我校的特色教育品牌"拍手歌"；"舞"，主要指我校的特色教育品牌民间舞蹈——"打莲湘"。"廊小"学生人人会打莲湘、人人会唱拍手歌，所以"能歌善舞"成了我校学生有别于他校的一个特长、一个爱好。为此，在莲湘园最醒目的位置，学校竖起了由学校创始人后裔、全国著名雕塑家何鄂大师创作的"能歌善舞"雕塑：两个小朋友在打莲湘，两个小朋友在唱拍手歌，显示了"廊小"学生阳光自信、活泼可爱、快乐健康的精神风貌。

学校更重视培养学生兴趣，引导学生多种兴趣，让兴趣成为"开心果"的种子，成为"开心果"快乐、健康的重要指标，成为"智多星"的目标。

学校更重视开展各种活动，"读书节、英语节、艺术节、科技节、体育节、六一节”个个正常有序开展；利用学校欢乐大舞台，每个年级每学期在大舞台开展一次联合中队主题活动，邀请年级组老师和全体家长参与，很受大家欢迎。

学校也更重视学生课堂提问，逐步让学生成为敢于提问、乐于提问、善于提问的智多星，让学生做到“不懂就问多开口，敢于请教不害羞”。学校建议每个学生每节课至少提一个问题，还要让学生知道如何解决提出的问题：老师帮助解决、同伴帮助解决、父母帮助解决、自己研究解决，教师要注重引导学生自己想办法解决。

“廊小”这“一样又不一样培养目标”的提出，不仅端正了学校领导和教职工的办学思想，而且第一次将培养目标作为学生心中的偶像，形象地扎根于孩子们的心田中。

提出这个培养目标后，我校逐步不搞“题海战术”，不再早晚、双休日加班加点，不再占用综合学科去学语、数、英，教学上也提出了智慧课堂，各种活动也多起来了，课间也活跃起来了。学生慢慢开心起来了，兴趣多起来了，活泼起来了，健康起来了，聪明起来了，智慧起来了。

非常有趣的是，这个培养目标与学校的创始校校名“开智初等小学”非常吻合。“开心果、智多星”的第一个字，连起来不就是“开智”？当时，我们提“开心果、智多星”只是想用形象的语言、小朋友喜欢的符号让大家容易记住，想不到与创始校的校名连在一起，真的很巧合、很有缘。

为了让学生更喜欢“开心果”和“智多星”，人人争做“开心果”和“智多星”，学校又请学校创始人后裔、高级工艺美术师何顾继德先生根据我的想法创作了学校吉祥物：乐乐和星星。乐乐，就是“开心果”，星星，就是“智多星”。乐乐，最大的特征是开心，她的眼睛像粒开心果，两只辫子伴随三粒黄黄的开心果在不断舞动着，双手得意地撑住下巴，象征天真活泼、阳光快乐；星星，最大的特征是乐思，他的眼睛像颗小星星，头发伴随三颗闪亮的星星像火花一样在不断跳跃着，双手托住下巴，象征乐于思考、富有智慧。我们还把大大的吉祥物挂在学生天天走过、天天看见的教学楼外墙上，乐乐和星星似乎天天在和每一个学生打招呼。

用吉祥物代表学校的培养目标是学校的一个创举，我们把吉祥物做成标志，让学生天天佩戴在胸前，学生感到很自豪。一年级小朋友，我们在学习准备期内分三批颁发，第一批是各方面表现最好的或者进步最大的；一两个星期后，第二批再选出各方面表现好的或进步大的；第三批的小朋友老师就提出一些他通过努力能做到的要求，最后人人得到“乐乐”和“星星”的吉祥物。这样颁发，主要激励小朋友有目标、有追求、有努力，最终人人成为“开心果”“智多星”。

就这样，我是“开心果”，我是“智多星”，成了“廊小”学生非常自豪和非常响亮的名字，成了“廊小”学生天天成长的向上力量和希望，成了“廊小”学生孜孜追求的目标和方向。

第六节　用古今故事诠释校训

校训，是一个学校的灵魂，是全校师生前行的标杆。它体现的是办学的原则与目标，也是一种文化积淀，一种教育理念，一种精神标志。

我校的校训是：“文渊德厚，志远行近。”这八字校训，既是对历史的传承，又是对未来的一种期望，一种需求，一种鞭策。

廊下小学，从以“开启智慧，报效社会”为宗旨的创始校——“开智初等小学”开始，已走过了一个多世纪，早已形成了浓厚的百年文化气息和深厚的百年文化积淀，多姿多彩的校园文化已成为学校的特色品牌，可谓“文渊德厚”；而另一方面，我校虽是一所普通的乡镇小学，但我们能仰望天空，志存高远，敢创一流，又能脚踏实地，行在脚下，行在细节，可谓“志远行近”。一所“文渊德厚，志远行近”的学校，一定是一所充满希望、走向成功的学校。

但校训，绝不是镶嵌在墙上、放置在匾额中的装饰品，它应深深印在师生的脑海里，真正落实在行动上，切不能空喊口号，或贴标语式的去张扬，而在于唤醒，在于激励和鼓舞。

苏格拉底有一句名言：“教育不是灌输，而是点燃火焰。”那么，怎么样去唤醒、去点燃其心中的火焰呢？长期的教育实践经验告诉我，对小学生来说，说教和口号是没有效果的，应该用具体、生动和形象的方法去传播，去点燃。因此，自我担任校长之日起，特别是“廊小”百年盛典之后，站在新百年的起点上，我就经常借助各种场合，或晨会，或校会，运用生动形象的故事来传播廊小的八字校训——“文渊德厚，志远行近”。

爱听故事，这是少年儿童的共同特点。因为在这个时期，他们的理解能力还没有得到完全发展，而感性能力往往主导着他们的认识。故事因源于生活，往往运用通俗的口语来描写人物或事件，情节又那么生动逼真，因此，传播校训文化，运用讲故事的方法是最有效的。故事，不仅能扩展孩子的知识，丰富孩子的语言，启发他们的想象，而且能使他们从故事中明白事理，懂得做人的道理。

我在原有校史的基础上又发掘了很多有关两位教育先辈的资料和故事，于是，就进一步借助各种场合用绘声绘色的语言，向学生们一次又一次地描述"廊小"的过去和今天——

在一百多年前的1904年，我校创始人何静渊先生抱着"办学救国"的夙愿，在廊下斗姥阁创办了"开智初等小学"，这就是我校的前身。何先生为什么要办学校？因为他看到中华民族岌岌可危，国家经济危机四伏，贫穷落后，老百姓文化落后，智力得不到开发，愚昧无知，所以何先生要办学校，让百姓学习知识，学习文化，从而振兴中华。何先生还先后在家乡办了"育英"和"启发"学堂，八年内为廊下百姓办了三所学校，多不容易，多了不起！

从何先生取的非常有内涵的三所学校的校名和"办学救国"的夙愿中，我们就可以看出，何静渊先生是一位学识渊博、道德高尚、令人敬佩的教育先辈，是"文渊德厚"的真实写照。

但令人惋惜的是，1910年，何先生就因病过世，学校也因此困难重重，几乎难以生存。就在这危难时刻，朱志贤先生于1913年担任校长，他捐巨款扩大校舍，又不限方隅，扩招学生。在朱志贤校长的努力下，一年不到，学校规模和影响在金山、平湖两县首屈一指，还得到政府嘉奖。朱先生经常对人说："人在年富力强的时候正是应当为社会服务效劳的时候。"

从中我们看出朱志贤先生就是一位志向远大、脚踏实地、令人赞叹的教育先辈，是"志远行近"的真实写照。然而，当他准备大展宏图筹建中学时，却英年早逝。

巧合的是，这两位教育先辈名字中的"渊"和"志"自然地融合在八字校训中，而且校训很好诠释了两位教育先辈的夙愿、壮志和渊源。令人惊奇的是我们在概括、提出这八字校训的时候根本没有想到两位教育先辈。更为巧合的是，校训中的"文渊德厚"，除了有"何静渊"的"渊"字，还有学校创始人何静渊的后裔、高级工艺美术师"何顾继德"的"德"字。我们"廊小"能有今天这样美丽漂亮又有文化底蕴的校园环境，就是由何顾继德先生用整整三年时间废寝忘食、呕心沥血、用心用情设计打造出来的。他为我们"廊小"做了件功德无量的大好事。

何朱两先生的办学精神永远是廊小宝贵的精神财富，至今还发挥着重要影响。这里还有一个百年复旦与百年廊小牵手的故事。

2015 年 11 月 7 日，复旦大学组织 70 多位大学生来廊下小学参观考察。美丽的校园环境、浓厚的文化气息、先进的办学理念，尤其是廊下小学创始人之一、1911 年毕业于震旦学院（复旦大学的前身）的朱志贤先生那句"人在年富力强的时候正是应当为社会服务效劳的时候"的朴实话语，给到访的复旦学子留下了难忘印象：他们既感叹学兄朱志贤先生的服务社会的壮志和为"廊下"教育作出的巨大贡献，更惊喜于朱志贤先生百年前的理想抱负与复旦大学现在提出的"服务学习"的理念不谋而合。就这样，百年复旦和百年廊小因为朱志贤牵起了手，成全了大学教育与小学教育手拉手的姻缘。

2017 年 11 月 18 日，我代表学校和复旦大学社会发展与公共政策学院副院长周楚签订了百年复旦与百年廊小合作共建协议，我校正式成为"复旦大学社会实践基地"。复旦大学将不定期派出师生团队，依托实践基地，进行服务学习、社会实践和调研活动，给我校学生上课、搞夏令营，还为我校教师专业发展提供指导、帮助。

学校也将每年组织五年级学生到复旦大学参观学习，与名校学生互动交流，感受名校的魅力，让"廊小"学子在名校大哥哥大姐姐身上能学到很多在书本上学不到的知识和本领，从小产生"喜欢复旦"的情感和树立"我要考取复旦"的志向。可以肯定，因为有了这份情感和志向，我们更多的"廊小"学子会考取复旦，即使今后考不取复旦的学生，因为从小有了这份复旦的情感和志向，在成长路上一定会走得更快、更稳、更远。一所普通的乡镇小学与复旦名校牵手是"廊小"的荣幸和福气，也是"廊小"拓展素质教育、提升办学品位的又一个创举，必将给我校带来不一样的精彩和不一样收获。

这样，通过讲述"廊小"的这一个个历史和现今的故事，孩子们就更明确这八字校训的深刻含义了，"文渊德厚"，就是要"学识渊博，道德高尚"；"志远行近"，就是要"志向远大，脚踏实地"。

为把校训"文渊德厚，志远行近"化为孩子们自觉行动，我们在讲校史故事的同时，还结合我们身边的英雄——张鲜军，广泛开展讲鲜军的故事，学鲜军的优秀事迹，做鲜军式好少年的活动。

张鲜军是我校的校友。1997 年 8 月 1 日，22 岁的张鲜军在金山石化海滩纵身一跃，舍己救出了三个孩子的生命，被定格成壮美的永恒。当鲜军的舍己救人事迹传开后，平时他默默无闻、习以为常的很多细小事也跟着浮出水面。事实上，爱人、助他人，早已是他生活的常态；诚实、勤奋，也早已是他一生的作风；而上进、自强，更早已是他长期的追求。

张鲜军的事迹，其实是我校校训精神的充分体现。因此，我们不失时机地开展学鲜军活动，编写了校本教材《闪光的年华——廊下雷锋张鲜军的故事》，创作了《做鲜军式好少年》的校歌，并开展了一系列学鲜军的德育实践活动，比如，鲜军塑像前扫墓，鲜军主题班队会，升旗仪式唱《做鲜军式好少年》的校歌，在"勇敢的鲜军"塑像前进行入队宣誓，还有诸如学鲜军献爱心捐款、学鲜军做好事，等等。

我们"廊小"还有一位杰出校友，叫姚芳，她曾获得残奥会冠军。学校多次邀请姚芳回母校，和小朋友见面，给小朋友讲赛场上的故事，讲生活中的趣事。"廊小"学子被姚芳"身残志不残，坚强勇敢，乐观向上"的精神深深感动，纷纷表示要向姚芳阿姨学习，好好读书，好好做人，长大了要成为社会有用人才。

2013 年，学校校园环境改造，我们在校园里放了两块大石头，对准北校门的石头上写了"文渊德厚"，由中国人民大学教授程方平先生题写，对准西校门的石头上写了"志远行近"，由著名书法家、中国书法研究院副院长李鑫华先生题写。这两块校训石增添了文化的厚重感，又成为师生天天见面的镜子，尤其是蕴含的故事能潜移默化地感染着、影响着、教育着全校每一个教师、每一个学生。

故事最能感动人、最能影响人、最有说服力，这些真实、亲切、感人的故事将是"廊小"学子践行校训的最好见证、最好"教科书"。

校训文化，不仅要靠故事来传播，还要靠制度去延续。在传播和延续的过程中，更重要的一点，就是看全校师生的参与性。师生参与进来了，大家在理念上、思想上达成了共识，就能产生一种力量。我们在讲校史故事的同时，还从制度上去规范，去落实，去延续，让师生在参与中获得激励和鼓舞。如开展"鲜军式好少年"评比活动，我校已持续了 20 年。每班每月评出 5 位鲜军式好少年，以实际行动诠释廊下小学的精神力量，营造立德树人浓厚氛围。现在"做鲜军式好少年"已成为"廊小"学子的荣耀和天天追求的目标。

校训，作为一种文化，在传播和延续的过程中，需要我们不断去扶植，去培养。作为校长，切不能让它虚有其外表，不仅仅要把它镶嵌在墙上，放置在匾额之中，更重要的是要把它扎根在师生的心田里，落实在师生的行动上。

第七节 学校的"三风"建设

"廊小"正大门的东西两侧,各有一块大型精致砖雕,上面分别刻着六个大字:东侧,"方方正正做人";西侧,"踏踏实实做事"。这十二个大字,就是我校的校风。

说起这十二字校风的来历,还得从2004年我校百年校庆谈起。

在学校举办百年盛典那天,我从来宾的口中得知,我校有位校友叫马本初,有个"两次改名"的故事。

1937年,马本初赴延安参加革命,改名为"郎夏"。这个名字既是家乡廊下的谐音,表达出他怀念家乡、胸怀家乡"廊下"之情,又寓意着他现在生活在明朗的夏天和光明的大路上。后来,有人对马本初说:"朗夏,你的这个名字太热了,一年四季春夏秋冬,有热有冷,不能光过夏天。"马本初一听,觉得有道理,就把"郎夏"改成"方正之"。人家问他为什么要改成"方正之",他说:"我要方方正正、老老实实做一个中国共产党员。"

我知晓这个故事后,觉得这是学校宝贵的精神财富,充满正能量,就想如何把校友马本初同志这句话作为学校催人奋进的力量。于是,我再三琢磨研究,最终把这句话融化成一看就明白、一记就能记住的"方方正正做人,踏踏实实做事"一句,并作为校风来弘扬。后来,在校门改造时,我们用砖雕把这十二字校风镶在古色古香校门的两边,让师生天天耳濡目染。

为了让全体师生记住校风,践行校风,我们给十二字校风赋予新的时代教育内涵:

方方正正做人:行好礼举止美,说好话语言美,做好事行为美。

踏踏实实做事:从小事做起,从身边做起,从自己做起。

我们赋予这几字校风的内涵,通俗易懂,且紧紧地结合学校实际,全体师生天天在践行着。

这十二字校风,如同校训一样,它是对学校百年文化的一种传承与发展。方方正正做人,踏踏实实做事,这既是做人的一种基本准则、基本要求,又是我们中华民族的一种传统美德。学校是育人的场所,是孩子成长的地方,我们理应在校园内培植好这种优良的校风。

践行校风,我们要从小事做起,达到脑里记的、心里想的、嘴上说的、实际做的“知行统一”。

如学生打招呼，我们要求做到：一眼睛看着对方；二脸上挂着笑容；三要敬礼或鞠躬或摆摆手；四是嘴上说声“老师早”。早上，我站在校门口，学生要一个个过关，没有按要求打招呼的学生要退几步，重新打招呼。不要小看这个细节，它是一个学生学会做人的最基本礼仪，也是一所学校学生精神风貌的重要体现。现在，我校学生进校个个彬彬有礼、阳光自信、充满朝气，成了我校校门口一道亮丽的风景线。

如说好话，我们和平时说普通话结合起来，与语文朗读结合起来，与文明用语结合起来。

如做好事，我们和学雷锋结合起来，与学鲜军结合起来，与班级班风和家庭教育结合起来。

我们逐步还提出了“三个一样”“每天四问”和“新德育观”。

三个一样：努力做到老师在与不在一个样；有人督促与没人督促一个样；校内与校外一个样。

每天四问：今天，我努力进步了吗？今天，我上课提问了吗？今天，我露出微笑了吗？今天，我帮助他人了吗？

新德育观：德育无小事，事事可育人；教师无小节，处处应示范；学生无好坏，个个要尊重。

在这些理念的引领下，学校坚持“行为规范、卫生清洁每日一查”“行为规范流动红旗、卫生流动红旗每周一评”“鲜军式好少年、上课乐之星每月一评”制度，把“每天一查”重点放在引导、督促、改进上，把“每周一评、每月一评”重点放在激励、熏陶、引领上。行为规范教育重点抓了八件事，为此，我还写了一首《行为规范八件事》的拍手歌：

你拍一，我拍一，行为规范八件事，廊小学生人人记。
你拍二，我拍二，班级卫生好样儿，整洁舒服大家乐。
你拍三，我拍三，礼貌待人露笑脸，您好谢谢又再见。
你拍四，我拍四，预备铃声一响起，精彩二分就开始。
你拍五，我拍五，做好两操劲道足，健身养心把眼护。
你拍六，我拍六，排队迅速不落后，秩序井然有序走。
你拍七，我拍七，课间活动要注意，追跑吵叫不可以。

你拍八，我拍八，午餐表现大家夸，安静有序轻说话。

你拍九，我拍九，爱护公物记心头，乱涂乱画怎能有。

你拍十，我拍十，人人做好八件事，校园文明更美丽。

一句话，就是与学生平时的学习和生活紧密结合起来，这样校风就不是一句空话、口号，而是实实在在的行动、目标和方向。

除了这十二字校风，我们还制订了"廊小"的教风和学风。

教风是爱教、善教。

爱教，就是爱学校、爱学生、爱务实、爱创新。

善教，就是善于培养学生兴趣习惯，善于激发学生提问思考，善于组织学生参与体验，善于引导学生互动合作。

爱教是善教的前提，是善教的动力，只有爱教才可能善教。善教是一个教师最重要的核心素养，一个爱教、善教的教师，教育教学成绩一定是优秀的。

"廊小"的学风是乐学、智学。

乐学，就是乐学习、乐提问、乐动手、乐交流。

智学，就是兴趣高、思维活、参与强、合作好。

乐学是智学的前提，是智学的动力，只有乐学才可能智学；智学是一个学生最重要的核心素养之一；一个乐学、智学的学生，学习成绩一定是优秀的。

为什么要提出这样的教风和学风呢？一是依据学校"开启智慧，润泽生命"的办学核心理念，课堂是践行办学理念的最重要阵地；二是依据学校"倾心培养快乐生活、健康向上、能歌善舞的开心果和全面发展、兴趣广泛、敢于提问的智多星"的培养目标，乐学就是开心果，智学就是智多星；三是依据"着力培养一支师德高、学业精的智慧型教师队伍"的教师建设目标，爱教就说明教师师德高，善教就说明教师学业精；四是依据学校"以教师的发展来促进学生和学校的发展"的办学策略，只有教师爱教学生才会乐学，只有教师善教学生才会智学，达到教学相长；五是好记，念起来朗朗上口，印象深刻，又容易操作。

从中可以看出，我们提出的教风和学风与学校顶层设计和学校课堂实际做法完全一致，做到顶天立地。其目的是打造充满生机活力的智慧课堂，让教师热爱教育，在课堂上主导起来，激情起来，善教起来，成为一个个智慧教师；让学生热爱学习，在课堂上开心起来，聪明起来，智慧起来，成为一个个"开心果"、"智多星"。

教风和学风好不好，主要看课堂。为了营造良好的教风和学风，让教风和学风更有效地落实到具体的教育教学活动中，我们提出了智慧课堂。我校创始人何静渊在1908年办了一所校名叫“启发”的村校。一个校名就是一种教育理念，在1910年代提出“启发”真的很了不起，至今很有现实意义。根据这个校名，我立即想到了现在的启发式教学。大家知道，启发式教学，就是根据教学目的、内容、学生的知识水平和认知规律，运用各种教学手段，采用启发诱导办法传授知识、培养能力，使学生积极主动地学习，以促进身心发展。启发式教学不仅是一种教学方法，更是一种教学思想，是教学原则和教学观。受校名“启发”启示，我们提出了“智慧课堂”，蕴含了“启发”的理念和启发式教学的思想，当然我们结合学校实际，赋予很多新的内涵。现在，我们的智慧课堂主要从教师预设智慧、教师生成智慧和学生学习智慧三方面加以落实。

一是教师预设智慧：

(1) 目标明确。教学目标适当、清晰、具体、可操作，符合教材要求，适合学生学习基础，重视“层次性”和“生成性”，让学生对教学目标积极认同和热切期待。

(2) 内容适切。教师对教学内容深入理解和合理取舍，运用的一切资源都要有利于学生的学，重视“针对性”和“发展性”，不用无效的、低效的资源，让学生对学习内容愉悦接纳并真心喜爱。

(3) 策略有效。学生参与面广，自主思考时间充分；设计程序得当、展开有序，有效突破重点难点，教学环节时间比例合理；教学方法形式多样，灵活切换，适合学生需求，注重“合作性”和“开放性”，学生对学习方法全面掌握和灵活运用。

(4) 评价多元。关注评价目标多元、评价手段多样、评价方式灵活、评价主体参与，关注学习过程与学习习惯，关注学生努力与学生的学习经历，关注学生对学习收益的自我满足与不断超越。

二是教师生成智慧：

(1) 激情感染。教师语言生动，富有激情，有亲和力和感染力，用真诚的语言、亲切的语调、温和的表情、友善的微笑、期待的目光、宽容的态度来有效地调控评价的过程，让学生常常处于一种“蠢蠢欲动”和“欲罢不能”的积极状态。

(2) 应变灵活。随机应变，推波助澜，灵活机智处理课堂与教学中出现的各类问题。

(3) 点拨引导。善于捕捉学生思维的火花和闪光点并予以引导，鼓励引导学生独立思考、质疑，提出的问题有价值，要实质互动，体现探究性学习和创造性。

(4) 赏识激励。理解学生异想天开的甚至无理的想法和做法，赏识成功、鼓励进步、帮助困难，有效调动全体学生积极情绪。

三是学生学习智慧：

(1) 兴趣高，做到精神饱满，眼睛有神。

(2) 坐得好，做到坐姿自然，思想集中。

(3) 会倾听，做到听得清楚，动脑思考。

(4) 勤发言，做到举手积极，大胆发言。

(5) 爱互动，做到有问有答，合作分享。

(6) 敢提问，做到质疑问难，主动探究。

(7) 乐动手，做到动手操作，体验感悟。

(8) 巧做题，做到仔细独立，又快又好。

智慧课堂的提出和实施推动了教风和学风的发展，教风和学风的研究和落实又促进了智慧课堂的发展。

一所学校，是否拥有良好的教风和学风，还和师生间的关系有很大的联系。作为一校之长，一定要树立正确的师生观，摆正、处理好师生关系。我认为，正确的师生观应该赋予新的内涵，应该让全校师生在头脑中树立这样一个观念——“每个学生在老师的心目中都是好学生，每个老师在学生的心目中都是好老师。”

这个新师生观，是我走上校长岗位不久，在平时学习中针对学校的校情而提出来的。当时，在我们学校里有这样一股“风”，有不少教师总希望自己班里成绩差的学生或者调皮的学生转到其他学校去，而其他学校转来的成绩差的，或者调皮捣蛋的学生又不愿意接受。我在外出交流和考察中不断反思，深感这种注重成绩、注重分数的想法和做法是不对的，是错误的。特别是上海二期课改——“为了每一个学生的终身发展”这一核心理念提出后，我更意识到这不是一般的问题，是办学思想上出现的偏差。因此，需要及时把学校中出现的这一现象与偏差纠正过来，于是在校内开展了什么才是正确的师生观的学习讨论活动。通过学习大讨论，大家认为“学生无好坏，个个要尊重，人人要教育好”，无论学生什么户籍、行为如何、成绩好坏、学业怎样，都要一视同仁，不能戴有色眼镜去判断学生、教育学生。在此认识的基础上，我们才响亮地提出新师生观:“每个学生在老师的心目中都是好学生,每个老师在学生的心目中都是好老师。”

这个新师生观的提出,其实是对我校师生都提出了新的要求。对学生来说,做一个好学生,这既是一个目标,一个追求,又是一种自信;对教师来说,做一个好老师,这同样是一个目标,一个追求,又是一个自信。教好每个学生既是责任,又是义务。当教师一旦形成这个意识后,其教育观念、教学方法、教学手段就会发生变化,教育教学就会有意想不到的效果。这既是对每个老师、每个学生的尊重、信任和认可,也是对每个老师、每个学生的期望、要求和鞭策,也使师生的关系更和谐、更温馨、更平等。

这个新师生观刚提出时,教师一开始是有想法的,尤其对“每个学生在老师的心目中都是好学生”这句话。部分教师认为,经常令教师头疼、烦恼的个别学生,很难在心里看作好学生。但绝大多数教师还是非常认可这个理念,在工作上积极探索,也取得了很好的成效。有的教师说,当老师真的树立了每个学生在老师的心目中都是好学生的时候,老师的方法、老师的语气、老师的眼神、老师的心情就会不一样,效果当然也不一样了。学校就是学生犯错误、改正错误的地方。现在,这个理念在我校教育教学工作中起到的作用越来越大,效果也越来越好,好多原认为很难教育好的学生,都有了很大进步。同时,新师生观也有效地促进了校风、教风和学风的好转,师生的精神越来越饱满,师生的关系也越来越和谐。教师更爱学生,更喜欢学生,对学生的教育方法、手段更多;学生更爱老师,更喜欢老师,学习上兴趣更大、更爱动脑筋。

我们的新师生观得到了家长的广泛好评,认为把孩子送到“廊小”,交给“廊小”老师,非常满意、非常放心,又非常感动,“廊小”就是他们家长心目中最好的学校。

从不断学习、实践和思考中,我得出这样一个结论:一个学校风气正不正,关键要抓好校风;一个学校教学质量高不高,关键要抓好教风和学风。所以“三风”建设非常重要,做校长的要始终给予高度重视。

第八节 让校歌唱响学生快乐、幸福成长的心声

校歌,犹如学校的精神图腾,是学校精神风貌的重要标志,与校徽、校训等相得益彰。它集中体现了学校的办学理念、办学特色和优良传统,是学校优良

校风及教风、学风的高度概括，是引领孩子们健康成长的精神宣言。它在激励学生成长、凝聚学校精神、推动校园文化建设等方面发挥着重要作用。

校歌流长。两千多年前，孔子创办私学，诗与乐就作为教育的重要内容。弦歌不辍就成为形容学校生活的一句传统用语。我国自近代新式学校出现以后，就有创作校歌的传统，从著名学府到乡村小学，大多都有自己的校歌。

一首好的校歌，一般都具有自己鲜明的特色，同时反映着时代精神和历史印记，是个性与共性的统一，历史与现实的统一，思想内容与艺术形式的统一，起着明责、励志、抒情、奋进的教育鼓舞作用。这种作用，甚至让人一生都铭记在心。

我校在2004年百年校庆前曾创作过一首活泼欢快的校歌《廊下明天的太阳》，由我校语文教师杨依军作词并与音乐教师汪振宇共同作曲，小朋友也很喜欢。但因学校现在提出的理念与歌曲中提到的不一致，所以不再唱了，成为美好的过去。从2012年开始，我们又先后创作了一"主"六"副"七首新的校歌。

我校第一首新校歌《做鲜军式的好少年》，创作于2012年，至今师生已经整整唱了5个春秋。她像一支号角一样，一直在指引着全校师生奋勇向前。请听——

做鲜军式的好少年

凝望你的塑像，又浮现你的笑脸，
勇敢的你，伴海潮声从未走远。
你舍身救人，青春永恒，
你助人为乐，无私奉献。

讲述你的故事，你还在我们中间，
英雄的你，在平凡中显示非凡。
你敬老爱幼，诚实守信，
你勤奋好学，自强乐观。

你是廊小的荣光，你永在我们心田，
你是雷锋的伙伴，精神代代相传。
我们心有榜样，我们胸怀信念，
我们要做鲜军式的好少年。

这首《做鲜军式好少年》，是我校校歌的主歌。除这首主歌外，还有六首副歌，分别是：《好美的花园学堂》《上课乐》《课间乐》《莲湘乐》《上学乐》和《放学乐》。在这七首校歌中融入了学校很多教育观，是"廊小"校园文化建设诸多亮点中的一个。

这一"主"六"副"的七首校歌，不是一下子连续创作完毕的，而是在创作了主歌，并尝到了校歌的甜头后，根据需要，不断地出现创作欲望，成熟一首创作一首，最终形成。

为了更好纪念和引导师生学习张鲜军，我们编写了校本教材《闪光的年华——廊下雷锋张鲜军的故事》，我们在校园里安放了全国著名雕塑家、我校创始人后裔何鄂女士 2004 年我校百年校庆时赠送的鲜军雕像，我们每个月每个班级评选五位鲜军式好少年。我们还根据小学生的特点和需要，提炼概括了鲜军六种精神：助人为乐、无私奉献、敬老爱幼、诚实守信、勤奋好学、自强乐观。

为了让学生快乐地记住鲜军精神，我还写了拍手歌《学鲜军》，深受小朋友喜欢。

你拍一，我拍一，英雄鲜军传天地。
你拍二，我拍二，廊下雷锋好样儿。
你拍三，我拍三，乐于助人讲奉献。
你拍四，我拍四，敬老爱幼从小起。
你拍五，我拍五，自强乐观不怕苦。
你拍六，我拍六，诚实守信记心头。
你拍七，我拍七，勤奋好学守纪律。
你拍八，我拍八，廊小学生人人夸。
你拍九，我拍九，胸怀信念有劲头。
你拍十，我拍十，学会做人成大事。

就这样，在边拍边唱中，"鲜军事迹、鲜军精神"成为"廊小"一笔永恒的精神财富，成为我校学生践行"方方正正做人，踏踏实实做事"校风的具体体现和重要抓手，成为"廊小"学生的荣耀和追求的目标。

为了让鲜军精神牢牢烙在学生的心田里，进一步打造育人特色，2012 年学校请上海著名的作词家陈念祖和作曲家左翼建联袂创作了抒情而又催人奋进的校歌《做鲜军式的好少年》。校歌中融入了鲜军六种精神,融入了鲜军就是雷锋的意思,融入了校园里的鲜军雕像。每周升旗仪式学生齐唱校歌,每次学鲜军活动时也要高歌一曲,让学生在抒情而激越的歌曲声中得到一次又一次的洗礼。

为什么要创作《上课乐》?"乐学、智学"是学校的学风。课堂是落实学风的主阵地,是学生学习成长最重要的途径。那么,怎样才能上好课呢?上课又有什么要求呢?为此,我写了两首拍手歌《上课乐》。

上课乐(一)

你拍一,我拍一,廊小课堂有活力。
你拍二,我拍二,生动有趣真快乐。
你拍三,我拍三,精神饱满坐自然。
你拍四,我拍四,睁大眼睛看仔细。
你拍五,我拍五,竖起耳朵听清楚。
你拍六,我拍六,积极发言常开口。
你拍七,我拍七,动手动脑巧做题。
你拍八,我拍八,敢于提问收获大。
你拍九,我拍九,互帮互学多交流。
你拍十,我拍十,共同进步乐无比。

上课乐(二)

你拍一,我拍一,廊小课堂有活力,好好学习齐努力。
你拍二,我拍二,生动有趣真快乐,乐学智学好少儿。
你拍三,我拍三,精神饱满坐自然,兴趣盎然尽开颜。
你拍四,我拍四,睁大眼睛看仔细,聚精会神凝于思。
你拍五,我拍五,竖起耳朵听清楚,学会倾听饱耳福。
你拍六,我拍六,积极发言常开口,能说会道不用愁。
你拍七,我拍七,动手动脑巧做题,又快又好美滋滋。
你拍八,我拍八,敢于提问收获大,不懂就问值得夸。
你拍九,我拍九,互帮互学多交流,小组合作手拉手。
你拍十,我拍十,共同进步乐无比,天天向上创佳绩。

《上课乐》拍手歌，把老师对小朋友上课学习的要求都写进去了。如果我们的老师让学生做到这些要求，我认为教师上课已经成功了一半，“乐学、智学”就有了最好的体现。小朋友非常喜欢《上课乐》拍手歌，我们每个月每个班级还要根据拍手歌里的要求评选出 8 位“上课乐之星”，评到的学生胸前还要佩戴“上课乐之星”标志，学生觉得非常光荣，极大地促进了学生上课的积极性。

2014 年，我请教了作曲家左翼建，能不能把《上课乐》创作成一首校歌，他说行呀，很好，很有特色。于是，左翼建以我写的第一首“上课乐”为歌词帮我们创作了第二首校歌。预备铃两分钟、班队活动、大舞台活动常有《上课乐》的优美欢快旋律，教师根据《上课乐》的要求经常教育学生如何上好课。我们把这首校歌还编排成集体舞，大课间全体学生在操场上一起跳《上课乐》的集体舞，非常有韵味，学生们兴趣盎然。通过跳集体舞，学生的气质好了，看上去更阳光了，胆子大了，男女间的关系更和谐了，上课的要求也更明确了，上课的效率也更高了。

为什么要创作《课间乐》？上课乐，课间更要乐。课间是学生放松心情、玩耍游戏、方便休息的快乐时光。如果用一个学生喜欢的旋律伴随学生课间活动，并在歌曲中用一些要求引导学生课间生活，那该多好呀。我们既然有一首《上课乐》的校歌，更应该创作一首《课间乐》校歌，让学生课内课外都更快乐起来。于是，2015 年，我又请作曲家左翼建和作词家李成福共同创作一首《课间乐》。

课 间 乐

快乐的课间时光来了来了，
我们向你问个好。
开心果在阳光下幸福地欢笑，
校园里荡漾着动听的歌谣。

轻松的课间时光来了来了，
我们向你报个到。
智多星在蓝天下尽情地闪耀，
校园里盛开着优美的舞蹈。

美丽的廊小,可爱的廊小,
心中的家园,温暖的怀抱。
开启智慧,润泽生命,
我们的未来无限美好。

说唱:

下课铃声就是快乐的集合号,
我们一起来活动赶走那疲劳,
散散步聊聊天踢踢腿扭扭腰,
课间的时光到处乐陶陶。
跳绳子、下棋子、踢毽子,比谁技艺更高超,
九彩棒、橡皮筋、溜溜球,看谁手脚更灵巧,
滚铁环、打莲湘、丢手帕,我加油来你说妙,
赶小猪、挑线绳、童童猜,你拍手来我叫好。
看墙报、讲故事、猜谜语,就在我们的长廊走道,
闻花香、听鸟语、赏金鱼,就在我们的花园学校。
有趣的游戏,为成长增添丰富的养料,
快乐的玩耍,给童年留下幸福的欢笑。

歌曲中,我们把办学理念"开启智慧,润泽生命"、培养目标"开心果、智多星"、莲湘舞(舞蹈)和拍手歌(童谣)都融入了进去,把学校常有的游戏活动融入了说唱部分,使校歌打上了"廊小"特有的烙印。

小朋友们非常喜欢《课间乐》校歌,大家觉得旋律优美,使人轻松,使人向上,使人欢乐。我们根据《课间乐》旋律编排了一个舞蹈,荣获了金山区小学生表演舞一等奖。评委专家说"廊小"的《课间乐》舞蹈很好,具有校本特色,旋律欢快,校园就需要这样的校歌舞蹈。

为什么要创作《上学乐》和《放学乐》呢?

这是因为我在校史上看到,20 世纪 30 年代,学校放学前要上夕会课。全体学生在操场上按家庭方向排队,全体同学高唱夕会歌:"功课完毕,要回家去,老师、同学大家暂分手,老师明天见,好朋友明天见。"唱歌毕,齐声喊:"明

天见!”我对这段历史很感兴趣，我想学校能否也创作一首放学歌呢。我征求了作曲家左翼建的意见，他说很好呀，最好创作放学歌、上学歌两首，题目可以叫《上学乐》《放学乐》。于是，2016 年，学校又请左翼建作曲、黄玉燕作词，共同创作了《上学乐》和《放学乐》。

上 学 乐

太阳升，鸟儿叫，
背上书包上学校。
见到老师行个礼，
小朋友们问声早。
静渊亭，志贤门，
百年廊小多荣耀。
我爱读书善歌舞，
方正做人成好苗。

放 学 乐

晚霞红，鸟归巢，
拿起书包放学了。
老师同学说再见，
一路安全要记牢。
进家门，懂礼貌，
功课做好乐陶陶。
我爱生活会自理，
踏实做事志气高。

歌词中，我们把校风“方方正正做人，踏踏实实做事”放在里面，把“廊小”特色元素“静渊亭、志贤门”融入校歌，还把对学生上学、放学的一些要求写到里面，这就很好地体现了校本特色。

现在，早上我们在校门口放起《上学乐》，下午放学时放起《放学乐》。学生们怀着愉快的心情，从校门口边哼起《上学乐》边走向自己的教室，开开心心开始一天美好的学习生活；放学时背着书包，哼着《放学乐》放学，把快乐也带回了家。

校歌是校园文化的重要组成部分。她应体现学校地域、文化环境、学校特色、办学思想与时代特色。她常常是一个学校对内的号召和激励,对外的形象展示和宣言,它反映的既有办学者、教育者的理想、要求、愿望,又有受教育者的感受、追求和成长心声。

我校《莲湘乐》校歌的创作,原因就在这里。莲湘是廊下民间舞蹈,已有100多年历史,现在已列入上海市非物质文化遗产目录,是廊下的一镇一品。莲湘也是"廊小"的一校一品,学生人人喜欢莲湘,莲湘成了学生生活中不可缺少的精神食粮,是学生健身的好项目,也是学校体教和艺教结合的品牌项目。经常打莲湘的学生更阳光、更快乐、更幸福。我们的莲湘社团曾走进中央少儿电视台,走进上海世博园,走进上海旅游节开幕式,走进上海大世界。我们的莲湘节目曾荣获全国金奖和全国一等奖,连续四届荣获金山区小学生表演舞一等奖,莲湘项目于2011年荣获上海市教育系统校园文化十佳优秀项目奖,学校于2013年还荣获上海市非遗进校园十佳传习基地。

廊下镇也因"打莲湘"而打出了"一镇一品",并创作了一首由陈念祖作词、左翼建作曲的《莲湘之歌》,还特地录制了小学生歌唱的版本赠送给我校。我一听,该歌曲节奏欢快、热烈、轻松,小朋友也很喜欢。我就把小朋友歌唱的《莲湘之歌》改名为《莲湘乐》,作为我校大课间学生一起打莲湘的前奏曲,有《莲湘乐》伴随,学生打起莲湘更有劲、有味、有乐。不信,你听——

莲 湘 乐

廊下有个打莲湘,
历史悠久名气响。
步伐灵,击打欢,
跳跃乐,笑声朗。
打得喜悦满心田,
乐乐呵呵情飞扬。

现在,每天早上大课间,全体学生在《莲湘乐》的伴奏下,一起在操场上打莲湘,场面热烈壮观,成为"廊小"一道亮丽的风景线。

为什么要创作《好美的花园学堂》? 我校是上海市花园单位,2013年校园环境整体改建后,校园如花园似园林,成为金山区乃至上海市最美校园之一,老师、小朋友和家长都深深地喜欢学校。来我校参观的人很多，几乎每周都有人来参观。我想能不能再创作一首有关学校美的校歌，让学生的眼睛和耳朵同时能享受到校园的美呢？回答是肯定的。于是，2017 年，学校请作词家薛锡祥、作曲家左翼建创作了该校歌。校歌中的“艺术殿堂”，实指我校的“何鄂雕塑馆”，虚指是整个校园。我校的莲湘舞、拍手歌、名人题词、园林建筑都和艺术有联系，我们的课堂也要讲究生成艺术，所以我们把整个校园称作为“艺术殿堂”。这首校歌非常抒情，江南旋律很浓，把你带到了一个美的学校、美的校园，给你无穷的享受。你听——

好美的花园学堂

好美好美的花园学堂，
黛瓦白墙，拱门花窗，
亭台楼阁，小桥流水，
好一个江南园林迷人景象。

好美好美的花园学堂，
桃李争艳，鸟语花香，
松梅相伴，鱼戏荷塘，
好一幅水墨画卷醉人风光。

书声琅琅，歌舞飞扬，
艺术殿堂点亮多彩梦想。
亲亲校园，爱的摇篮，
百年廊小美丽着我的成长。

我们还将这首校歌拍成非常美的 VCR。听了这首校歌，看了这部 VCR，来过我校的嘉宾会产生还要再来看看“廊小”的欲望；没有来过的嘉宾听了后会产生一种一定要到“廊小”去看看的愿望，天天生活在校园里的师生会感到学校更赏心、更悦目、更悦耳、更美丽、更可爱，从心底里更喜欢学校。

这七首校歌，伴随学生从上学到放学一天美好、快乐、幸福的校园生活。《做鲜军式好少年》是用鲜军精神引领全体学生学会做人；《好美的花园学堂》

是用校园美景陶冶学生的情操，让学生在美丽的校园环境中美丽成长；《上课乐》和《课间乐》是用上课和课间的快乐与智慧润泽学生；《莲湘乐》是用民间舞蹈莲湘激起学生对美好生活的向往和追求；《上学乐》和《放学乐》则是让学生开开心心上学，乐乐呵呵放学。这一"主"六"副"的七首校歌主题我们称之为"鲜军引领，美景怡情，五乐伴行"。

在创作这些校歌时，特别是撰写歌词时，我投入了大量的时间和精力，与作词家一起讨论研究，我要求把我校的一些办学目标、培养目标、办学理念、学校校风、学校特色符号和对学生的一些要求尽量融化到校歌中，能体现"廊小"特色、"廊小"亮点，成为独一无二的校歌。我力求完美，精益求精，改了一稿又一稿，至少要改二十稿以上，最多的改了五十多稿，直到满意为止。这些作词、作曲大家都不厌其烦，用心、精心、耐心地帮我校修改，最终创作出了一首首深受小朋友喜欢的精品校歌。在署名《课间乐》《上学乐》《放学乐》《好美的花园学堂》作词者姓名时，他们都还要求署上我的名字，我一一谢绝了。

校歌创作时，我们紧紧围绕"开启智慧，润泽生命"的办学理念和"倾心培养快乐生活、健康向上、能歌善舞的开心果和全面发展、兴趣广泛、敢于提问的智多星"的培养目标，七首校歌都是开启学生智慧、润泽学生生命的好途径，也都是成就开心果、智多星的好载体，与学校顶层设计完全吻合、完全一致，深受小朋友喜欢。七首校歌创作完毕后，我还写了首童谣，献给"廊小"每一个学生：

廊小学生有福气，
七首校歌如伴侣。
鲜军引领立大志，
学会做人是第一。
美景怡情舒心底，
赏心悦目乐无比。
五乐伴行天天喜，
幸福成长甜似蜜。
最靓校园在哪里？
廊小学生人人知。

作曲家左翼建来过我们"廊小"十多次，他已对我校充满着深厚的感情，深深地喜欢上了我们“廊小”。左老师为我校创作的校歌用的功夫一首比一首深，要求一首比一首高，质量也一首比一首好。他除了作曲，对词的要求也很高，精益求精，力求完美。这些作品凝聚了左老师的智慧，令我非常感动和敬佩。

非常荣幸，我们的校歌创作得到了很多领导专家的关心、支持和帮助。原教育局党委书记薛毓良、廊下镇副镇长李晔红、廊下社区学校常务副校长张亚芳、教育学院李朝阳多次参与校歌的创作，提出了很多修改建议，使校歌更趋完善。非常幸福，我们的校歌创作得到了廊下很多村委会的无私资助。《做鲜军式好少年》由勇敢村独家资助，《上课乐》由光明村、中联村资助，《课间乐》由南陆村、中华村资助，《上学乐》和《放学乐》由山塘村和景阳村资助。家乡人民的关爱、资助让学校感到了无比的温暖，也是学校发展的无形力量。

现在，每个学习日的中午 11:30 分到 12:00，校园广播里连续滚动播放七首校歌，成为全校学生中午就餐和休息时最快乐轻松、最甜美可口的精神营养午餐。

校歌《做鲜军式好少年》和《上课乐》要求学生第一年就要学会，其他五首校歌落实到各年级，一年级唱《上学乐》，二年级唱《放学乐》，三年级唱《莲湘乐》，四年级唱《课间乐》，五年级唱《好美的花园学堂》。要求各年级利用少先队活动课、十分钟队会、大舞台表演、预备铃 2 分钟，高歌校歌，让优美的校歌旋律常常荡漾在美丽的校园里。

我们对学生还有一个要求，把会唱的校歌带回家，教父母也会哼几句校歌。校歌已成为学校和家庭间的无形纽带，激起家长对“廊小”的美好印象和感情，让学校和家庭走得更近。

“七”是个吉祥、和谐、独特的数字，北斗星七颗，音符七个，葫芦娃娃七个，一周七天，给人印象深刻。这七首新校歌就像天上的七颗北斗星，指引着“廊小”学生前进的目标和方向；又像七个跳跃的音符和七个葫芦娃娃，给“廊小”学生每天带来无穷的快乐、智慧和力量。

校歌励志。我想，“廊小”学生是幸福的，这些催人奋进、独一无二的优美旋律，将伴随他们一辈子，影响他们一辈子，快乐他们一辈子。

第九节　以教师的发展促进学生和学校的发展

我校是一所远离市区的乡村小学，地域偏僻，无论是“硬件”设施还是“软件”建设，在本世纪初与城镇学校相比，都存在着很大的差距。特别是因为地域和条件的关系，我们这里的最大隐患，就是优秀的新教师不愿到我校来，培养好的人才又留不住，骨干教师不断流失，这是偏僻乡镇学校的共性。

2002年前后，学校先后调走了20多位骨干教师，教师的整体水平下降了一个层次。面对这样一种现状，作为校长该如何从困境中奋起，变负效应为正能量？我想，提高办学质量的关键是教师，学校可持续发展的关键也是教师，二期课改以学生发展为本的核心理念，能否在教育教学中得以真正的体现，关键更是教师。因此，校长最大的责任，就是千方百计地调动教师的积极性；校长最大的贡献，就是培养一支好的教师队伍，尤其是一支中青年骨干教师队伍。

我上任后，就把“以教师的发展促进学生和学校的发展”作为我校最重要的一个办学策略，并制定了学校建设目标和队伍建设目标。

学校建设目标：打造一所风气正、有特色的金山区一流、上海有一定影响的新优质学校。

队伍建设目标：建设一支师德高、学业精的智慧型的教师队伍。

师德高：爱生敬业，为人师表；

学业精：学高善教，精益求精。

为什么要制定这样的学校建设目标和队伍建设目标？

2004年，学校举行百年校庆，校友、时任共青团上海市委副书记马春雷给母校的贺词这样写道：“在一个人成长的历程中，能够就读于一所风气正、有特色的好学校，能够师从一批师德高、学业精的好老师，那是一生的荣幸。衷心祝愿母校永远是这样的学校，母校的老师永远是这样的老师！”这是一个优秀校友对母校真诚的认可、赞赏和肯定，是母校的荣耀和幸福。

但我更多地觉得，这是校友马春雷代表所有的校友发出的对母校的一种美好期望、要求和鞭策，期望母校抓住百年校庆的契机，进一步务实创新，注重内涵发展，建设一支好队伍，创建一所好学校。学校百年来，取得了辉煌的成绩，但离百姓的期望和时代发展的要求还有很大的距离，离“风气正、有特色的好学校”和“师德高、学业精的好教师”这两个目标还有很多的事要做。我认为，马春雷的贺词就是学校新百年发展的美好目标和无限动力，应该把他贺词中的几个关键词融入学校建设目标和教师建设目标。于是，我和学校班子多次讨论、研究，大家都认同我的观点和想法。大家还认为，学校面对新形势，除了要风气正、有特色，还应该有远大的志向，敢于走向一流；教师除了师德高、学业精，还应该要强调智慧。我还发动教师一起讨论，最后经教代会通过，最终制订出了“打造一所风气正、有特色的金山区一流、上海有一定影响的新优质学校”的学校建设目标和“建设一支师德高、学业精的智慧型的教师队伍”的教师建设目标。

学校的建设目标能否达到关键是教师建设目标的落实，故我们狠抓师资队伍建设，始终将提高教师的事业心和责任感作为高位引领的核心，以此焕发教师的精气神。

围绕教师队伍建设目标，我们一直在大力营造“和蔼可亲、严爱相济、朝气蓬勃、精益求精”的“廊小”教师精神状态，使其成为教师履职的坐标，成为育人的追求。

和蔼可亲，这是教师对学生的真情，是一个好老师应有的亲近、温暖、慈爱；

严爱相济，这是教师对教育的深情，是一个好老师应有的方法、手段、智慧；

朝气蓬勃，这是教师对工作的激情，是一个好老师应有的干劲、力量、希望；

精益求精，这是教师对教育的钟情，是一个好老师应有的自信、底气、追求。

学校在提振教师精神状态的同时，在具体的教育教学过程中，倡导和大力培养愿意“多做一点、多学一点、多想一点、做好一点”的老师，引导教师养成既高瞻远瞩又脚踏实地的工作情怀：

多做一点，是态度，是奉献，是境界；不怕做不来，只怕不肯做。

多学一点，是常态，是生活，是自觉；不怕学不来，只怕不肯学。

多想一点，是智慧，是巧干，是捷径；不怕做不到，只怕想不到。

做好一点，是自信，是目标，是水平；不怕做不好，只怕没信心。

无论是老教师，还是新教师，以上这些要求，成为大家站稳教坛、站好讲台、站立术坛的“至宝”。

那么，如何打造教师这个团队，营造教师良好的精神状态，让教师愿意多做、多学、多想，使其凝聚力、执行力和专业素养确确实实得到提升？多年来，我和校领导班子成员精心策划，先后实施了八大举措。

一是重学习，转观念，从转变思想着手提高教师素质。

教育观念落后是学校发展最大的障碍，只有在观念上有所突破，学校的教学质量才有持续提高的可能性。要让课改的先进理念在教师实践中得以体现，必须要加强学习。我们提倡教师以读书为乐，在读书中求生存，在实践中求发展。为了用先进的教育教学理念武装广大教师的头脑，切实改变我校"实践丰富而理论苍白"或"苦干有余，巧干不足"的落后现状，强化"观念兴校和能不能将先进理论运用到实践是一个优秀教师必须具备的能力"的意识，我们重点学习了《为了中华民族的复兴，为了每位学生的发展》《二期课改导读》《课堂教改100条》《百部中外教育名著导读》《新课程理念与小学语文（数学、英语）课堂教学实施》等书籍文章。这些学习，对教师观念的更新起到了很好的促进作用。微信的出现，给教师的学习创造了前所未有的便利，我们把很多教育专业微信号推荐给教师，我们还约定，谁看到好文章就推荐给大家。学习是转变教师观念的重要途径和手段，我们要努力让读书学习成为教师的生活方式，让读书成为转变教师教育教学观念的重要手段和途径。

2018年2月，当代教育名家于漪老师赠送我校26册由她主编的图书，非常有意义、有价值。作为一所普通的百年老校能得到于老师的关注和厚爱，感到非常骄傲和幸福。我们在书香苑里设立了于漪大师教育书籍专柜，学校教师尤其是青年教师掀起了一股学习于漪大师教育思想的热潮。于老师的教育教学思想深深地感染着我校每一个教师尤其是青年教师。她的"三次备课成名师"成了我校推广学习于老师思想的起点。从2018年3月开始，我校1—3年教龄的新教师结合"三步曲实践课"，都要开展"三次备课，两次反思"的实践，这已成为我校青年教师专业发展的一个新举措。

二是取真经，大辐射，借助外脑，分批培训，开拓教师视野。

外面的世界真精彩，校内的我们该怎么办？原先，我校只顾埋头苦干而忽视与外界的联系，教师的教育教学观念也明显滞后。然而，社会、家庭对教育却越来越重视，家长对学校的期望值也越来越高，这使我们感到一种无形的压力和巨大的紧迫感。

怎么办？2003年，我校选送了12位教师赴兄弟学校取经。金山区海棠小学、实验一小、实验二小、朱泾二小四所学校的校长以宽广的胸怀，热情无私地为我们提供了携手帮教的机会。12位学员，带着学校的嘱托与希冀，由外在的压力转化成内在的动力，实实在在努力追求"取真经、大辐射"的目标——在外既要向带教教师学习先进的教学方法本领，还要学习带教教师的师德人格、带教学校的育人氛围和育人环境，回校更要及时把先进的教育理念与教学方法融入自己的课堂之中，在教研活动时及时向组员交流自己的感受与体会，同时以汇报课的形式向大家演示。此外，他们每人还与自己学校1—2名教师结成对子，形成了一种良好的取经辐射氛围。学员们非常珍惜学校赋予的这一学习机会，因为他们深深懂得：培训是学校给予他们的一种最好待遇！他们更没有忘记自己身上的庄严使命，那就是以点带面，推动全校教学的进步。从学员们以自己学习过程中的一些观点、理念、想法而汇编成册的《学海无涯》中可以看出，他们确实取到了很多真经。

第二学期，我们对12位教师提出了新的要求，要他们主动性更足一点，责任心更强一点，做到带去问题主动学习，带回思考认真总结，每次有收获，每次有进步，学期内人人上一节最能反映自己水平的展示汇报课并进行教学说明，供其他教师观摩学习。一年后，在12位教师中挑选出四五位最有潜力的教师请区教研员或区学科带头人追踪指导；再选送12位教师轮流赴兄弟学校培训，不断提高培训层次，扩大培训范围，提高教师整体素质。

尝到甜头后，我校每年总要用不同的形式派教师到兄弟学校学习取经，这已成为我校教师专业发展的一个有效途径。

三是请名师，上层次，试点突破，激发各科改革积极性。

课堂质量高不高，名师指导很重要。针对学校教学质量的现状，我们首先提出了“以英语教学为突破口，推动学校教学质量”的思路，要求英语学科“一年一个样，三年大变样”。达到这样一个目标靠谁？靠我们自己，这是不可缺少的基础，但要上一个层次，要大变样必须还要靠名师、靠教研员指导，求名师育高徒。

我们有幸邀请到了退休教研员程老师每周一天来我校定期指导，对每个英语教师听课点评，平均每人两节。这两节课对教师来说是两次绝佳的学习机会，程老师全面正确的诊断，真诚热情的鼓励，使教师们既清楚地看到自己的不足和缺点，又能满怀希望地做出努力，改进不足，切实有效地提高了上课水平。一年内，我们又组织全体英语老师赴张堰小学聆听了陈利民老师的“二期课改英语教研与教师的专业化发展”的报告，还邀请了区教研员许建华老师为全体英语教师作了“如何把握教材内容及练习”的报告。三位名师的精心指导和热情帮助，强烈地激发了教师对智慧渴求的愿望和“我要多学一点本领”

的内在动力,为我校的英语教学增添了新鲜的活力,起到了非常好的效果。可以这样说,仅仅一年,我校英语教师的整体水平和教研活动水平都取得了显著进步。

在英语培训中,针对我校英语教师语音语调还不够准的状况,学校还注重对教师的朗读和口语训练。我们为每个英语教师买了一套新概念英语和一本课堂语言训练手册,每周安排时间集中学习,回家分散自学,每月一次汇报交流,并请名师面对面地指导,切实提高教师的业务素质,促进课堂教学。我们还荣幸地邀请到上海市英语特级教师、市英语教研员朱浦老师担任我校英语教学顾问,朱老师每年至少一次来我校指导,取得了明显效果,英语教研组整体水平有了显著提高。

英语学科组的变化引起了语、数等其他学科老师的羡慕,纷纷要求学校也要为他们请名师来指导。教师们的学习愿望如此强烈,作为校长还有什么理由不感动,还有什么理由不努力去创造? 于是,我们把本区和外区的名师、教研员一个个请过来。语文特级教师贾志敏、金哲民、王林琳,市数学教研员姚剑强等名师,区各学科的教研员等都不定期地来我校指导。区语、数、英教研员还带领全体中心组人员来我校,对我校语、数、英教师全覆盖听课指导。我们还邀请了区三位退休教研员每周一次来校指导。教师们纷纷表示,一定要珍惜这些难得的学习机会,多学一点真本事、真本领。

四是重教研,讲合作,让教研活动成为教师成长的舞台。

教研讲实效,是教研活动的生命。而要取得教研实效,必须要注重教师间的合作。学校只有切实追求教研实效,加强教师间的合作,努力超越低层次的经验研究,教研活动才能真正成为教师成长、施展本领的舞台。那么,怎样才能切实有效地推进这项工作呢?

首先,我们注重教研组长尤其是骨干教研组长的培养,强化一个优秀的教研组长就是一个优秀教研组的意识,引导教研组长努力追求气氛浓、内容实、效果好、层次逐步提高的教研境界。

其次,我们以学生主动发展为主题,注重课堂教学研究。优化课堂教学,积极开展教学模式策略研究,以公开课为舞台,人人上公开课,人人参与讨论,人人感到有压力,努力使公开课成为优秀教师提高教学能力和水平的有效途径和展示自己教学水平的窗口,成为一般教师提高教学能力的一次测试和一次学习汇报。如我校英语教研组教师之间以公开课的形式相互听课,一学期至少 18 节，最多 24 节，有力地促进了互动，切实提高了每个教师的上课水平。

其三，加强追踪听课，跟踪指导。听课后要进行评课，而评课的目的是既指出上课教师的优点，鼓励他；又指出上课教师的不足，鞭策他。但实践中评课后鼓励和鞭策作用是否起到了实效？上课老师是否在想办法改正他的不足？如果在改，他改得又怎么样？如果改掉了有没有新的不足？常常不得而知。为此，我们提出了追踪听课、跟踪指导的策略。教师上课后，听课者给这位上课教师指出优点及不足，过一个阶段后，再让这个教师上课，看看他教学上的不足改掉了没有，没有改掉说明他没有进步，要提醒他的关注度和激起他的紧迫感；如果改掉了，再提出新的不足或新的要求，一个阶段后，再进行第三次上课。教无止境，学无止境，如此持续循环，对一个好学进取的教师来说，确确实实是提高课堂教学能力和效率最有效的方法。

五是抓教学，练技能，打造“三步曲实践模式”智慧课堂。

校本研修是教师专业成长的有效途径，尤其是适合教师发展的校本研修。“三步曲实践课校本研修模式”是我校富有特色、富有成效的教师专业发展的有效途径。

实践课是研讨课、汇报课、示范课、亮相课，但不是考核课，非选拔性。实践课不打分，不排名次，目的在于实践锻炼。我们允许教师有失误的课，允许教师上得不好可以再上一次，让教师放开手脚，敢于尝试，张扬个性，展示自我，提升自我；让教师思想碰撞、相互学习、互相帮助，共同发展；让教师在专业人员引领下不断反思、感悟、提高，着力提升教学理念和技能。

“廊小”的实践课是非同寻常的“三步曲模式”：

第一步：全员实践。每位教师个体在备课组内上一节教学实践课，意在个人钻研、同伴相助、展示自我，重在发掘授课教师个体原有的经验。

第二步：组内研讨。在第一步基础上，每个备课组推荐一位教师（或毛遂自荐）代表备课组在备课组（或教研组）内上一节实践课，意在互助合作、凝聚智慧、共同成长，重在凝聚备课组群体的实践智慧。

第三步：学科示范。在第一步、第二步基础上，由教导处推荐（或教研组毛遂自荐）八节课（语、数、英、综合学科各两节）在学科教研组内上课，并邀请区教研员或区学科带头人一起备课、听课、评课，意在专业引领、学习领悟、理念提升，重在结合课改理念获得理性的专业领域引领。

这“三步曲模式”，每学期一次，一学年一个循环。教导处建立比较完善的

"三步曲实践课"方案和相关系列制度,操作性强。

学校对参与"三步曲实践课"活动的教师,按要求进行考核并与学分相结合,经常在正式和非正式场合对表现好的教师给予肯定、表扬和鼓励,并在学期结束时对每位教师,特别是表现优秀的教师给予物质和精神奖励。

为了保证"三步曲实践课"的质量,我们聘请专家进行理论和实践指导。每学期重点推荐一本教育专著和不定期地推荐优秀教育教学文章,引导教师学习理论,用先进的教育理念支撑实践;每学期选送部分教师赴兄弟学校学习取经;不定期地邀请专业引领人员来校指导。

我校的"三步曲实践课校本研修模式的探索"取得了显著效果,教师专业水平显著提高,课堂教学效率显著提升,其科研成果曾荣获金山区教科研成果一等奖。

全国著名特级教师于漪对我校的"三步曲实践课"曾作了这样透彻的点评:"金山区廊下小学选择'三步曲实践课'探索校本研修的模式是很有意义的尝试。它的特点在于以教研组或备课组为实体,围绕课堂教学内容及教学方法进行研讨,具体,实在,不泛泛而谈。而这种同伴互助建立在教师个体独立钻研的基础之上,增添了互动的实效……只有教师个体对教材、对教学独立钻研的能力强,有独到的感受与体会,组内的研讨、互动才会思维活跃,思想碰撞,精彩纷呈。"

六是培骨干,树榜样,队伍提升要靠优秀教师示范。

骨干的作用是巨大的,榜样的力量是无穷的,尤其是身边的骨干、身边的榜样。学校教学质量的提高,在很大程度上取决于学校骨干教师的示范和引领。我们认为,二期课改的精神,首先应该在学校骨干教师中发扬光大,让他们先品尝到因先进理念而带来的成功的快乐。为把这项工作落到实处,我们的做法如下:

首先,充分重视并发挥学科带头人的作用。在区教学骨干评选的基础上,我们再评选出5名校学科带头人,每月给予津贴。每名学科带头人和校1—2名教师结成对子,每学期承担一两次示范课,每学期做一次学科报告或专题报告,让5位学科带头人真正成为学校教学改革的领头羊。

其次,培养15～20名骨干教师,让这些有潜力的骨干教师担当学校教学的主力军,成为廊下小学二期课改的活跃分子,成为我校课堂教学的榜样。请名师和教研员跟踪指导我校学科带头人和骨干教师,要求学科带头人和骨干教师跟踪指导我校普通教师，狠抓落实，注重实效，以点带面，激励全体教师自我发展、自我实践的热情。

其三，向全区兄弟学校展示我校教学成果，让学科带头人和骨干教师成为对外开放的领头羊和生力军。

其四，请骨干教师担当重任。与其让不称职的教师担任语、数、英教学而影响一个班，不如给这些骨干教师一定的经济补贴，让他们多承担一个班的教学。我们认为，只有面对现实，敢于探索实践，对现有的教师进行优化组合，才能取得最佳效果。

七是综合科，勿忽视，素质教育要全体教师群策群力。

上好综合学科，上好每一门课，是实施素质教育的必然要求，也是衡量一个学校素质教育成功与否的重要指标。所以，我们切实努力提高全体教师对综合学科的认识，淡化大小课，强化“上好一节综合学科不亚于上好一节语文课”的意识，消除“少上综合学科就能提高语数英成绩”那种急功近利的错误思想；既发挥好综合学科专职教师的作用，又引导好兼职教师上好综合学科。

首先，要保证按课程表上课，尽力上好每门综合学科。其次是，根据我校综合学科教学状况，有重点进行突破，关注音体美。我校体育教师素质不错，近几年体育成绩比较理想，而我校美术教师的个人素质也不差，有潜力、有希望能上好课并搞出一点成绩来。我就邀请体育、美术教研员来我校进行追踪听课、跟踪指导，让走进我校的教研员有这样一种感觉：廊下小学体育、美术工作搞得不错，学校重视综合学科的教学。我们还先后引进了三位音乐教师，这三位教师功底好，虚心好学，进步很快，在教学上都取得了很好的成绩，音乐课也成为我校综合学科中最有活力的一门课。第三，我们加强管理，随时检查教师的上课情况，到学生那里了解教师上课情况，请家长志愿者也参与到学校管理中，督促每个综合学科的老师上好每一节课。金山区实施综合学科测试评估后，教师们越来越重视自己的学科教学。

八是新教师，多磨炼，放眼未来要立足可持续发展。

我们在对骨干教师、有资历教师进行专业培养的同时，学校也引进了一部分新教师，他们具备较高的专业理论知识，工作的热情高、干劲足、上进心强，但教学经验相对欠缺，驾驭课堂教学的能力相对不够。针对这种情况，学校着眼未来，注重新教师培养。我们的具体做法如下：

首先是制定新教师个人发展规划，引导新教师加强自主学习。我们还组织新教师学习有关教学规定，针对个人优势制订新教师三年发展规划，要求新教师做到：一年常规入门，二年教学过关，三年教学成熟，五年成为教学好手。为此，学校在关心新教师生活的同时，鼓励他们要有自我提高的欲望，要热爱教学，在教育事业上有思想有追求。学校还对他们提出各种学习要求，引导他们多看理论书刊，通过学习提高理论素养。

其次是选派骨干教师与新教师确立师徒关系，建立带教制度。每年新教师进校，学校即选派相应的骨干教师与其结对，确立师徒关系，并提出明确的带教要求，建立带教档案。平时，师傅们对新教师从备课到上课，从作业布置、批改到课后辅导，都进行了手把手式的辅导，以帮助他们尽快了解教学常规工作，尽快完成从学生到合格教师的角色转换。

其三是压担子，让新教师在磨炼中快速成长。新教师的成长需要有良好的校园氛围，也需要有宽广的成长空间。新教师如何树立事业心需要学校对他们进行积极的引导，其良好的工作作风、工作态度的养成，同样需要学校对他们的管理要严宽相济。为此，我们在为新教师提供多渠道的学习途径的同时，也对他们的业务进行严格的管理。通过组织活动，在教学业务上给他们压担子，如组织校内教学新手比赛，鼓励引导新教师参加区组织的"新苗杯"教学比赛。比赛意味着竞争，有竞争才会提高。我们要求新教师在比赛中不要过分看重结果，而应该享受过程，因为比赛的过程就是自己锻炼和成长的过程，比赛中可以看到自己的不足和与同行间的差距，促使自己不断学习和提高。平时，学校还经常组织新教师外出听课，开阔视野，取长补短。

学校每月针对新教师的工作要求，采用多种形式，安排一次辅导，每学期听取新教师意见两次。

严格的管理，精心的指导，促进了新教师迅速成长。2016 年、2017 年，上海市见习教师基本功比赛中，我校语文教师唐玲和英语教师吴健斐先后荣获一等奖，难能可贵。现在，我校的新教师工作积极性高，成长快，涌现出了很多有闯劲、有成效、有潜力的好苗子。他们是"廊小"的未来和希望。

多年来，我校注重内涵发展，坚持不懈地"以教师的发展促进学生和学校的发展"，取得了卓越成效，促进了学校全面可持续发展。

教师专业素养显著提升。教师精神面貌好，专业水平提升快，整体水平上有了长足的进步，培养了一批在区内外有一定影响的中青年骨干教师。学校现有区级骨干教师 6 人，区学科中心组成员 5 人，市名师培养对象 1 人，上海市教学评比一等奖1人，上海市见习教师综合能力比赛一等奖2人、二等奖2人，上海市朗读比赛金奖1人，金山区教学评比一等奖6人、二等奖5人、三等奖8人，金山区师德标兵2人，金山区十佳辅导员和十佳教师各1人，金山区教工钢笔字、粉笔字比赛一等奖各1人。

学生综合素质显著提升。学生彬彬有礼，特别阳光、自信、活泼、快乐、健康，一个个“开心果、智多星”走进中央电视台，走进上海旅游节开幕式，走进上海世博园，走进上海大世界表演亮相、崭露锋芒。

学校教学质量显著提升。2017年，区“金质10”教学质量调研综合成绩名列乡镇学校第一，2016年度市中小学学业质量绿色指标综合评价取得优异成绩，五年级写字等级测试毛笔字成绩名列全区第一，钢笔字成绩名列全区第二。

学校校园文化特色彰显。风韵独特的“打莲湘、十景点、拍手歌、学鲜军、斗姥阁、何鄂馆”则是学校校园文化特色中的六张亮丽名片，取得了非常骄人的成绩，其中“打莲湘、十景点、拍手歌”先后在2011年、2012年、2013年连续三年荣获上海市教育系统校园文化十佳优秀项目奖(其中六个高校，两个中学，两个小学)，在全市鲜见，成为学校近十多年来最有成效、最有影响力、最有魅力的特色和亮点。

学校办学成效特别显著。学校先后荣获全国教育系统先进集体、上海市文明单位、上海市十大家门口好学校、上海市花园单位、上海市校园文化环境建设示范校、上海市行为规范示范校、上海市艺术教育特色学校、上海市非遗进校园十佳传习基地、上海市首批“一校一品”特色学校、金山区素质教育实验校等荣誉称号。

2013年12月22日，学校成功举行了“2013‘两岸四地’第二届教育领导者论坛”，赴会领导、专家对学校给予了高度评价，认为廊下小学教师队伍建设有成效，校园文化特色彰显，办学质量显著，社会各界评价高，是一所名副其实的家门口好学校。

学校办学经验和做法还得到了上海、全国多家媒体的关注。2013年6月，《上海教育》刊登了6 000多字的《廊下小学：新优质的乡土样本》的报道；2013年12月1日，上海教育电视台播放了专题片《家门口的好学校：廊下小学》；2013年，学校视频报告《以文化人　以智育人》作为市教委重点推荐的八大报告之一，列入2013年上海市中小学校长、幼儿园园长暑期专题培训视频报告；

2014年第2期《基础教育参考》刊登了《以文化人，以智育人——上海百年老校廊下小学校园文化一窥》的文章；2014年至2018年，《文汇报》先后7次对我校的“校园环境、打莲湘、拍手歌、学鲜军、何鄂雕塑馆、斗姥阁”作了专题报道；2015年5月3日，《解放日报》头版报道了我校以校友马本初的家风“方正做人”为校风的做法；2015年6月，《中央未成年人思想道德建设工作简报》介绍了廊下小学开展“弘扬优秀校风 传承名人家训”的实践活动；2016年，上海教育电视台播放了廊下小学15分钟的专题片《一所百年老校的文化情怀》。

现在，来我校参观的全国各地的教师、校长、专家和领导络绎不绝，他们无不被匠心独运的校园文化所震撼。原上海市教委副主任尹后庆、张民选、李骏修先后来我校，都对我校给予高度评价。当代教育名家、华师大叶澜教授评价“廊小”办得有声有色、有滋有味。时任中国教育学会常务副会长、原教育部副总督学郭振有来校参观后说，一所乡镇学校，传承百年文脉，坚持乡土特色，融入时代精神，办到现有水准，非常难能可贵，令人赞叹。

“一支师德高、学业精的智慧型的教师队伍”是学校可持续发展的关键、底气和力量，只要我们坚持不懈地“以教师的发展促进学生和学校的发展”，一所风气正、有特色的新优质学校一定会充满自信地走向更美好的未来！

第十节 校长的品行和人格魅力

一个良好校风的养成，光喊不行，要付之行动，要切切实实去做。做得好不好，效果大不大，这里，校长的品行和人格魅力至关重要。

我国古代教育家孔子就一直强调，教者要以身作则，为人师表。他说：“其身正，不令而行，其身不正，虽令不从。”作为一校之长，我深知自己的一言一行，一举一动，在教师和学生中的分量和影响。这就要求校长要以自己高尚的品行和人格魅力来引领学校的校风建设。因此，我在师生中大力宣传12字校风的同时，更以自己的行动做贯彻校风的榜样。无论在学习上、工作上或生活上，还是在与人交往上，我都力求以自己的人格和言行感染教师、感染学生，要求别人做到的，首先自己做到，努力成为全体师生的楷模。

——对管理：我用心用情，不“小鸡肚肠”，不独断专行，不暗箱操作，发扬民主，善于听取不同意见和建议，做到办事公开，实行阳光作业。

——对工作：我求实、求新、求效，一步一个脚印，勇于创新，力争一流，能办好的，我一定要办好，能办出一流的，就一定要办出一流。

——对教师：我尊重、信任、关心每一位教职员工，用发展的眼光正确评价每一位教职员工，善于赏识教师、激励教师、善待教师，喜欢对教师多肯定、多鼓励、多宽容、多提醒、多交流、多帮助，努力营造尊重、理解、沟通、信任、和谐的工作氛围；教职员工的困难就是我的困难，教职员工的成功就是我的成功，努力为他们多做好事，多办实事。

——对学生：我牢固树立"每一个学生在校长的心目中都是好学生"和"每一个学生都是学校小主人"的意识，让每一个学生阳光自信、活泼可爱、快乐健康，人人有展示自己的舞台，人人成为开心果和智多星。

——对家长：家长是学校教育的重要力量，我很尊重每一个家长；每次家长会，只要我有空，就一定参加，我注重调动家长的积极性，乐于肯定家长的优点，常站在家长的角度谈一些想法，我提出的"每个家长在孩子的心目中都是好家长，每个孩子在家长的心目中都是好孩子"的观点深受家长认可。廊下地区的家长，我觉得他们很淳朴，除个别外，绝大多数都很支持、理解和配合学校，作为校长，我很感激"廊小"的每一位家长。

——对自己：我严格要求，以身作则，为人师表，方正做人，胸怀坦荡；对名对利，我淡泊为之，不争不要，顺其自然；努力做到八有：有大局意识、有奉献精神、有担当勇气、有大度胸怀、有好学意愿、有求实作风、有创新智慧、有反思习惯；我自重自省，自警自励，廉洁奉公，自觉接受群众监督。

——对成绩：我从不夸夸其谈，我始终认为，学校所有的成绩都是全体教职员工共同努力的结果，凝聚了每一个教职员工的汗水和智慧；当大家夸奖我时，我总说这么一句话：我只是做了一个校长应该做的、能够做的、喜欢做的事，无论谁来"廊小"做校长，只要他用心做，一定也能做好，乃至做得比我更好。

然而，尽管如此，校长永远是学校矛盾的焦点和汇合点。对出现的矛盾和问题，校长不能推辞也无法推辞；不能回避也无法回避，而只能敢为人先，敢于担当，去面对，去沟通，去交流，去解决。

俗话说，万事开头难。升任校长后的头几年，我经受了一个个严峻的考验。

考验一：职称聘任，僧多粥少。

记得我任校长第五个月，碰到了一件非常棘手的事。当时，小学高级教师实行评聘分开，我校已评到小学高级教师资格的有 13 位，教育局只给 4 个聘任指标，也就是说 13 位中只聘任 4 位，这是一件高难度的工作，对我这个刚做几个月校长来说，是个极大的考验。

那时，教师们议论纷纷，有的说学校领导这次要头疼了，有的说学校有好戏看了，其中 13 位中的 1 位教师还对外说，如果他聘不到肯定不会罢休，要坐在校长室里不出来。听到这样的议论和令人刺耳的语言，我真的感到很头痛，很棘手，但我很清醒。

首先，我想到的，这是我任校长后遇到的最难的一件事，教师的关注度很高，我一定要做到公正、公平、公开，不能带感情色彩，不能暗箱操作，也不能简单操作，要慎重，要考虑周到。一是要多听取大家的意见，我一一听取了班子每个成员、年级组长、部分当事人和一些教师代表意见，我还征求了有关老领导的意见；二是成立了聘任领导小组和由班子与年级组长组成的考核小组；三是多次讨论研究，制订了考核和聘任方案，在学校八届三次教代会上通过了"廊下小学 2002 学年度关于聘任小学高级教师的方案"，并送教育局备案。

方案中规定在工作态度、工作能力、教学质量同等条件下，适当照顾工作年限较长的教师；上主学科和小学科教师同等对待；在考评期间，如发现营私舞弊、弄虚作假、拉关系等不正当手段，一经查实，将严肃处理，并追究有关当事人的责任。这样既打消了几个老教师和小学科教师的疑虑，又防止了一些人可能做小动作的事件发生。那时，有个领导受朋友所托，要我关照一下某某教师，我当场直截了当地说，这次聘任大家高度关注必须公正公开，不能带感情色彩，否则以后的事很难办。这位领导听了我的解释后，表示完全理解。

考评会上，学校请 13 位教师每人作 3 分钟的述职报告，主要回顾自己近 5 年，特别是近 3 年来的工作做法、经验和成绩。考核小组根据他们的汇报和他们的平时表现进行考核打分，最高分为 9 分，最低分为 7 分，汇总时去掉一个最高分和最低分，最后得出保留两位小数的平均分，按分数多少从第一名排到第十三名。考虑到名次排在后面教师的面子，学校只公布了前四名，但排在后面的教师都可以来查自己排定的名次。我担心有人不服写信，特地要求把评委打分的原始材料保管好，要经得起上级检查复验。公布考评结果时，我强调学校最大可能地做到了公平、公正、公开，没有暗箱操作，排定的名次相对来说是比较合理的，但不是绝对的。我说即使还是这些考评人员，第二次再给 13 位教师打分，名次上下一两名都是有可能的，这个名次排队不是绝对的水平排队。例如,第 4 名、第 5 名有时很难分出高低,排在第 4 名完全可能比第 5 名要好,但也完全有可能不如第 5 名,要我讲出具体理由来,我也说不准,希望大家理解。

考评结果公布后,没有被聘到的教师绝大多数表示理解,认为学校做得比较公正,但个别同志一开始情绪很大,通过学校耐心细致的思想工作,一个阶段后他们慢慢接受现实。这件事,给了我很大启示,学校处理重大事情,只要真正做到公正、公平、公开,再难、再大的事也能妥善合理解决。当然,这毕竟是我任校长后碰到的相当难、相当大、相当烦的事,我为此瘦了好几斤肉,但换来了平稳、成功,有一种说不出的成就感。

考验二:交通难题,面临决断。

烦心的事,一个接一个。2003 年,我校有 30 多位教师房子买在石化、朱泾地区,那时还没有私家车,教师上下班都要乘公交车,而石化到廊下又没有直达车,要先乘到张堰,再转车到廊下,且教师住的小区到车站还有很长的一段路。因为交通的原因,我校很多教师都自找门路调走了,要求调离的老师还有不少。因此,解决教师的交通问题,稳定师资队伍,成了我这个新校长迫切要解决的问题。否则,骨干教师流失越来越多,没有一支骨干教师支撑的学校如何能发展?我心里暗暗下了决心,一定要帮住在石化、朱泾地区的教师解决上下班交通问题。我和学校党支部书记钱贵祥几经努力,多次向镇领导要求、申请,最终得到了镇每年 3 万多元的补贴,学校又贴上 3 万元左右,每天出资 280 元租三辆没有客运资质的面包车,终于解决了这部分教师的上下班交通问题。

说实话,一开始,我还是有点犹豫,有人对我说,你租没有客运资质的车子风险很大;也有人说,你解决了石化、朱泾地区的教师交通问题,住在廊下也有一定路程的教师要有想法,造成新的矛盾。但我和钱书记再三考虑,认为统一接送教师,一定有利于教师安心在廊下工作,有利于调动教师的工作积极性,有利于维持正常的教学秩序。作为学校主要领导,为教师办点实事,担点责任、冒点风险是应该的、必须的。

租车行动得到了大家支持、认可和好评,尤其是一位教师打来电话对我说,学校为我们解决了上下班交通问题,车子几乎开到了家门口,我还有什么理由不好好安心工作呢?一位局领导对我说,你校有魄力,是金山区第一所为教师解决上下班交通后顾之忧的学校;你校有胆量,冒着风险为教师办一件实事。

但有一次，一个风险的“苗子”对我触动很大。开往朱泾的面包车行驶到吕巷镇区车站的地方，一个轮胎漏气了，因为当时这段公路人车多，车子开得慢，没有出事故，但司机和车上的教师都吓出了一身冷汗。我听到这个消息，才领悟到一个老师曾经私下对我说的“你租没有资质的面包车接送教师犹如坐在火药桶上”那句话的分量有多重，当时听到这句话的时候，虽有点压力，但我有侥幸心理，认为一般不会出事。这次车子轮胎漏气事发生后，才真正知道什么叫“不怕一万，只怕万一”。

第二天，我和学校党支部书记钱贵祥急忙去镇里，向时任镇党委书记薛晓红和镇长张亚军汇报轮胎漏气这件事。我们说如果学校继续租车，我们校长、书记天天提心吊胆；如果学校取消租车，那么越来越多的骨干教师势必要流失，廊下的教育肯定没有希望，我们强烈要求镇领导帮学校教师解决上下班交通问题。两位主要领导当场表态，镇里一定会认真考虑学校的建议。几天后，传来好消息，廊下镇人民政府决定：以政府名义每天租三辆大客车，接送住在石化、朱泾地区的廊下地区教师上下班，解决他们的后顾之忧。这是一个激动人心的时刻，教师们欢呼相告，挂在我们学校校长、书记心里的这块大石头终于落地了，不用天天再提心吊胆了。廊下是个很穷的镇，每年拿出四五十万解决教师交通问题，也非常不容易，从中看出这届领导高瞻远瞩，敢为人先，把重视教育真正落实在行动上，为廊下教师做了一件功在当代、利在千秋的实事。廊下地区的教师要感谢这届领导一辈子，廊下的教育历史上要写上浓浓的精彩一笔。

2006 年，金山区时任分管区长叶汝强特地在廊下万春苑召开了由各镇分管镇长参加的现场会，区里想推广这个经验。我应邀参加，并作了交流发言，我衷心感谢镇领导急教师所急、想教师所想，解决了廊下地区教师上下班交通的切身问题，由衷地流露出廊下地区教师们的幸福和骄傲，我还承诺一定要引领教师们好好工作，为廊下的教育多作贡献。政府租车接送教师上下班，看上去是一件简单的事，实际上很复杂，牵涉到方方面面的问题，故至今没有一个乡镇推广这个经验，经济实力最弱的廊下成了金山区第一个也是唯一一个做到接送教师上下班的乡镇，这是廊下人民政府的远见，这是时任廊下镇主要领导的魄力，这是廊下地区教师的福气。现在，廊下地区中、小、幼和社区学校都办得很好、很有特色，我认为，这和镇党委政府对教师的关心是分不开的，廊下地区的教师们都有感恩之心，用实际行动向廊下人民交出了漂亮的答卷。

考验三：子女转学，系挂心间。

一个矛盾解决了，一个新的矛盾又出现了。为改善居住环境和提高生活质量，我校大部分教师房子买在石化，子女转学又成了一大难题。

知道内情的人都知道，那时乡镇学生转到石化、朱泾就读难度非常大。为此，我以组织名义用口头、书面向教育局有关部门提出申请，要求教育局帮我校解决教工子女转学的难题。当我得知，我校教师子女转学可能不成功，我心急如焚，冒着38度的高温来到教育局。时任教育局局长徐虹知道我校教师子女转学情况后，给予高度重视，说这些教师在乡镇学校工作本来已经很辛苦，要解决好他们子女的转学问题，要让这些教师安心在廊下小学工作。听到这个消息，我非常激动，从内心感受到这是教育局对我这个新校长的最大支持，也是对"廊小"教师的最大关心。当一位教师接到教育局有关她子女转学的通知书时，给我发了一条短信：朱校长，我已接到我女儿的转学通知，我从内心真诚地感谢您，您为我们老师又做了一件实事。看后，我心里一阵暖和，眼里有点湿润。

考验四：新老偏见，真情剖析。

2002年前后，我校调出很多骨干教师，十分需要补充新教师，但像我们偏远的农村学校根本不可能从本市、本区引进新老师，只能从外省市引进。2003年后，我校陆续从外省市引进了一批新老师。为了让这些新教师安心工作，学校帮他们在学校里安排好一人一间宿舍，有电视机，有洗衣机，有电脑，还装好淋浴器。2012年后，因为安全考虑，校内不再安排教师宿舍，学校出资帮他们在学校附近租好宿舍，一人一间，还安装好网线，购买好日常生活用品。他们父母来廊下，我总要和他们见个面，一起叙叙，夸夸他们的孩子，并请家长放心，学校一定会关心好、照顾好、培养好他们的孩子。这些家长看了、听了后，十分感动，十分满意。但因为对这些新教师这么好的照顾，学校曾发生过一次令我非常头疼的风波。

那天中午11:35分左右，我正在办公室里整理资料，突然有人告诉我，说我校2004年新引进的两位新老师和我校一位老教师在食堂里吵起来、闹起来了，差点要打起来。我听到这个消息，心急如焚，马上去了解事情的缘由。

原来新教师总认为，自己从外省市来到"廊小"，总感觉到周围的一些老师对他们有偏见，看不惯他们，有时候还要说些风凉话。他们认为自己学历高、知识丰富、能力强，为何被你们看不起？而本校的中老年教职工，觉得学校经费这么紧张，办学条件这么艰苦，却对这些新教师关心得那么好，在他们身上这么舍得花钱，且大家对个别新教师的衣着、言行有点看不惯，心里或多或少都有点怨气。这次吵起来的导火线是买饭时双方说话都有点刺耳。

了解事情来龙去脉后，我想虽然双方暂时控制住了情绪，但只要这个心结解不开，以后还会发生类似事件。怎么办？我绞尽脑汁，好几天为这事苦思冥想。我先后听取了一部分新教师和中老年教师的想法，征求了部分班子成员的意见，多次和书记钱老师讨论商量，最终有了一个自认为不错的好方法。我利用一次教师大会机会，针对吵闹这件事说，教育局领导经常嘱咐我们校长，要关心好、照顾好、培养好这些从外省市引进的新教师，他们人生地不熟，需要学校教师尤其是校长更多的关心，让这些新教师安心工作。根据教育局的意见，学校在生活上给予他们比较好的关心、照顾，完全是应该的。我接着说，大家想一想，如果你的孩子去一个人生地不熟的外省市单位工作，你是否希望这个单位的领导、职工对你的孩子多照顾一下、关心一下，让自己的孩子感受到像家一样的温暖？我想天底下每一个父母都会有这个发自内心的愿望。紧接着，我又对新教师们说，你们来到“廊小”，一定看到了自己的付出和努力，一定看到了自己进步和收获，但你们的进步和收获，除了自己的努力和付出，离不开你们周围教师的真诚帮助和指导，你们应多感恩一下周围的教师，嘴巴甜一点，多说几声谢谢；虽然你们学历高、书本知识多，但你们缺少社会经验和工作经验，你们应该多向周围的教师尤其是中老年教师请教、学习，态度再虚心一点，工作再踏实一点，为人再真诚一点，教学成绩再好一点，我相信你周围的同伴一定会真诚地认可你、支持你、关心你。从现在开始，我们不分本地外地，不分彼此，我们都是“廊小”人，我们都是一家人，要相互关心、相互理解、相互支持、相互配合，共同打造一个温馨、和谐、向上的大家庭，我们一起努力好吗？

这次会议后，我和钱书记要求班子成员，平时要有意识地引导新老师在总结、汇报工作时多感谢一下周围的同伴，多感谢一下这个组室的团队，多感谢一下学校为他们创造的条件，在信息技术方面要多为我校的中老年教师服务。同时，我们也有意识地引导中老年教师多关心一下这些新老师，平时和他们多交流、沟通、谈心、引导，如果他们生病，要以组室的名义去探望一下；他们生日，要用不同形式祝贺一下；他们恋爱买房，做做他们的参谋。经过一段时间的磨合，新老师和中老年教师间的关系逐渐好起来。现在，我校教师都像关心自己的子女或兄弟姐妹一样关心着他们，而新老师非常热爱学校，安心在“廊小”工作，也非常尊重、感恩学校的教师，新老教师相处得非常和谐、非常融洽、非常温暖。

……

逆境能锻炼人。这一个个棘手问题和困难的解决，我的管理能力有了提升，教师们对我的品行和人格也有了更多的认可，对我的工作给予了更多的理解和支持。

应该肯定，我们廊下小学有一支好的教师队伍。教师们工作踏踏实实、兢兢业业，热爱事业、热爱学校、热爱学生，具有很高的思想觉悟和工作积极性，这都是我校十二字校风精神的体现。为发挥每个教师的积极性，充分调动各人之长，我确实能做到对全体教职工一视同仁，善于肯定教师的闪光点。无论是班子人员还是教职工，不管他过去表现如何，我都能及时捕捉到他身上的闪光点、优点或进步，在不同的场合给予肯定。

真心换真情，真诚换信任，这是我对班子和教师的相处态度。对班子人员和教师的不足，我既不会视而不见、听而不闻，也不会训斥、责怪、埋怨，会用真诚去沟通和交流，且能注意场合和语气，做到既宽容又有要求，去了解他们的想法，去帮助他们解决问题。我对中青年骨干教师寄予很大的期望，经常和他们谈心沟通，关心他们的生活，尽可能地为他们创造条件，经常引导他们运用先进的教育理念和教育方法去提高课堂教学质量，鼓励他们运用以启发式和讨论式为主的课堂教学组织形式，充分发挥学生的主体作用，真正使每个学生都得到最优发展。

对于教职员工内心所思所想，我千方百计挤出时间，通过不同的渠道、不同的场合和每个教职员工进行交谈沟通，有的两次、三次，有的甚至五次、六次。可以这样说，每一次交谈，都是一次真诚的沟通。他们各自谈出真实的想法，提出自己的见解，我真诚地讲出自己的想法和作为校长这样做的理由，真正做到了互相理解。通过沟通交流，想法不同的能达成共识，想法相同的能达到共鸣。有了共识，有了共鸣，有了真诚，还有什么疙瘩解不开？还有什么误会不能消除？还有什么心事不能抛开？

当然，一时疙瘩解不开的也是有的。记得有一年，几位老师工作与生活上碰到一些矛盾，一开始有许多想法，甚至有点过激情绪。我不厌其烦，耐心地与他们沟通，一次不行，两次，两次不行，三次……我在教师大会上说过，我会尊重、信任、关心每一个教职员工。我还说，哪怕你不尊重我，我还会尊重你，因为你是“廊小”教师，我是“廊小”校长。这样做，也感动了这些教师。有一位教师说得非常好：你校长这么坦诚，我还有什么话好说呢。另一位教师说：为了学校，你校长有这么多苦衷、那么多烦恼，我深表理解。你看，谈得多实在、多坦诚。我又一次切身感受到，做校长最大的幸福是能得到大家的理解和支持。

特别要指出的是，我把“廊小”每一个教师尤其是青年教师当作“廊小”之宝，为教师的成长花出了太多的心血和智慧，千方百计地为教师们创造条件，千方百计地调动每一个教师的工作积极性，想方设法提升每个教师的专业素养，培养了一大批优秀教师。我用我的真诚和无私的胸怀，敬业和负责的态度，留住了许多优秀的青年教师，他们继续在“廊小”认真用心工作，我感到欣慰和幸福。当然，尽管我再三沟通交流、耐心引导、真诚挽留，还是陆续调走了不少优秀青年教师，我感到遗憾和难过。

退休教师是学校一笔宝贵的财富。作为校长，我不能忘记曾经为我校作出贡献的退休老领导、老教师、老党员，没有这些老同志的昨天努力，也不会有今天我校所取得的成绩，我们是站在他们的肩膀上在继续向上攀登。这些老领导、老教师、老党员身上，有很多我们后辈需要学习的，尤其是他们的敬业和无私奉献精神是学校最宝贵的精神财富，随着绩效工资的实施，我觉得，这种精神更需要继承和弘扬。我常说，关心退休教师也就是关心在职教师，因为我们总有一天也会退休的。利用退休教师回娘家返校的日子，我总要向老同志汇报学校工作，尤其是学校所取得的成绩，并强调成绩的取得离不开老同志打下的基础。老校长浦小弟、老书记钱贵祥德高望重，管理经验丰富，对我们后辈很关心、支持，我碰到难题时经常向他俩请教。凡是退休教师生病住院的，学校一定要去探望、慰问，对特殊困难的老同志，学校还向局、镇有关部门争取，努力让关心力度大一点。退休教师有困难提出的，我总会在力所能及的范围内千方百计给予帮助解决；退休教师的福利费使用，我从来不插手买这买那，由退休老同志根据上级福利使用要求自己定。我要求在职教师特别是班子人员只要碰到退休教师来校办事，一定要热情接待，平时还要经常和退休教师沟通交流，多向老同志汇报汇报学校的工作，多向老同志请教请教，多请老同志对学校提提宝贵的意见……现在，我校的退休教师对学校评价很高，他们以学校为荣，非常支持、关心学校，经常帮学校宣传取得的成绩。

我特别喜欢学生，心目中“廊小”每一个学生都是最棒的。我像对待自己孩子一样无微不至地关心、爱护每一个学生，善于肯定、鼓励、欣赏学生，善于激发、引导、帮助学生，善于批评、包容、提醒学生，让每一个学生充满自信、充满阳光、充满希望，做最好的自己。我要求每一个教职员工必须树立“每个学生在老师的心目中都是好学生”的意识，关爱每个孩子，对每个孩子一视同仁，特别要关爱家庭有困难和身心特殊的学生，做到对学生和蔼可亲、严爱相济，让每个学生体验到的是学校爱的文化气息，领略到的是生命的色彩，品味到的是心灵的呵护，享受到的是成长的快乐。小朋友非常喜欢我，特别喜欢我给他们上课，非常乐意听我的话，接受我的要求，无论是校园里或校外，只要碰到我，学生都会主动与我打招呼。

廉洁自律和坚持原则，始终是我的工作准则。我担任校长以来，学校基建项目不少，很多老板总要讨好我这个校长，但我始终保持清醒的头脑，坚持“三要三不要三敢于”：要安全、要质量、要服务；不要一分钱、不要一张卡、不吃一顿饭；敢于提出要求、敢于指出问题、敢于督促整改。碰到质量问题，我始终敢于理直气壮地指出来，直到整改满意为止。

对学校工程质量我特别重视，学校屋顶加檐口，要和江南建筑风格协调，檐口用的是黛瓦，且设计时瓦片间没有用水泥固定，我总担心不安全，时间久了，大风一吹瓦片很可能会掉下来。于是，我就和设计公司及施工老板商量，能不能用水泥把瓦片间固定住，经尝试效果不错，我们就决定学校屋顶所有檐口都使用这个方法。已经完工的北校门牌楼，我和教育局管理站商量后，也要求施工单位重新搭起脚手架，用水泥把顶上的瓦片固定住。施工单位一开始有想法，认为他们是根据设计图纸做的，没有错。我说，你们施工单位是没有做错，但这个设计是老方法，对多层的学校楼房有安全隐患，万一瓦片掉下来，谁都负不起这个责任，用水泥固定住瓦片对安全绝对是有利的，为了师生的安全，你们必须这样做。因我的想法、我的原则得到设计单位和教育局管理站的认可，最终施工单位还是非常乐意地按学校要求施工，大家都说这个方法很好，虽是个小小的改进、创新，但作用很大，设计单位碰到类似的工程从此就采用我校这个好办法。

学校是教书育人的地方，不仅要有好的校风，还要有好的教风和学风。而好的三风的形成，与校长的理念和思想关系极大。作为一个好校长，一定要具备先进的教育理念和先进的教育思想，要满怀热情多读书，不断充实自己。否则，你作为一个校长，即使再“劳苦”也是不合格、不称职的。

学习，是当今校长提升自己内涵和领导力极为重要的一环。为此，我对自己的学习提出了很高的要求：每天晚上，我一般至少学习一个小时，看看教育书籍、报刊，做做学习笔记。每次听报告，我总要寻找大量的有关资料，结合专家说的内容来消化吸收有用的东西，最大限度地学以致用。每到一所兄弟学校考察学习，我总是带着问题，总要走到人家教室里去考察学习，记下最有用的东西。微信的流行，创造了一个好的学习平台，我除了自己学习吸收，还经常把好的文章推荐给班子成员和教师，乃至家长。我非常喜欢"即时学以致用"，就是把看到、听到、想到的好的经验和方法及时使用到学校的管理中，这样的学习最有效，现在我校很多做法都是从人家那里学习吸收而来的。作为校长，我要以自己的实际行动引领全体教师尤其是班子成员形成一股学习的热潮、声势和氛围，让读书成为教师的一种生活方式，最大可能地让每个教师用先进的理念、先进的思想来支撑自己的教育教学。

十多年来，我不断学习、不断实践、不断反思，逐步形成了自己一套有故事、接地气的教育观，并努力使之成为全体教师的共识和行动。

2015年，我非常荣幸地被评为上海市特级校长。其实，当时我还根本没有要评特级校长的思想准备，好几个专家曾多次嘱咐我要抽出时间来总结一下办学经验出一本书，以便有机会评特级校长。而我始终没有做这件事，一是我觉得自己的管理水平还没有到那个程度，没有多少经验可总结；二是觉得自己还没有资格评特级校长，离特级校长很遥远；三是自己真的天天忙个不停，哪有时间去总结出书。

2015年5月8日，学校举行"斗姥阁""何鄂雕塑馆"落成典礼，顾宏伟局长、施新章副局长临走都对我说，特级校长申报开始了，你怎么还没有申报，快点报上来呀。我说自己连一本专著都没有出版，评到的可能性不大，两位局长说不申报、不争取怎么知道"可能性不大"呢？在两位局长的鼓励下，我鼓起勇气申报了特级校长。区里的专家答辩会上，因为紧张答得不够好，我因此排队靠后。当时，我对局领导说，即使评不到我也很高兴、很满足，因为局领导送我参加特级校长评审，就是对我工作的最大肯定。市里答辩答得很顺利，我从学校百年文化谈起，讲到了我校现有的办学理念"开启智慧，润泽生命"和一百多年前的办学精神"开启智慧，报效社会"一脉相承，在这一办学理念的引领下，我重视师资队伍建设，坚持不懈地"以教师的发展促进学生和学校的发展"，根据学校实际采取"三步曲实践课"校本研修模式，给每个教师搭起了专业成长的舞台，取得了很大的成效。我还特别讲到了学校依据各方面的资源打造乡土校园文化特色，创造出了多个市级品牌亮点，连续三年学校荣获上海市教育系统校园文化十佳优秀项目奖。答辩后，我从专家们的表情中，感觉到我答得很顺利、很成功。

几个月后，我的名字出现在上海市特级校长公示的名单中。我确实觉得自己运气好，能得到教育局领导和专家认可、支持，但我同时清醒地认识到，自己和其他特级校长相比，还有很大的差距，尤其在理论素养方面。特级校长是一种荣誉和责任，但我更多地把它看作是对我的一种激励、一种鞭策。于是，我暗暗在心里给自己写了副对联：低调，低调，再低调；努力，努力，再努力；横批：不忘初心。这个初心，就是 2002 年做校长时下的决心：我要始终用心做、虚心做、尽力做，要不辜负领导和专家以及学校师生对我的期望和信任，努力把学校建设得更成功、更出色。

校长的影响和作用是巨大的，我要加倍努力，继续用心学习、实践和反思，不断提升自己的素养和品行，方正做人，踏实做事，严格要求自己，继续用我的品行和人格魅力引领全体师生，努力办一所老百姓更满意、更放心的家门口好学校。

第二章　校园文化的传承与发展

校园文化不是空洞的概念，而是实实在在的存在。

十多年来的执着和韧劲，我觉得校园文化犹如百年树根，越挖越深，越深越接地气。校园文化似七彩生活，有滋有味，有声有色，有形无形，相辅相成。校园文化是有生命的，一草一木皆说话，一砖一瓦都生动，一景一物都育人，一人一事均传情。它不仅蕴含在那一处处富有历史文化积淀的美丽的校园景点中，还浸润着浓郁的乡土气息、多彩的民俗文化和丰富多彩的活动中。

校园文化建设，一定要把握好学校文化的根、血脉和力量源泉，必须有一种历史性、地域性、传承性、创造性的文化形式来承载学校的文化，这样的校园文化才能接地气、有力量，永葆青春。

第一节　站在新百年的起点上

历史是一部厚重的教科书。

创建于1904年的廊下小学，在我接任校长后的2004年，正好是一百周年。“廊小”创办至今，历经一百多年的前赴后继和励精图治，浸润积淀了浓郁的乡土气息与多彩的民俗文化，也在前行中形成了优良的办学传统和独特的人文精神。这种文化和精神，既是“廊小”生生不息、兢兢业业的传承血脉和力量源泉，更是“廊小”与时俱进、不断发展的坚实基础。

作为一个校长，能碰上百年校庆，那是一生的荣幸；能成功举办百年庆典，那是一生的幸福；能经常回忆百年庆典，那也是一生的美好。

站在新百年的起点上，回望过去我们感慨万千，展望未来我们信心满满。

修史：追寻“廊小”百年文化

文化是教育的基因。2002年8月4日，我从副校长提升为廊下小学第25任校长。面对即将到来的百年校庆，深感肩上的责任重大。在那段日子里，我脑海里想得最多的是：一所历经百年的乡镇小学，在新的历史时期，如何传承历史文脉？如何跟上时代步伐，创出办学特色？思虑良久，我觉得首先要“知我廊小”。于是，我和领导班子经研究决定，第一步工作，就是重修校史。

我是个农民的儿子，从小喝着廊下的水长大。“一方水土养一方人。”家乡的水土养成了我勤劳、淳朴、实干而又富有激情的性格。自从走上学校主要领导岗位后，我做事更加执着，事情一旦决定，就会认准一个目标，踏踏实实地干起来。从2003年开始，我和班子的同志一起，在1983年版《廊小校史》基础上，广泛发动教师，四方征集，想方设法收集那些散失的珍贵而富有教育价值的校史资料。

为能查到第一手珍贵资料，我特地到金山图书馆、廊下镇档案室，查阅了大量的历史资料；我还多次拜访老校长、老教师、老校友，找到了许多珍贵的史实和照片。

——我看到了弥足珍贵的1917年的老照片，找到了百年老井，还有学校创始时的校舍——斗姥阁的遗址。

——更令我兴奋不已的是，我们在校园的角落里找到了20世纪30年代学校“何朱两先生纪念碑”残碑，校园里挖地基时，惊喜地挖出了写着“何朱两先生纪念堂”的石匾，还从民间找到了纪念堂、纪念碑的拓片。

——从一位老校长的手里拿到了一张催人奋进的1950年的全体教师合影，其中三位曾经做过“廊小”校长。照片背景墙上有两句话非常醒目：有计划、有步骤、有信心；有困难、有办法、有希望。从这两句话和教师神态中可以看出，当时刚刚解放，学校百废待兴，但学校教师面对困难，没有任何畏难和退却的情绪，目标明确，信心百倍，有计划，有办法，有步骤，对未来充满希望。

——我从一位老校长那里得知，如今依旧在学校南面的那一排“老房子”是20世纪30年代廊下镇的警察所。1937年学校被日寇烧掉后没有地方读书，“廊小”在这个“老房子”里断断续续办了五年学。

——老校长赵保全提供的两张20世纪60年代的照片很有意义。

一张是1960年廊下中心校老师带领部分学生在学农田里学插秧。当时，每个学校都有一块学农田，每年老师都带领学生在学农田里学农活，学生既学到了很多干农活的本领，知道了农民工作的辛苦，感受到了粮食的来之不易，又养成了热爱农村、长大了为农村建设的志向和吃苦耐劳的精神，这是非常好的一种教育方法。

另一张是中心校校长赵保全带领班子人员视导河东耕读小学。1964年，为了解决农村很多闲散在社会上的适龄学生就学困难，开设了许多耕读小学(简易小学)。所谓耕读小学，就是一个带班老师看管几十个学生，用老百姓话来说就是关关学堂，识识几个字。当时还有耕读小学的专门教材。据记载，1965年，全辅导区共办公办小学25所，民办小学13所，耕读小学33所，共有教职工127人，其中代课教师25人，民办教师13人，耕读小学教师33人，学龄儿童入学率达98%。

——我从退休教师秦宝兴那里得知，学校西校门对面，原来是我校创始人之一——朱志贤家的西墙门。朱家是名门望族，家族多聚集在西墙门，朱家西墙门曾是镇上响当当的地标。廊下“和康酱园”远近闻名。它筹建于1912年，次年开业，由朱志贤独资经营。有房100多间，缸800～900只，占地5亩。“三伏晒油”和“和康糟蛋”名盛一方，用现在的话来说，是有口皆碑的老字号品牌。至今还有两排老房子、一条小弄堂、一棵百年瓜子黄杨，记录着廊下“大宅门”朱姓家族的风雨沧桑，且这棵黄杨树是朱志贤于1917年亲自种下的。朱志贤家族乐于为百姓做好事，为一方水土造了很多桥，离廊下很近的平湖新仓杉青港村有座杉青港桥，又称“仁寿桥”，上写“江苏金山朱承训堂”，是廊下朱家遗留的公益“作品”之一。

——创始人朱志贤先生的后裔朱晓是金山农行的一位职工。他是个古董爱好者，对他的家史也颇有研究。他捐给学校很多民国时期的教科书和学具，其中最早的一本是民国元年的数学课本，非常珍贵。从他那里我还得知，现在“廊小”西校门对面的两排砖瓦平屋是朱志贤家做“三伏晒油”“和康糟蛋”的仓库，日本人打到廊下后把这些仓库当作营地。

……

在追寻“廊小”百年文化的过程中，我还有一项意外的收获，就是认识了很多校友，找到了学校两位创始人的部分后裔，这也是学校的一笔宝贵财富。特别是相识了学校创始人后裔、全国著名雕塑家何鄂女士和她的胞弟何顾继德，她姐弟俩为学校的校园文化建设作出了特殊贡献。

这些史料和照片，使我们对百年“廊小”又有了进一步的了解。在校史编写过程中，我们得到了区教育局、镇党委政府、区图书馆等有关单位和曾在“廊小”工作过的教师与广大校友的热情帮助，特别是夏平森、陈抱墅、赵保全和浦小弟四位老校长自始至终关心《百年廊小》的编写工作。我和编写组同志夜以继日，广征博采，核实考证，经过近一年的整理精选，2004 年暑期，一本近 15 万字的图文并茂的百年校庆纪念册——《百年廊小》终于问世。

时任金山区教育局局长徐虹为《百年廊小》写了以“百年廊小，不凡春秋”为主题的序，我还请到了诸多领导、专家、名人给我校百年庆典题词。全国著名教育家吕型伟的题词是“要站在巨人的肩膀上向上攀登”；时任金山区委书记李金生的题词是“科教兴区，教育为本”；上海市原教委副主任张民生的题词是“百年教育桃李成林，继往开来争创一流”；上海师范大学原校长杨德广的题词是“以德立校，弘扬优秀传统；以心育人，铸就栋梁之材”；时任上海市教委教研室主任王厥轩的题词是“百年风雨，几经沧桑；薪火相继，壮心不已；上下求索，卓绝奋斗；爱满天下，桃李芬芳；与时俱进，发展创新”；上海市教委教研室英语教研员朱浦的题词是“不懈探索，耕耘希望，创农村小学英语教育特色”。

时任团市委副书记、校友马春雷非常关心母校的百年校庆，多次来电询问，并为百年庆典写了贺词：“在一个人成长的历程中，能够就读于一所风气正、有特色的学校，能够师从一批学业精、师德高的好老师，那是一生的荣幸。衷心祝愿母校永远是这样的学校，母校的老师永远是这样的老师！”

他们的题词，是学校的荣耀，给了我校无限的力量和希望。

《百年廊小》全书分为“百年廊小，不凡春秋”“爱我廊小，以心育人”“塑我廊小，求真务实”“兴我廊小，开拓创新”四大篇章，系统而详实地介绍了学校历史和沿革，丰富而全面地阐述了“廊小”的办学思想和特色，多彩而生动地展现了校友、师生的精神风貌。它为物化校园人文景点打下了很好的基础。《百年廊小》的编撰成功，为学校开展爱国主义教育、民族精神教育和实施素质教育提供了最真实、最生动的教材。

《百年廊小》校庆纪念册的诞生，使我如释重负。但每当我翻开纪念册，看到那些老照片、老石碑、老房子、老井，我常常陷入沉思，渐渐地我又对这些资料产生了新的不一样的浓厚兴趣。我想，光凭这本纪念册，教育还是有限的。要是能让孩子们随时看得见，摸得着，进一步深入了解这些校史文化，从中得到良好的熏陶，那该多好！于是，一个大胆的设想在我脑中诞生了，那就是：由平面变为立体，将历史和文化穿越时空，物化成校园一个个美丽的景点，天天出现在全体师生的眼中。于是，在迎接“廊小”百年校庆的日子里，我带领班子开始了一项颇有新意的校园文化建设工程。我们将追寻到的富有价值的百年历史、文化、精神的资料、图片，创造性地物化成校园的一个个景点。学校先后建起了"开智石""何朱两先生纪念堂遗址""革命烈士张鲜军雕像""百年庆典纪念碑""书香苑""老房子""西校门""书山有路雕塑""围墙画廊"等十多个人文景点。

2006年,学校在所有景点中评选出了西校门、老房子、鲜军雕像等十大人文景点。这些景点,见证着"廊小"的发展兴衰,也是"廊小"百年历史的浓缩和凝固,是活生生的教材。孩子们一走进校园,就能时时处处感受到历史的熏陶、文化的感染和时代的激励,让深厚的历史文化复活在每个孩子的心中。2008年,学校编写了校本教材《百年廊小十大人文景点》。时任上海市教委副主任张民生为本书题词:"百年廊下小学,十大人文景点"。时任中央教育科学研究所学术委员会主任、研究员、博士生导师程方平给本书写了序言,程方平教授对本书给予了高度评价:

> 廊下小学的《十大人文景点》校本教材凝聚了一百年来几代教育者的热望,凝聚了新时代社会对教育的重托,凝聚了师生参与学校建设的热情,也凝聚了学校领导者倾心改革和发展的心血。我走过无数国内国外城市和乡间的学校,见过无数标新立异的校本教材,给我感受最深的,是廊下小学的这一系列立体的、系统的、有历史纵深感和鲜活生命信息的"校本教材",它已经超出了通常我们思想中认识的"校本教材"的作用和功效,使"润物细无声"的环境熏陶、"睹物思情"的历史浸染、"英雄贤达"的言行引导、"名言古训"的暗示和启迪等,能与学校的日常教育教学水乳交融地结合在一起,构成学校教育的有机整体。
>
> 一所成功的学校不在她有多少豪华的建筑和耀人眼目的条件设备,而在其是否拥有丰富的精神文化内涵和全体师生对学校教育教学理念的认同。对于一所乡村小学来说,在经济条件方面可能与城市的学校无法相比,但在精神和文化方面,不仅不会逊色,还可能有更多创新和改革的探索空间。关键是我们的教育者能否有这样的理念、胆识和智慧,有没有"用心"去培育我们的教育事业。

2012年,"十大人文景点"荣获上海市教育系统校园文化十佳优秀项目奖。专家认为,"廊小"的"十大人文景点"虽然非常简单普通,但因为给每一个景点赋予了教育内涵,反映的又是学校历史和文化,弘扬的是学校传统文化和精神,且这些景点天天让学生耳闻目染,长年累月地滋润着廊小的孩子们,是一笔可贵的教育财富,非常有价值和教育意义。

庆典:创一个精彩,来一个突破,找一个自信

庆典纪念册《百年廊小》如愿以偿地出来了,并创造性地将其历史和文化穿越时空,物化成一个个美丽的景点,我打心眼里高兴,因为这是我升任校长跨出的成功一步。

然而,还要不要搞百年庆典?我始终犹豫不决。搞,学校资金非常紧张,不知上级领导是否支持;不搞,将失去一次提升和鼓舞全校师生士气的机会。于是,我想先听听镇领导意见后再决定,因为学校资金是由镇里负责的,那时区教育局还没有统筹。

2004年的一天上午,我和学校书记钱贵祥一起到镇里向镇党委书记钟美龙和镇长张亚军汇报了"廊小"碰到了建校100周年的大事,征求领导意见学校是否要举行百年庆典。两位镇主要领导一致认为,小学百年庆典是一件大事,也是廊下人民的一件喜事,要搞而且一定要搞成功。我说,学校没有资金怎么办?两位领导说,没钱不要紧,我们发动全镇上下,一起为"廊小"百年庆典集资。两位领导还当场表态,镇每个领导班子成员各联系几个单位,余下的小单位要我们学校自己去筹集。

第二天,我又来到教育局,向局领导汇报了举办百年校庆的设想,徐虹局长、陆启明书记、林乃华副局长都给予了大力支持,并嘱咐庆典要办得隆重、简朴、热烈。几天后,陆书记还特地为我校写了"百年校庆,愿百年廊小为农村作出新的贡献"的贺词,林乃华副局长也多次询问学校校庆筹备事宜,还派小教科科长陈军林多次来校现场指导。

有了镇和局领导的关心、支持和指示,我心里有底了,开始认真筹划庆典事宜。学校成立了筹委会领导小组,由镇长张亚军担任组长;执委会领导小组,由我担任组长,下设资料组、联络组、演出组、接待组和后勤组五个小组,落实了班子具体分工。学校还制订了百年校庆方案。我和书记钱贵祥总体负责,我们两人还负责到镇区小单位集资。

9月3日,学校举行了一次由镇部门、各村负责人参加的以"为了教育,为了孩子"为主题的迎"百年校庆"座谈会,镇党委副书记邵丰出席,镇社事办主任彭月华主持。会上,大家踊跃发言,纷纷表示要支持、关心"廊小",一起和"廊小"办好这件大事。当场,勇敢村捐了1万元,带了一个好头。

座谈会后，我们开始跑单位筹资。很多单位都能尽一己之力慷慨解囊，让我们感到惊喜的是校友陆金光、曹云辉等纷纷主动带头捐款，增添了我们集资的信心和力量。这次百年校庆在各方共同努力下，一共筹得了40多万元。

校庆，贵在要有庆典的特色。因此，在编排庆典节目中，我要求老师们所排的节目内容能体现学校历史文化、体现学校特色、体现学校成绩、体现师生精神风貌。后来在庆典活动上的节目确实体现了这四点意图，奉献了一台主题突出、特色鲜明、氛围热烈的文艺节目。

为了营造庆典氛围，体现"廊小"教师良好的精神风貌，学校给每位教师做了一套校服。当时，做校服还不多，教师们很开心，人生第一次穿上了工作服，特别有精神。

校庆以什么主题为好？大家想了很多主题，我也想了不少，但我始终不满意。最终，我受教育家吕型伟为我校题的"站在巨人的肩膀上向上攀登"的词所启发，决定以"站在新百年的起点上"为庆典主题，我觉得这句话简单明了又响亮，含义也很深刻，既是对"廊小"百年历史的总结，也是新百年的开始，更是一种向上的力量，一种对未来充满希冀的信心。

为了百年校庆，我们全体教师特别是班子成员付出了很多很多，但大家个个精神饱满，充满朝气，好像有使不完的力，感觉不到疲劳和辛苦。我们的学生也特别兴奋，排练节目都很投入，真的像自己家里办喜事一样，可谓人逢喜事精神爽。

百年校庆，我确实是把它作为一个新起点来办的。说实话，2004年前几年，我校正处于低谷阶段，那时，调走了一大批骨干老师，学校特色不"亮"，校舍可以说是金山区最陈旧的，领导也很少到我校调研指导。学校教师包括一部分班子成员总认为是乡镇学校，"乡下狮子乡下调"，都不够自信，尽管很投入，但没有追求一流的意识，且大家对我这个朴实、低调的校长期望也不够高，这是学校发展的很大障碍。所以，我想抓住这次百年庆典的最好机会，大家好好努力一下，创一个精彩，来一个突破，找一个自信。

精彩，突破，自信，哪里来？最好的办法，就是从眼前的百年庆典做起。于是，彩排，修改，再彩排，再修改，我们力求完美；讨论，完善，再讨论，再完善，我们力求精彩；辛苦，劳累，再辛苦，再劳累，我们力求一流。其实，当时，"完美、精彩、一流"这些词语，我还不敢大胆地提出来，只是隐藏在心里的想法、心里的追求。

庆典前一夜，我晚上10点多才回到家里。那天晚上，我躺在床上翻来覆去一夜也没有睡着，有激动，有喜悦，有沉重，有担心。激动的是，百年一遇的庆典是在我做校长的任上；喜悦的是，展示“廊小”形象的最好机会来了；沉重的是，庆典是件大事，责任重大；担心的是，天气预报说要下雨，还担心的是我做校长两年多来第一次这样搞大型活动是否有意外、有差错……

2004年10月18日，这是会永远载入廊下小学史册、廊下镇志的一天。

我早上5点不到就起床了，吃好饭约5:15就来到学校，很多班子成员也已经到了学校。那天，很多老师、小朋友来得也很早，看得出大家都很激动、很兴奋。

伴着朝霞，校礼仪队、鲜花队、鼓号队、气球队、葵花队早早列队整齐，静候嘉宾；踏着晨露，接待处、休息室、停车场的工作人员，纷纷就位，喜迎贵客。十八只鲜艳的花篮簇拥着崭新的校门，散发着节日的清香；一道写着“热烈庆祝金山区廊下中心小学建校100周年”的红色充气大门，如浅浅笑脸，露着喜气，带着欢庆，矗立在校门前。

那时，廊下小学沉浸在一片欢乐的海洋中：操场上，马路边，花红树绿，彩旗飘扬；草地上，大楼旁，锣鼓喧天，欢歌飞扬。

8点未到，陆续有领导来了，我和书记钱老师等候在校门口迎接领导的到来。

8点整，随着迎宾曲的奏起，“廊小”迎来了她尊贵的客人：区教育局徐虹局长、陆启明书记，镇党委钟美龙书记和张亚军镇长都早早来到廊下小学，给“廊小”的百年华诞送来了第一份祝福，随同他们前来的有区教育局和镇全体班子成员，他们顾不上休息立刻加入到“廊小”的迎宾队伍中；接着，校友、共青团上海市委副书记、上海市青联主席马春雷同志，踏着欢快的脚步，满面春风地走来；金山区区长李毓毅、区政协主席沈效良、区委副书记刘正贤、区人大副主任沈文弟、副区长吴新超和叶汝强也于百忙之中，兴致盎然地赶来；廊下小学的创始人朱志贤的第四代后裔、原财政部行政司管理处处长朱泠襄女士不远千里，从遥远的北京赶来；廊下小学的创始人何静渊的第四代后裔、全国著名雕塑家何鄂女士及她的爱人张玄英先生怀着激动的心情从兰州赶到；校友吉林大学教授卢喜观也风尘仆仆地赶到；镇局各单位领导、兄弟学校代表和“廊小”全体退休教师，带着祝福从四面八方相聚沸腾的“廊小”。

这时的“廊小”，花似海，人如潮，笑语盈盈，喜气洋洋。

8点40分，朝气蓬勃的学生，穿着节日盛装，排着整齐的队伍，在老师的带领下，踏着欢快的步伐，走进会场。此时的会场，棕色的跑道环绕着翠绿的草坪，在雪白的围墙映衬下，显得格外的清新与庄重，而那墙壁上一幅幅妙趣横生的壁画，又给这清新与庄重点缀了一墙的喜庆。会场上空，高高飘扬的两个大气球，更是把这节日的喜庆引向了空中，气球下悬挂的两条竖幅"百年廊小，栉风沐雨，不凡春秋""兴我廊小，求真务实，开拓创新"抒发着"廊小"人奋发向上、进取创新的豪迈气概。鲜红的舞台背景，透着浓浓的节日氛围，"站在新百年的起点上"几个金光大字，更道出"廊小"全体师生矢志不渝的奋斗精神。舞台右边的1917年的景阳高小开智国民学校全体师生合影，寓意学校历史悠久，积淀深厚，很好地体现了百年庆典氛围和意义。舞台左边的著名教育家吕型伟的题词"要站在巨人的肩膀上向上攀登"，表达了一个老教育家对廊下小学的殷切期望。一个硕大的"书"字，似正在书写着"廊小"的沧桑，书写着"廊小"的辉煌，书写着"廊小"全体师生的意气风发。

9点整，我陪同各位领导和嘉宾走入会场。

9点10分，在雄壮的国歌声中，庆典大会正式开始，大会由学校钱贵祥书记主持。

接着，四名少先队员为母校献辞，四位可爱的小朋友，用充满稚气的童声，表达着对"廊小"百年的祝福，对母校的最纯真的热爱。

当金山区副区长叶汝强宣布廊下小学建校一百周年庆典大会正式开始时，会场内外，鼓乐齐鸣，掌声动天，近三千只五彩缤纷的气球带着"廊小"人的欢欣与喜悦，飘向空中；几百只和平鸽载着"廊小"人的荣耀、希冀和梦想，飞向远方，飞向辉煌。

这一刻，是"廊小"的一刻，是"廊小"全体师生的一刻，是"廊小"所有校友、嘉宾的一刻。这是光荣的一刻，神圣的一刻，让人无法忘怀的一刻。

伴着"廊小"风风雨雨一起走过的老校长、老书记，带着欣慰的笑容，步上主席台，接受了少先队员献上的鲜花。此时，掌声雷动，群众、师生、领导、嘉宾用热烈的掌声，传递着对老一代辛勤教育工作者最真挚的感谢和最崇高的敬意。

作为现任校长，我首先致辞，我在致辞中说道，"雄关漫道真如铁，而今迈步从头越"，面对新的时代，我们要站在巨人的肩膀上向上攀登，进一步弘扬学校优良传统，进一步求真务实、开拓创新，进一步扬学校之长，创农村小学英语教育特色，全力办出让廊下人民更满意更放心的小学教育。

校友代表马春雷同志作了精彩的发言，他发自肺腑地说道："在一个人成长的历程中，能够就读于一所风气正、有特色的好学校，能够师从一批学业精、师德高的教师，那是一生的荣幸。廊下小学就是这样的学校，廊下小学的老师就是这样的老师。"他的话语深深地表达着对母校廊小的眷恋、感激和祝福。

镇长张亚军的讲话，肯定了"廊小"的过去，赞扬了"廊小"的今朝。

区教育局局长徐虹同志作了题为"百年廊小，不凡春秋"的讲话，对"廊小"所取得的成绩给予了肯定，对"廊小"的明天更是寄托了无限的希望。

区领导刘正贤的讲话，从区委的角度，给"廊小"人提出了更高的要求。

兄弟学校代表海棠小学校长蒋水清同志的发言，道出了兄弟学校对"廊小"的美好祝贺。

创始人后裔朱泠襄女士的发言，怀着无限的欣慰，表达着对"廊小"美好明天的祝愿。

当镇党委书记钟美龙同志和教育局党委书记陆启明同志共同揭起了由校创始人何静渊先生的第四代后裔、著名雕塑家何鄂女士赠送的"鲜军"雕像上的红绸布时，会场上响起了热烈的掌声，领导、群众、嘉宾和全体师生一起用这庄严的掌声向烈士鲜军表达着内心最崇高的敬意。

接着鲜军的母亲蒋妈妈作了简短的发言，对鲜军的母校——"廊小"的全体教师表达了衷心的感谢，对全体学生寄予了殷切的期望。

9点50分，庆典仪式在欢庆的气氛中结束。

由学生表演的，学校一校一品"打莲湘"拉开了校庆文艺演出的序幕，领导、嘉宾、群众全都沉浸在这民间艺术所带来的喜庆之中。

诗朗诵《百年廊小，不凡春秋》，道出了"廊小"的风风雨雨和她走过的艰难历程。同时，也向客人们展示了"廊小"全体教师的风采。

舞蹈《花裙子》《健美操》则把"廊小"学生的天真活泼、健康向上、朝气蓬勃表现得淋漓尽致，向客人们传达了"廊小"学生对未来的渴望之情。

由"廊小"全体青年教师倾情演绎的歌伴舞《举杯吧朋友》，为远道而来的校友、嘉宾，为真诚关心"廊小"事业的各级领导和各界群众送上了最真挚的祝福，展现了"廊小"教师的良好素质。

最后，师生同唱《歌声与微笑》，向来自四面八方的客人们传送着微笑，传送着歌声，传送着美好的祝福，把诚挚的祝愿带向海角，带向天涯，带向四面八方。

当庆典结束，送走了一个个领导、嘉宾，我这才感到累了，但更感到很自豪、开心和幸福，因为百年庆典得到了赴会领导、嘉宾和校友的高度评价：非常顺利，非常成功，非常精彩，非常完美！

真的，那天天气很帮忙，没有下雨还出了太阳，但又不热；那天教师的精神状态个个良好，像自己家里办喜事一样，非常投入，充分展示了“廊小”的团队力量；那天学生表现特别好，像过自己的生日一样，个个兴奋不已，快乐幸福；那天庆典议程非常顺利，没有一点差错，没有一点意外；那天节目质量特别高，富有特色，衔接自然，气氛热烈；那天区四套班子都有领导出席百年校庆。

庆典结束后，我们还请人剪辑了一部《百年庆典》的专题片，由电影演员孙启新解说，编得非常好，每看一次都要激动一次。

世上无难事，只怕有心人。只要我们努力、我们认真、我们用心，一定能做好任何一件事。百年一遇的百年庆典画上了一个圆满的句号，给领导、嘉宾和校友留下了完美、精彩、一流的印象，更给百年“廊小”全体师生增添了无穷的自信和力量，给“廊小”的新百年发展开了一个特别良好的头，预示着百年“廊小”未来无限美好！

提升：借助一次盛会，再上一个新台阶

学校的发展，如同人的成长一样，往往有许多值得重视和关切的时间“节点”和发展机遇。能不能抓住，运用得好不好，这是对校长领导力的一种检验。

2005 年 2 月 28 日，我校继百年校庆之后又迎来了一次盛会——由上海市教育委员会主办的“2004 年度上海市人民政府实事工程教育系统总结表彰大会”在我校隆重召开。

这么一次重要的会议怎么会放在我们这所名不见经传的廊下小学召开呢？

其中的缘由还要追溯到 2002 年。那年，廊下中学搬进高大上的新校舍，将又破又旧的原校舍移交给廊下小学，我们撤掉村校，所有的学生都集中到中心校。当时校园虽然大了许多，占地 25 亩，但校舍非常陈旧，设施非常简陋，没有像样的运动场，没有像样的绿化，风一吹窗上就蒙上一层灰，教室许多屋顶下雨要漏水，可以说这是全区最陈旧、最简陋的学校。限于廊下镇经济状况，资金一下子难以到位，需改造的项目难以一一实施。师生的工作学习环境条件令人担忧，作为学校校长，我看在眼里，急在心里，心里暗暗想：无论如何要想办法给师生创造一个好的工作、学习环境。

2004 年，学校遇到百年校庆，也正好遇到了上海市人民政府的实事工程——学校达标工程，按市府“城乡一体，均衡发展”的要求，我校配套 100 万元资金，用于校园改造维修。钱不多，但要做的事情却很多，如要改造校园绿化、屋顶加固、建造塑胶跑道、维修专用教室、粉刷校舍外墙等。

面对困难，面对问题，我们没有退缩，没有躲避，没有灰心，而是迎着困难上，坚持以艰苦奋斗为荣，精打细算，勤俭办学，用最少的钱办最大的事。

我们把“改造校园绿化”放在首位。我们把村校的很多香樟树、桂花树移到学校来，我们向兄弟学校吕巷小学要来很多棕榈树，我们向山塘村里要了很多美人蕉，大家都说廊下小学不花钱搞绿化。我们还自己设计，自己买树苗自己种，我们还从农户手里收了很多价钱便宜的榉树、桂花树等，这些大榉树如果请绿化公司种每棵起码要 5 000 元以上，而我们收来只要 300 元，省下了很多钱。为了省钱，绿化浇水我们用阴沟里的水，很多活我们请学校里老师义务劳动。2004 年国庆节，很多学校给教师发 500 元、600 元的，我校只发 300 元，但好在没有一个人埋怨，大家知道建设美丽校园需要大家共同参与支持，优美的校园环境对全体师生来说也是一种福利。

绿化时，我们充分考虑到学校的育人特点，努力做到绿化和学校历史、文化相结合，这是我们的创新，也是校园绿化改造的最大亮点。我们设计了“开智石”“何朱两先生纪念碑”“百年庆典纪念碑”“鲜军雕像”“书山有路雕塑”“围墙画廊”等十大人文景点，使校园里充满着浓厚的校园文化气息。这些校园文化景点中许多是我校特有的，非常有意义。如在我们学校旁边有一个破房子，绿化时有人说最好种些冬青树把这破房子遮掉，我没有同意。我说这个破房子和我们学校有缘。那房子是廊下上世纪 30 年代的警察所。1937 年，日本人把学校所有的校舍都烧光了，学生没有地方读书，当时有识之士就借了这警察所办学，在这里断断续续办了五年。这样一个具有特殊意义的房子，我们不但不希望把它遮掉，反而希望它永远保存在我们学校的旁边。于是，我们在那破房子旁边种了许多桃树、李树等果树，建成了一个富有教育意义的景点。老房子寓意学校历史悠久、饱经沧桑，果树寓意学校桃李芬芳、硕果累累。这样一来，没有人再说这破房子不好看了，反而觉得这个破房子有价值、有意义、有看头。

通过一年多的努力，我们打造了一个令人陶醉、令人羡慕的美丽校园，成为金山区校园绿化的范例，在金山区校园绿化总结表彰会上我校作了专题交流发言。

与此同时，我们又精打细算，建造了塑胶跑道，装修好了大会议室，加固了屋顶，维修了专用教室，添置了一些必要的设备。我们还特地建造了一个一二年级小朋友非常喜欢的儿童乐园。说实话，我们改造得很苦，我们作出了艰苦的努力，我们付出了太多的汗水，用了不多的钱办成功了一件件大事，用了不多的钱打造了一个美丽可爱的校园。当然我们的成功要感谢上级领导对我校的关心、支持，感谢我校团结协作、吃苦耐劳的全体班子人员，感谢给予学校改造全力支持、理解、参与的全体老师。

我一直说，教育其实很简单，只要我们努力去做，认真去做，用心去做，就一定能做好每一件事情。所以，改造好后的设施，我们能够做到的，应该做到的，我们都要做好。像专用教室，我们必须要使用好、管理好，发挥好这些设施的效益。为了发挥音乐室和唱游室的作用，我校在2004年前后引进了两位音乐专业的本科生。一个偏僻的农村小学，引进两位大学生真的很不容易，我对他俩说，要好好干，通过几年要干出成绩，让大家走进廊下小学就要听到嘹亮的歌声，看到优美的舞姿。他俩干得很不错，一个带合唱队，一个带舞蹈队，让我们这些农村娃娃也真正得到了音乐的熏陶，享受到了音乐的快乐。

2004年12月16日，市教委市府实事项目验收组一行7人，在时任区教育局副局长林乃华等领导的陪同下莅临我校检查指导。我作了简要的专题汇报，然后检查组领导专家分赴有关专用教室、地点对我校实事项目的达标、使用和管理作了全面细致的检查。

检查后的反馈会上，检查组组长、市装备部副主任姚毅健同志对我校的实事工程工作给予了高度评价，认为我校实事项目工作管理到位，敢于创新，扎实有效，富有特色。特别令检查组感动的是，我校面对困难，面对问题，不埋怨、不责怪、不退缩，想方设法，把不可能变成可能，把可能变成现实，用有限的资金把校园改造得这么成功，这么出色，还自筹资金改造学校绿化，给全体师生一个美丽舒适的环境，非常不简单，非常不容易，令人感动。

最后，检查组认为，廊下小学校园改造资金不多，但办法多，信心足，干劲大，成效好，这样的学校在全市具有推广价值，值得肯定，值得表扬，一致决定把“2004年度市府实事工程教育系统总结表彰大会”放在我们廊下小学召开。

听到这一消息，我激动万分，感到十分欣慰。我们的艰苦努力没有白费，这样高规格的大会在我校召开，不仅代表廊下小学，还代表金山教育，是“廊小”的骄傲，是金山的光荣。于是，我把举办这一次盛会，既当成一次重大的挑战，同时，也把它看成是一次历史性的发展机遇。

师生们听到这一消息，也尤为兴奋，大家一致表示，要用办百年校庆一样的热情，办百年校庆一样的智慧，全力办好这次盛会。这股热情，在盛会之前已经得到证明：绿草如茵的校园，漂亮的儿童乐园，怡人的塑胶跑道，布置美观的教室，宽敞的电脑房、唱游室，还有孩子们喜爱的自然实验室、美术室等，都是这股热情的展现……

因为现场会，教育局还帮我们装修好了大会议室，配置了一套会议桌和一套质量很好的音响设备，但遗憾的是我多次提出改造图书馆的设想没有实现。

召开现场会的那天清晨，欢快的孩子们吵醒了熟睡中的"廊小"，透过晨雾的朝阳给她披上了暖和的春衣。窗明几净的教室，装扮一新的校园，还有墙上那招展的彩旗，都静候着远方的嘉宾。欢笑印满了孩子们那稚嫩的脸庞，教师们也神采奕奕，满面朝气。

9 点 30 分，会议正式开幕，会议由上海市教育技术装备部总支书记、副主任罗一华同志主持。

在大会交流中，时任金山区教育局局长徐虹同志首先作了题为"认真实施市府实事项目，积极推进义务教育均衡发展"的交流发言，徐局长的讲话中特别提到了原来又破又大的廊下小学，如今务实创新，努力争取镇政府的重视，借助设施达标的东风，发扬艰苦奋斗的穷棒子精神，投资不足 100 万，铺设了塑胶跑道、修缮了专用教室、绿化美化了校园。师生愉悦，家长高兴，社会和政府满意，也获得了市教委验收组的高度评价。

会后，市教委副主任瞿钧、副区长叶汝强等领导实地检查了"廊小"的校容校貌、改造项目和每个专用教室。瞿副主任连连称赞"很好""不错"，说农村的孩子也享受到了优质资源，在这样的校园里学习一定很快乐。当碰到两位新老师时，瞿副主任还与他们拉起家常，询问在"廊小"工作、生活的情况，并要求新老师在"廊小"要做"永久牌"，不要做"飞鸽牌"。叶副区长说，"廊小"百年庆典后短短四个多月又上了一个新台阶，校容校貌又发生了很大的变化，尤其是师生的精神风貌又有了很好的提升，这次盛会一定能助推"廊小"越办越好！

大家一致认为，这次盛会在"廊小"召开，是市教委领导对"廊小"新百年工作的认可和肯定，是"廊小"新百年又一次值得骄傲的展示，更是"廊小"新百年又一次自信的提升，再次鼓舞了"廊小"全体教师。我们坚信："廊小"的未来一定更美好！

第二节　精心打造如花园似园林的“五园三区”

办学理念是学校之魂，校园景观是学校之体，是具象的“活字典”。魂体载道，融为一体，才能创设最好的育人环境，提供最适合的教育。因此，校园文化景观遗址保护、文物修缮、实体拓展，一直是我们这所百年老校文化建设的工程。始终不变的校址让“廊小”师生特别珍视历史的遗迹及其蕴含的内涵。

站在新百年的起点上，“廊小”又一次喜从天降。

2012年始，“校安工程”和金山“漕廊公路观光带”项目的实施，为“廊小”校园环境和文化的改造提升提供了一个千载难逢的契机。我们定下的目标是，通过学校整体改造和提升要把“廊小”打造成一所花园学校和一座绚丽的校园“人文博物馆”。

项目实施，得有一个好的规划设计。谁能承担这一重任呢？我想起了学校创始人后裔、全国著名雕塑家何鄂的胞弟、高级工艺美术师何顾继德先生，他不就是最好的人选吗？于是，我立刻把他请到了学校。

早在六年前，何顾继德先生就曾给我校设计过一段围墙。当时，学校要修一条路，这条路碰到了一段围墙，这段围墙有点历史，有点古色古香的味道，拆了有点可惜。我要求既能保持这段围墙的特色又能从这段围墙的地方可以进出。他回去后，就立即按我的要求，根据在学校测量的数据，设计了具有江南园林特色的一段黛瓦白墙，围墙中间开了一个拱门，取名“桃李园”，也叫月亮门。门的两边还写了一副对联“开启智慧日灿烂，润泽生命花芬芳”。我一看他寄来的图纸，眼睛一亮，非常满意，马上付诸实施。不到一个月，一段古色古香的中间开着月亮门的黛瓦白墙建好了。老师们都说建得好，最能反映百年老校的建筑风貌。后来，何顾继德曾感慨万千地对我说：“漂亮的月亮门不仅装点了‘廊小’，也点燃了我深埋在心底报效家乡、继承先辈热心教育精神的激情。”

何顾继德老师来到学校后，我把我的思路、想法向他作了介绍。一是这次不是局部改造，而是校园整体改造，要和百年老校的风貌吻合一致；二是要把学校的文化历史自然地融合到校园环境中，不能牵强突兀；三是从学生学习成长的需要，设计学生喜欢又可生长、可说话的环境空间，能让学生与学校历史文化对话，与自然和谐相处；四是把廊下的地域民间文化融合到校园中，体现地域文化；五是学校的树木尽量不动，自然地融合到校园环境中；六是一次设计，分步实施。当时，我虽然感到自己的想法很好，但心里没有底，因为资金不知还在哪里。

“廊小”始建于晚清，经百年变迁，特别是在中华人民共和国成立后，几度改造，学校的建筑分布极不规范。要把百年“廊小”的特色文化、历史融入环境改造之中，谈何容易？何顾继德为实现我和全校师生的嘱托，为此苦思苦想了好几个不眠之夜。他在详细地考察学校建筑、道路、楼院、场地之后，画出初步方案，又与我反复推敲，一致决定以楼间空地设计相对独立的单元，突出地域特点，之后再用设计技术使之连接。这就是今天“廊小”“五园三区、双十景”的雏形。当然，这些景观不是一下子设计好的，而是通过不断修改、补充、调整、完善逐渐形成的。

设计方案出来后，我内心还有点忐忑不安：设计虽好，但资金如何解决？我将整理组织好的设计资料送到教育局，并在教育局班子会上用PPT作了汇报。局班子每个领导均当场表态支持“廊小”的规划设想，特别是分管局长施新章给予鼎力支持，希望在我的手里完成这件富有意义和价值的大事。“你们校长只要有思路，有想法，我们教育局就支持！”——做过基层初、高中校长的顾宏伟局长的这一句话，让我们这些基层校长感到很温暖，很有信心，也很有力量。

得到教育局领导支持后，“五园三区”校园改造正式拉开实施序幕。

桃李园，原来仅有一段由何顾继德老师设计的围墙，中间开着月亮门。正对西校门，是学生上学、放学的主出入口，前有书香苑，内有老房子，根据我的想法设计保留这个有意义的园门，开建以展示校史为中心的桃李园。改造前，“廊小”的一些文物史料都各自陈列于地面，在视觉中这些都是点。设计的要务——把点连成线，线连成面，面形成体，演变成有主题、有故事、有品位的文化空间。何顾继德先生对我说：“颐和园有园中园，桃李园也可以借鉴，建成既独立又不封闭的校史园。创始人何朱两先生于艰难中创校，为金山新教育之倡导者与实践者，应在园中树立起他们的雕像，形成景观中心，并由学校创始人后裔雕塑大师何鄂女士创作完成，这样零散的史料经组织便会形成有大气场的空间。”

不久，一个图纸上的桃李园，经施工由平面变成了一个立体的景观。桃李园内沿中轴线，从北向南依次排列着“廊小”的建校历程。你看，象征中华五千年文明的高台上，安放着何朱两位创校先辈铜像。向南走过老石条铺就的路面，陈列着何朱两先生纪念碑的残碑，它静静地竖立在基座上，似乎是在向我们陈述创校先驱的伟绩，又似乎在向人们控诉日军侵华的暴行。走过石狮柱廊，何朱两先生纪念堂石匾在青石砖台上陈列，下面是三块饱经沧桑的老石条，象征着“廊小”厚重的历史积淀。

最南端一栋陈旧的老房子，在如今乡下已难见到，然而，它却是孩子们战时的学堂，战时的家园。

地上不可无树，园中不可缺亭。设计时，何顾继德与我的想法不谋而合：何公静渊和朱公志贤，其名含义颇深。于是，以创始人何静渊和朱志贤两先生名字命名的静渊亭、志贤门——两景东西而立。

桃李园北边的两扇小门上面，我们把廊下地区民国时期“育英、启发、崇朴、崇本、敦仁”这五个很有内涵的村校名字刻在上面。虽然因为时代的变化这些村校不存在了，但这些村校名字不能消失，让它们的内涵继续发扬光大。

在桃李园的西南角，还有一座 2014 年由学校的老阁楼改建而成的“斗姥阁”。这是百年“廊小”的创始校舍、发源地，是百年“廊小”文化内涵的缩影，是对学生历史教育、感恩教育的最生动的教材。斗姥阁与桃李园连成一体，别致优雅。登楼四眺，静渊亭、何朱两先生铜像、志贤门、老房子、廊下老街、大舞台尽收眼底，特别有意思。

桃李园内，我们还设计了开智石、思源石、鲜军雕像、百年庆典纪念碑、百年老井、牡丹石等景点。粉红的桃花，洁白的李花，橙色的柿子，红色的石榴，黄色的无花果，错落有致，色彩缤纷。这一切，不禁让人想起，百年“廊小”，栉风沐雨，几经沧桑，但薪火相传，壮心不已。

就这样，一个浓缩百年文化的桃李园出现在大家的眼前。它不大，但很精致，自然而又紧凑地分布着十个景点，无不见证着百年“廊小”的传承，无不镌刻着百年“廊小”的文化，无不书写着百年“廊小”的历史。

独创性是设计的灵魂。优秀设计，不仅让参观者看到优美环境，更让参观者心动，给人联想。行政楼前的莲湘园，就是成功的一例。

新教学大楼与行政办公楼之间有一狭长条院。何顾继德先生经数十个不眠之夜，设计了展示“廊小”文化特色的莲湘园，很好地把地域文化、民间舞蹈打莲湘融合到校园中。这是最能展现“廊小”民俗风采的一处景区。她优美娴静，精雕细琢。

莲湘，是具有 100 多年历史的廊下民间舞蹈，已列入上海市非物质文化遗产名录。它是"廊小"最亮丽的艺术教育品牌，曾走进中央电视台、上海旅游节开幕式、上海世博园和上海国际艺术节亮相表演，它也是上海"非遗"进校园的成功典范。

莲湘园以莲湘为主题，水为魂魄，构成了一幅别具一格、富有特色的"水润江南"图景。一池，园池歌舞：园池中间有"能歌善舞"雕塑，大石鼓上面两个小孩在打莲湘，两个小孩在唱拍手歌，每当朝日东升，在身后绿竹园廊的衬托下，歌舞的孩子们脸上洋溢着幸福的光彩，让优秀艺术作品与江南风格的园林浑然一体，达到视觉艺术的至高境界。一河，小桥流水：从老井里时时冒出的泉水流向小河，小河上由四块老石条铺成的小石桥看上去特别有韵味。一湖，荷池咏春：荷池里有太湖石，有三曲桥，有荷花，有水帘洞，富有诗情画意。一池与一河用高点园廊隔开，园廊寓意"廊下"，还寓意"廊小"用宽广的胸怀迎接一批批廊小学子的到来。园廊上方有最能体现江南建筑风格的观音兜，围墙上开着五扇不同形状的花窗，上面还布置了有关莲湘的知识和荣誉奖状。走廊的一边安放了两只又长又微圆的没有靠背的木头凳子，供师生休息。一河与一湖，用一段开着月亮门的黛瓦白墙隔开。

这个设计很巧妙，走进莲湘园，首先看到的是一池"能歌善舞"雕塑和园廊，后面的景点都看不到。当走上园廊时才看到一河、小桥流水和月亮门，穿过月亮门才能看到整个湖的美景。好一个江南园林主题小花园，四季鲜明，鸟语花香，赏心悦目，令人流连忘返。园门上的对联"舞动莲湘靓廊下，放飞梦想秀神州"，寓意"廊小"学生爱莲湘、舞莲湘，从小放飞建设祖国大地的美好梦想。

新教学楼的东北角是莲湘园，西南角是桃李园，西面有一株巨松挺立，配以红梅、白梅、蜡梅，组成了教育学生精神品质的"松梅园"。它还是桃李园和莲湘园的过渡空间，与南北遥相呼应。

学校之所以要建造松梅园，主要是学校有一棵近八十年的大雪松，在建造学校教学大楼时，向西移了近 20 米，因为当时移动时请来了园林专家进行现场指导，一年后这棵雪松长势很好。另外，我觉得现在的独生子女大多吃不起苦，经不起困难挫折，需要一种坚强不屈的精神。我和顾老师多次研究讨论，最终确定建一个松梅园，因为梅花和雪松都有坚强不屈的精神。于是，学校又买了两棵百年以上的大梅树和十几棵颜色各异的小梅树，加上校园里移过来的两棵小雪松，组成了"松梅园"。为了让学生印象更深刻，我又通过评选雪松为校树，梅花为校花，并竖了介绍校树校花的牌子，加深学生对雪松和梅花的印象，进一步让学生记取梅花和雪松那坚强不屈的精神。园中有两段开放式的古色古香围墙，主墙上开了一个中式大门，门内外有两副对联，墙外“雪压青松松更翠，霜打梅花花更艳”——这是清朝诗人张惠言的诗句，它通俗易懂，朗朗上口，写出了松树梅花坚强不屈、积极向上的品质。我开玩笑说，这位清代作家是特地为我们百年“廊小”的松梅园写的。墙内“玉骨冰姿炼好学，盘龙吟风享青云”——这是复旦大学附属中学特级教师黄玉峰特地为松梅园题写的。松梅园的西南角我们竖放了一块大石头，上面写了也由黄玉峰题写的“松梅园”几个大字。

我非常喜欢松梅园，还特地写了一首拍手歌《松梅园》做成标牌插在里面：

你拍一，我拍一，松梅园里显生机。
你拍二，我拍二，校树校花有特色。
你拍三，我拍三，高高雪松入云天。
你拍四，我拍四，时时与楼比高低。
你拍五，我拍五，多彩梅花饱眼福。
你拍六，我拍六，迎春吐艳美心头。
你拍七，我拍七，两首咏诗记一记。
你拍八，我拍八，里外对联夸一夸。
你拍九，我拍九，松树梅花手拉手。
你拍十，我拍十，天天向上长志气。

松梅园里最为醒目的就是这棵又高又大的雪松了，是“廊小”学子在母校印象最深刻的一个记忆。学校建造“松梅园”就是要让学生多一个休闲与接触、亲近自然的地方，并从校树、校花身上不断得到启发，碰到挫折时，要像松树一样昂首挺胸，天天向上；碰到困难时，要像梅花一样自信自强，永不低头。

教学楼前设计了童趣园。因为新建的教学楼地基要比周围的平地高一米多，如果全部用台阶很难看，也不安全。我和何顾继德老师多次研究商量，最后决定开三个台阶，两边各一个，中间一个，台阶间各用一个长长的有坡度的大花坛隔开，花坛边上全部用磨光的大理石铺上，供学生闲坐，里面种上麦冬，靠走廊边种上一排红叶石楠，把学校办学理念“开启智慧，润泽生命”八个字用中英文的塑料字平放在两个花坛里。

教学楼前原有的树都没有移动，每棵树都用圆形的花坛围住，上面铺大理石，里面种瓜子黄杨、麦冬等植物。这些树荫下我们画了十个不同形状的"跳房子"，让学生课间玩耍，让"廊小"学生最纯真、最难忘、最美好的童年回忆，在这里留下。

玩是儿童的天性，是儿童最快乐的事情。在综合楼前面，我们设计了一个稚乐园。里面滑滑梯、独木桥、爬杆、单杠双杠、呼啦圈、脚踏车等，应有尽有。这里，体育课、体锻课，常有小朋友的加油声、嬉笑声；课间、午间、放学后，总有小朋友快乐的身影和幸福的笑容。乐园的南边，我们设计了一条葡萄长廊，叫"童趣廊"，如果玩累了，学生可以坐到葡萄架下休息休息，还可以下下象棋，玩玩九彩棒，多有意思。"童趣廊"三个字由上海著名语文特级教师贾志敏先生题写。

我们把运动场取名为运动区，也别有一番韵味。

你看，运动区不大，但很有视觉享受和文化韵味。红红的塑胶跑道，绿绿的人工草坪，白白的足球架子，古色古香的围墙，色彩鲜艳、活泼可爱的十二生肖，书山有路雕塑，各种各样的花草树木，组成了一个赏心悦目、流连忘返的活动大区域。学生在操场上，踢踢足球，打打羽毛球；做做操，跳跳舞；跑跑步，整整队；坐一坐，躺一躺；走一走，赏一赏……墙上的十二生肖似乎在不停地加油助威，多快乐，多舒服，多精神，多有趣！

学校的西操场，我们把它取名为表演区。

西操场的篮球场旁边，那里原是一小块绿地。因为我校没有室内体育场和小剧场，我想设计一个室外大舞台满足全校举行大型活动之需。

大舞台，怎样的构想才能与该园的整个景观融为一体？何顾继德为使设计有新意，在网上查阅了许多江南地方资料，但都过于复杂，造价昂贵。后来，他认真构思，在众多素描草图中确定了由江南的黛瓦白墙构成的大舞台：舞台背景用砖雕砌成，上面镶上"欢乐大舞台，雏鹰展风采"十个大字，周边用花纹围边，看上去古朴典雅。高大宽敞的中心演出区，两侧配以化妆准备间，老石条铺就的台阶、台沿，两台边角各安装古朴的拴马石猴、石象柱，石嘲风（龙九子之一），朴素简洁，新颖实用。现在，欢乐大舞台成了"廊小"学生展示风采最热闹的一个好地方。

你看，古色古香的大舞台是它的中央，大操场是它的观众席，枝叶茂盛的香樟树是它的布景，现代先进的音响是它动听的歌喉。这里，是学生展示风采的好地方。这里,可以天天有活动,周周有表演,月月有比赛,年年有节目,是学生施展才华的舞台。这是学生健康成长的练场,是学生成就梦想的起点。

北校门南面的区域,用石板铺设,东边是操场,西边有莲湘园、童趣园、稚乐园,种了很多树,有很多供学生休息时坐坐躺躺的花坛,我们取名为休闲区。

你看,"文渊德厚"主题巨石醒目而有灵气,形态各异的花坛里有香樟树、桂花树、棕榈树、柚子树、五针松,还有多种草本植物。一条砖石路,古朴又坚实;司令台、升旗杆,庄重又气派。热了、累了、闷了、烦了,到休闲区歇一歇,换换心情。可以在花坛上躺下来,看看蓝天,赏赏白云,数数树缝里的光线;可以在石凳上坐下来,擦擦汗,透透气,松松筋骨伸伸腰;可以沿小路走一走,赏赏美景,闻闻香飘校园的百年桂花香;也可以停步驻足,找找鸟窝,听听悦耳动听的鸟叫声……

五园三区既独立,各有主题,又衔接自然,为学生们丰富多彩的校园生活提供了赏心悦目的活动场所。

在原有十景点的基础上,在"五园"里学校又新建了新十大人文景点——"静渊亭""志贤门""何朱两先生铜像""1917 年老照片石刻画""村校边门""能歌善舞雕塑""校训石""思乡泉""欢乐大舞台""牡丹石"。这新十大人文景点,有的历经了百年风雨,有的是近几年的新作,但都蕴涵了丰富深刻的教育意义。

校园改造后的围墙,黛瓦白墙,砖雕花窗,古色古香。如果再配上一些画画,让围墙动起来、说起来,一定更富有美感、更有文化。

画什么好呢?我有两个想法:画的内容一要小朋友喜欢,二要和百年老校的风貌吻合,能体现传统文化。我多次思考,决定运动区边上的围墙画十二生肖,教学楼后面的围墙画中国传统节日。

我首先在网上找了很多有关十二生肖的图片,最后选择了栩栩如生的十二生肖儿童画。我还问有关律师:"把网上的图片画到墙上会不会侵权?"律师说你没有商业盈利,完全是为了学生、为了教育应该没问题。于是,我又找到了很多有关十二生肖的成语、歇后语、诗句,特别我找到了"周恩来谈十二生肖,一语震惊世界"的故事,非常激动。里面的内容非常精彩,讲到了十二生肖分成六组,两两相对,六道轮回,体现了我们祖先全部的期望和要求。我深受启发,把十二生肖六组寓意也一起写上去,每个生肖一张图,图的左边写成语、诗句和歇后语,图的右边写生肖每组的寓意。除了这十二张生肖图,我还找到了一张十二生肖画在一起的非常有趣味的金奖图,单独作为一张图画在围墙上,图的一边写十二生肖的来历,图的另一边写十二生肖简介。

为了吸引小朋友的兴趣,增添趣味,我特地用了两个星期写了一首《十二生肖》的拍手歌:

你拍一,我拍一,小小老鼠排第一,神出鬼没行踪奇。
你拍二,我拍二,黄牛勤劳耕田乐,昼行夜归好样儿。
你拍三,我拍三,老虎大王住深山,威名天下浑身胆。
你拍四,我拍四,白兔蹦跳真有趣,神游月宫伴相思。
你拍五,我拍五,飞龙在天任狂舞,蛇欲吞象撑破肚。
你拍六,我拍六,快马加鞭齐加油,电疾如风超一流。
你拍七,我拍七,羊羔吃草笑眯眯,神情悠然咩咩啼。
你拍八,我拍八,猴子常住林中家,开心顽皮树上爬。
你拍九,我拍九,金鸡报晓显身手,小狗扬头把门守。
你拍十,我拍十,胖猪随和有福气,仙卧不问尘间事。

我还请了我校校友、金山区著名农民画画家怀明富在拍手歌的左右下面画了十二生肖,让这首拍手歌更显童趣、更有魅力。

在设计中国传统节日墙时,我也动了不少脑筋,不是简单地画几幅图,写一些文字,而是要有特色、有亮点、有趣味。我再三考虑,最后决定用一首拍手歌和一幅农民画表达一个传统节日,拍手歌是我校德育教育的一个品牌,深受学生喜欢,农民画是金山的文化特色品牌,享誉海内外。

于是,我马上酝酿创作中国传统节日的拍手歌,我查阅了大量的资料,包括廊下地区的民俗习俗,用了整整一个月的时间创作了《春节》《元宵节》《清明节》《端午节》《中秋节》《重阳节》六首拍手歌。写《春节》时,我特地把小时候大年初一摇竹头希望快快长高的趣事写了进去。写《端午节》《中秋节》时,我还把廊下地区端午节吃四黄一蛋(黄鳝、黄瓜、雄黄酒、黄鱼、咸蛋)和中秋节吃红菱、芋艿的习俗写了进去,以增添地域文化的内涵。我把这六首拍手歌交给校友、农民画画家怀明富,要他根据拍手歌内容,每个传统节日画一幅农民画,我要求凡是拍手歌中写到的都要在农民画中体现,拍手歌中没有写到的但又能体现金山习俗的也尽量画上去。他初稿出来后,我和顾老师又提出了很多修改建议，最后画出了我非常满意的六幅农民画。

因为这些生肖画和传统节日画都经过何顾继德精心设计，他很讲究位置、大小、色彩、字画搭配，所以画上去的画和围墙很协调，非常赏心悦目，成为一道亮丽的风景线。

2013 年，学校环境改造基本完成，我和何顾继德不约而同有了一个想法，最好请一个名人把校园改造的事记下来，写一篇《百年廊小重修校园记》。

请谁呢？我托了很多教授，他们也推荐了很多名人，但我总觉得不太合适，要么我和顾老师都没有听到过，要么有名气但与廊小没有一点关系，原打算约一个名人到学校看看，但该名人事情多不便来学校，没有来过学校要写印象记我总觉得不妥。

正在我左右为难时，突然放在我办公室茶几上的《黄河母亲》微雕映入我眼帘，让我有了启发，就请我们的学校创始人后裔、全国著名雕塑家何鄂来写。何鄂对家乡、对百年廊小充满感情，又多次回她先辈创办的百年廊小，对“廊小”非常了解，非常有感情。她是全国数一数二的女雕塑家，文采又好，是写《百年廊小重修校园记》最合适的人选。我和顾老师一说，他说好呀，还主动说让他和他姐何鄂一起写。当天，我就给何鄂大师通了个电话，何鄂也一口答应，说非常感谢学校看得起她。就这样，何鄂与何顾继德用一个月左右的时间写好了《百年廊小重修校园记》，文章如下：

百年廊小，文渊德厚，志远行近。

清光绪三十年(1904 年)，金山教育先驱何静渊先生于廊下镇斗姥阁创办开智初小。民国二年(1913 年)，实业家、教育家朱志贤先生担任校长，独捐巨资，扩大校舍，广招学生。何朱两先生克服时艰、投身教育的办学精神和“开启智慧”“报效社会”的办学理念影响深远。民国二十三年(1934 年)，百姓自发筹钱建造何朱两先生纪念堂。民国二十六年(1937 年)，日寇进犯廊下，学校被焚毁。民国二十九年(1940 年)，廊下有识之士借旧警察所作校舍。抗战胜利后，国民政府在原校址重建校舍。

1949 年新中国成立后，历经“危房改造”“达标工程”等建设项目，学校规模日益扩大，办学条件日益改善。

2004 年，学校百年庆典。相继创建“开智石”“何朱两先生纪念堂遗址”“老房子”“新校门”“鲜军雕像”“书山有路”等十大人文景点。

2012 年，实施“校园安全工程”，新大楼建成。校长朱保良先生团队和何先生后裔何顾继德先生再次对校园倾心规划设计，由区教育局出资新建桃李园、松梅园、莲湘园、童趣园、稚乐园、运动区、休闲区、表演区、斗姥阁和何鄂雕塑馆等“五园三区”“一阁一馆”，新增“静渊亭”“志贤门”“何朱两先生铜像”“1917 年老照片石刻画”“村校边门”“能歌善舞雕塑”“校训石”“思乡泉”“欢乐大舞台”“牡丹石”等新十大人文景点。新大楼内外布置，赏心悦目，廊小精神，逐一展现。

2013 年，校园文化建设喜结硕果，十大人文景点荣获上海市教育系统校园文化建设优秀项目奖，学校荣膺上海市校园文化环境建设示范校称号。

弘扬“开启智慧，润泽生命”之精髓，将百年传统之神韵，寓于校园环境之建设，迸发生态、建筑、文化与艺术相得益彰、相融相合的独特江南园林魅力。目光之所触，文化即所在，移步之间，经典流转，景景有问，物物是文。它不仅是具体的、鲜明的，同时也是承载着学校悠悠历史、文化乃至广大师生、校友情感和理想的标识，必将激发起时空穿越的浪漫与人景对话的激情，达到自然与人文和谐统一的境界和润物细无声的育人效果。

星斗虽移，光华永存。如今何朱二公高台临风，定会欣然含笑，感慨廊小精神历久弥新。时代虽变，任重道远。今日，你我后辈擎帜前行、风雨同治，共筑廊小一个又一个美丽的教育梦。

美哉，妙哉，壮哉，百年廊小！

2013 年，学校将此文以石碑的形式竖在桃李园内，成为一个有故事、有内涵、有历史的一个文化景点。

2016 年，学校还拍摄了一部 15 分钟的专题片《一所百年老校的文化情怀》，2016 年 11 月 11 日此片由上海教育电视台播放。该片无论是镜头、解说词、播音员都非常棒，全方位、多角度地把学校“五园三区、一阁一馆、双十景”展示了出来，凡是看过的领导和专家都说拍得好，拍得精彩，令人身临其境，赏心悦目。解说词是我亲自写的，我对拍摄的要求很高，签合同时特地写了一条：直到学校满意为止。结果，拍摄方觉得我的要求太高，要亏本。因为合同上写着，他们也没有办法，只好拍到我满意为止。后来，拍摄方说，他们虽然拍得很辛苦，也赚不了钱，但他们从这部片子中学到了如何精益求精的精神，对他们以后拍片有很多启发，他们还常把我校的专题片当作样片作宣传。

可以这样说，我校的“五园三区”，如花园似园林，园园有文化，区区显生机，折射出学校特有的历史传统、教育思想、精神气质。在这里，学生快乐生活；在这里，学生智慧学习；在这里，学生幸福成长。课余饭后，学生三五成群，或打闹嬉戏，或赏花追蝶，或聊天休憩，一改一般校园户外空空荡荡的传统形象。很多来过我校的领导和专家都说：“廊小”真美！“廊小”学生真幸福！

“五园三区、一阁一馆、新十景”，是何顾继德先生废寝忘食、呕心沥血、亲历现场、精益求精，用心用情又用智凝聚而成的。顾老师为了设计出我校有文化品位的环境，他经常反复看校史，还要了解廊下的民俗民风，廊下的建筑风格。所以你看到的廊下小学的校园，会感到校园里的建筑和江南建筑的地域风貌非常吻合。有时候，一个景点的设计，顾老师要反复修改，具体实施建造时还要亲自到现场指挥、修改、完善。有些建筑材料，顾老师亲自到各地购买，有的送过来不满意就退回去。所以，顾老师设计的景点品位特别高，特别精致自然。参观过廊下小学校园的领导、专家、嘉宾无一不啧啧称赞。可以这样说，廊小的每一个景点都融进了顾老师的汗水、智慧和对家乡的又浓又深又厚的感情。有位专家临走时对我说：“朱校长，真的非常感动，这样的校园是顾老师用深厚的家乡情和过硬的才华造诣设计出来的，一般的专家哪怕一流的设计师也很难设计出来。更可贵的是，你们这些文化景点独一无二，不是有钱就能搞出来的。”

这里说一下何顾继德老师在我们校园改造中发生的三个小故事。

有一天晚上，我约好何顾继德老师第二天上午八点半来学校商量一些设计方面的事。第二天，到八点半还不见顾老师来，就打了个电话给顾老师。结果，顾老师说了句话：啊，天亮了。原来顾老师为了设计校园，开了个通宵，连天亮了都不知道。他说，有时有了灵感或赶时间经常要设计到通宵。后来，我常提醒顾老师要保重身体，毕竟他已七十多了。

有一天，学校要安装莲湘园里的“能歌善舞”雕塑。那天，下着毛毛细雨，原定用两天时间安装，因为天气预报说第二天要下大雨，顾老师决定当天要安装好。于是，顾老师就撑着雨伞在现场指挥，从上午九点钟到第二天的凌晨二点钟，整整十五个小时，除了吃学校买过来的两顿盒饭，几乎没有休息一会儿。安装好后，顾老师全身几乎湿透，回到宿舍洗好澡已经将近三点钟了。

顾老师的爱人满老师生胆结石，医生说要住院开刀，好几次要顾老师回去陪她住院。但顾老师总是说手头的活还没有干好,再等一段时间。直到三个月后,顾老师忙完学校的事后才回去陪爱人住院开刀。

多么感人的事例啊!廊下镇领导为此也深受感动,特地为何顾继德安排了一套装修好的三室两厅公寓。现在,顾老师基本常住在廊下,学校只要需要,他随时就过来。近几年来,顾老师又先后帮学校设计了图书馆、书法教室、百年廊小赋碑、百年复旦与百年"廊小"牵手纪念碑等高品位景观,铸就了一个越来越富有灵性、越来越有文化韵味和文化魅力的花园校园。

作为和顾老师一起走过来的我,真的为之十分感动,发自内心地写了一首题为《顾继德》的拍手歌,让孩子们不忘这位为"廊小"校园文化建设作出特殊贡献的高级工艺美术大师:

你拍一,我拍一,百年廊小怎忘记?
你拍二,我拍二,创校后裔顾继德。
你拍三,我拍三,设计校园整三年。
你拍四,我拍四,用心用情又用智。
你拍五,我拍五,废寝忘食干劲足。
你拍六,我拍六,家乡情感重又厚。
你拍七,我拍七,校园布局多精致。
你拍八,我拍八,高雅古朴谁不夸。
你拍九,我拍九,功在当代润心头。
你拍十,我拍十,利在千秋载历史。

现在,你如果走进"廊小",目光之所触,即文化之所在,移步之间,经典流转,景景有问,物物是文。它不仅是具体的、鲜明的,同时也是承载着学校悠悠历史、文化乃至广大师生、校友情感和理想的标识,必将激发起时空穿越的浪漫与人景对话的激情,达到自然与人文和谐统一的境界和润物细无声的育人效果。

"天时地利人和"成就了今日的"廊小"校园。作为"廊小"人,我们生活在具有悠久历史和文化积淀的校园里,既是一种幸运与幸福,也是一种滋润与韵味。"廊小"对百余年来校园文化的追寻和践行,得益于我们整个团队对"文渊德厚,志远行近"八字校训的倾心理解,得益于我们团队对"开启智慧,润泽生命”办学理念孜孜不倦的追求，也得益于我们团队对学校的爱心、用心和真心，更得益于中共金山区区委、区政府领导，廊下镇党委、镇政府和金山区教育局对校园文化建设的重视和厚爱。

第三节 故事多多、意义多多的“双十景”

走进今天的廊下小学，漫步在三步一景，徜徉在五园三区，你处处看到的是浓厚的文化积淀，时时听到的是优美的文化旋律，每每闻到的是浓郁的文化气息，常常悟到的是久远的文化启迪。

这自然分布在五园三区里的“双十景”，充分显示了“廊小”浓厚的文化积淀，正成为校园文化的一面旗帜，成为一部活生生的、立体的优质育人的经典校本教材。它既有历史纵深感，又有鲜活的时代气息。它使润物细无声的环境熏陶、睹物思情的历史浸染和英雄贤达的言行引导等教育手段，与学校日常的教育教学水乳交融地结合在一起，构成学校教育的有机整体。

“西校门”——这一被称为“书意盎然”的校园第一景，每天清晨，当孩子们背着书包踏进时就开始日复一日无声地熏陶着孩子们。

这西校门，看似简朴，但内涵很深！那大门右侧，有一根又粗又高的圆柱和三面梯次墙面组成的立体画面，能给人以无限的启迪和想象的空间。那根圆柱，既形似一支笔，又象征一根栋梁；三面梯次墙面，既形似三本书，又象征万卷书，蕴含着“读书破万卷，下笔如有神”的诗意，体现着“读书自强，立志成才”的积极向上的精神风貌。大门两旁，颜色鲜艳的花草树木把校门点缀得生机盎然，红色象征着红领巾，绿色象征着绿领巾。

这西大门，是孩子们每天上学的必经之门。如果说校园“双十景”是一部立体教科书的话，那么，这西大门就是这本书的“序”。每天它都在以自身的形象“润物细无声”般地教育孩子们——“天天要写好字，天天要读好书，长大了做祖国的栋梁之才”。

说起这个景点，还真是无心插柳柳成荫。

有一天放学时间，我正在校门口值班，无意听到一个家长说起校门口这根柱子像一支笔，我一看真像，再一看旁边弯弯的围墙像三本书，我又看看想想，这根柱子又可寓意栋梁，像三本书的围墙也可寓意万卷书。这不就是一个普通而富有内涵的一个景点吗？就这样，西校门成了“廊小”第一景。

进入西大门，那右侧不远处，就是校园景观之二——“书香苑”，即学校图书馆，这是师生求知的乐园。

“书香苑”，这是由我国著名教育家吕型伟先生取名并题写的。它是学校2005年通过社会各界集资13.1万元，将老食堂改造建成。2014年，书香苑又作了重新修缮，古色古香，分上下两层，总面积340平方米。一楼是藏书出借和教师阅览室，二楼是学生阅览室。

整个书香苑，中式装饰，古朴典雅，是师生理想的读书圣地和求知乐园。“书山览胜多奇趣，学海探骊有异珍”，门两边的这副对联，是上海市著名特级教师、当代教育名家钱梦龙先生专门为书香苑所写。书香苑是廊小一道赏心悦目、文化气息浓厚的风景线。

校园景观之三——“开智石”。1904年，廊下名人何静渊先生在斗姥阁上创办“开智初等小学”，拉开了廊下小学教育的序幕。为了让学生牢记这段历史，2004年，学校在“开智初等小学”的原址，竖起了一块太湖石，特请学校创始人何静渊先生的第四代后裔、全国著名雕塑家何鄂女士和她的爱人张玄英题词，将“开智”两字刻在这块太湖石上，成为学校一景。

“开智”两字，寓意深刻，含有“开启智慧，开发智力”的意思。如今，学校在继承传统的基础上，赋予这两个字新的内涵——“开”是“开心果”；“智”是“智多星”，这也是学校跨入新百年后制定的培养目标：要让廊小学生成为快乐生活、健康向上、能歌善舞的“开心果”和全面发展、兴趣广泛、敢于提问的“智多星”。如今，“我是开心果，我是智多星”已成为了廊小学生共同追求的目标。我们感谢何静渊先辈，为廊下教育开创了先河。我们要永远让“开智”成为百年廊小巨大的精神感召和思想财富，始终引领廊小走向更美好的明天，也希望这块普通的太湖石成为我们廊小的动力源泉。

在廊下的校园“双十景”中，最有历史传承的要数校园景观之四——“何朱两先生纪念堂遗址遗迹”。

喝水不忘挖井人。一百多年前，学校创始人何静渊先生呕心沥血，一生先后为家乡办了三所学校；创始人朱志贤先生接任校长后，独捐巨资，扩大校舍，几年后，学校规模和影响在金山与平湖首屈一指，教育部嘉奖了朱先生。何朱两先生的办学精神和“开启智慧、报效社会”的办学理念引起强烈反响。1934年，老百姓自发筹钱建造“何朱两先生纪念堂”，并立碑纪念。1937年，日寇进犯廊下，学校纪念堂被焚毁，仅遗存碑额和刻有“何朱两先生纪念堂”的横匾。

2004年,学校找到了何朱两先生纪念碑碑文,并将全文刻在一块铜牌上,连同遗留下来的碑额和石匾一起存放在当年纪念堂的遗址上。2013年,学校对该景点又进行改造设计,使何朱两先生遗址遗迹更有文化内涵、更有历史痕迹、更有教育价值。2016年,学校"何朱两先生遗址遗迹"被金山区列为金山区文物保护点,成为一个永久要保存的景点。

在桃李园的东北角,有一尊"勇敢的鲜军"雕像。这是校园景观之五,是由学校创始人后裔、全国著名雕塑家何鄂,在2004年百年校庆时赠送给学校的,旁边石碑上的《勇敢的鲜军》这首诗也是何鄂创作时的真情流露,有感而发。

1997年8月1日下午2时许,廊小校友张鲜军在金山石化戚家墩海滩边为抢救三个落水孩子而光荣牺牲,年仅22岁,同年被上海市人民政府追认为革命烈士。雕塑前的草地上排列了22块条石板,象征英雄走过的22个春秋,其中18块条石组成大海,4块组成海燕,寓意英雄在海浪中救人的壮举,灵魂像海燕一样飞翔。

张鲜军是廊下小学的校友、家乡的英雄、廊下的雷锋。学校缅怀他,不仅仅因为他舍己救人英雄壮举,事实上他就是一个助人为乐、无私奉献、敬老爱幼、诚实守信、勤奋好学、自强乐观的平凡人,一个人人可学可做的非常普通的人。"鲜军精神"是廊小一笔宝贵的精神财富,做"鲜军式好少年"已成为全体学生的荣耀和追求。

在学校的南侧,至今依然有一排陈旧的"老房子",这是校园景观之六。

老房子,那开窗的房顶,低矮的屋檐,残破的砖壁,还有风一吹会发出"丝丝"响的木窗,与新校舍形成强烈反差。曾有人向学校提议砌一堵围墙或种一排冬青树遮挡起来,可我作为校长,却非常钟情这幢老房子,因为它有"故事"。

我从一位老校长那里了解到,老房子是廊下镇上世纪30年代的警察所,1937年,廊小校舍被日寇全部烧毁,小朋友没有地方读书,当年有识之士借用这幢老房子做校舍,断断续续办了五年。在这个老房子的旁边还有当年校舍烧毁后残留的三块柱石。这是历史的见证。2006年,学校在老房子边种了许多桃树、李树。现在,看到老房子,就想到学校百年沧桑,历史悠久;看到石柱,就联想到日本人多么凶恶残暴,把我们的学校都烧掉了;看到桃树李树,就想到百年育人,桃李满天下,硕果累累。老房子成了学校校史教育和爱国主义教育的生动教材。2013年,学校在老房子北边列了一块介绍"老房子"的石碑。

在桃李园里，还有一块“思源石”，旁边还有一口百年老井。这是校园景观之七。

听老教师说，以前没有自来水的时候，师生就靠井喝水、烧饭、洗手、洗东西的，是学校必不可少的生活朋友。后来，有了自来水就不再用井水。但这口井永远有历史意义，它记录了曾经的时代特征和校园生活，是永远抹不去的历史记忆。

这块刻着“思源”两字的椭圆形花岗岩石，静悄悄地摆放在古井的旁边，意在“饮水思源”。小学，是人生中的一个重要阶段。如果小学毕业那天，在校园里度过五年学习生活的孩子们，能站在“思源”石旁，坐在井圈上，在这里留影纪念，那将是刻骨铭心的。

在桃李园的东南角，有一块红色大理石。这是一块“昭示未来”的廊下小学“百年庆典纪念碑”。纪念碑长 204 厘米，宽 104 厘米，上面篆刻着学校创始人后裔何鄂女士的题词：“百年庆典，盛誉圆满，有识之士，慷慨资助，万元以上，刻碑铭记”。2004 年 10 月 18 日，学校成功举行了以“站在新百年的起点上”为主题的百年庆典。学校为纪念百年庆典，感谢社会各界尤其是慷慨资助万元以上的单位和个人，特刻在“恩泽桃李、惠润子孙”为主题的石碑上，以志留念。这是校园景观之八。

校园景观之九——“中国传统节日文化墙”，坐落在新教学楼的北面。

文化墙上，一首拍手歌，一幅农民画，组成了一个传统节日。通过节奏欢快、朗朗上口的拍手歌和具体形象、色彩鲜艳的农民画这种图文并茂的特有形式，展示了春节、元宵节、清明节、端午节、中秋节和重阳节等六大节庆在江南水乡自然而又生动的生活情景，使传统民俗民风变成了赏心悦目、陶冶情操的景点，给校园增添了浓厚的文化韵味。

节日文化，就是一本教科书；民俗传统，就是一部生活史。金山农民画是艺术，拍手歌是人文，两者相得益彰，让传统节日更具生机。如今，中国传统节日墙成了廊小学生接受传统节日教育的很好途径和方式。

文化离不开书，书是文化的结晶。在运动区的西南角，高耸着一座银光闪闪的不锈钢雕塑，这便是校园景观之十——“书山有路”雕塑。

远望，雕塑抽象地形成一个“书”字，象征知识，象征教育，又象征着学校悠久的历史和丰厚的文化底蕴。金色的圆球形如初升的太阳，又似丰收的硕果；环绕的 B 型飘带，既隐喻盘旋向上的求学路，又合“百”字音序，隐含了百年之间,学校虽久经沧桑,但唯有求知依旧的深意;中间部分形如两只展翅欲飞的雏鹰,带着信心与希望奋勇拼搏,正飞向美好的未来,预示着廊小学生美好的前程。

整座雕塑,突出了"书山有路勤为径"的主题,不仅给人一种积极进取、奋发向上的激励,而且给人亲切、祥和、宁静的心灵感受。教师教书育人,学生读书成人,"书",成了廊小师生的共同朋友。

校训,是学校的灵魂。好的校训,是师生立身处世的前行标杆,也是价值信念的传承。在廊小,对准北校门和西校门,分别有两块巨石,上面分别刻着"文渊德厚""志远行近"几个大字。这是校园景观之十一——"校训石"。

"廊小"概括提炼出的这八字校训,不仅对学生的成长具有提示、引导和激励的作用,也蕴含着学校悠久的历史和丰厚的人文内涵。其含义是学校是所百年老校,文化积淀深厚,重视道德修养,具有博大的胸怀。虽是一所农村小学,但有远大的理想和崇高的志向,更有脚踏实地的作风和一丝不苟的精神。我们把八个字刻在两块大石头上,"文渊德厚"刻在对准北校门的巨石上,"志远行近"刻在对准西校门的巨石上。

为缅怀和感恩两位先辈,2013 年,全国著名雕塑家、学校创始人后裔何鄂女士怀着对先辈的崇敬、自豪及后辈的荣耀和责任创作了能展现两位创业者的时代特征与感人形象的作品"何朱两先生铜像",这是校园景观之十二。

何朱两先生铜像,栩栩如生。你看,两先生边走边交谈,何先生身穿长袍大褂,举手指点,显得非常沉稳、坚毅;朱先生是一位受新思潮影响的,富有朝气、抱负远大的年轻人。他西装革履,倾听中凝视远方,眼光中透露出追求理想的神采。他俩仿佛在商讨学校大事,又仿佛在赞叹后人把校园改造得如此美丽有文化。"廊小"学子将永远缅怀和感恩两位先辈。

"静渊亭"——这一"书香之地",是校园景观之十三。

静渊亭,是六角亭。木柱木长椅,古色古香,坐落在桃李园的西北角,是师生休息的理想处所。亭上有两副对联,一副是由全国著名书法家、陕西书院院长薛铸先生题写的"书山有路趣为径,学海无涯乐作舟",寓意廊小学生不要死读书、苦读书,要快乐读书、有趣读书。另一副对联是由何顾继德撰文,全国著名书法家、西安碑林博物馆原馆长高峡先生书写的"江南山水春秋气象入画卷,华夏诗书古今演义汇学堂"。"江南山水"代表"静","华夏诗书"代表"渊",与创始人何静渊的名字有联系。六角亭取名"静渊亭",一是为了纪念创始人何静渊先生,二是寓意学生要静下心来读书,做一个知识渊博的人。现在,静渊亭成了学生课余休息、读书、交流、游玩最喜欢的一个去处。

在桃李园通向稚乐园的东墙上,有一个"志贤门",寓含"提升抱负"之意。这是校园景观之十四。

志贤门是仿照民国时期大户人家的大门建造而成,两边摆放一对有上百年历史的石狮子,威严而庄重。朱志贤先生有一句名言:"人在年富力强的时候,正是应当为社会服务效劳的时候。"从这句话中就可以看出朱志贤有远大的志向和抱负。志贤门上有一副对联,横批"志贤门"三字由市教委基教处原处长余利惠题写;对联"志同办校泽乡邻,贤达育人润学童"由朱志贤先生的后裔、一个普通的银行职工朱晓先生撰写。学校建造"志贤门",一是为了纪念学校创始人朱志贤先生,二是寓意学生每天进出志贤门,努力做一个有志、有德、有才的小学生。

在桃李园里,还有一幅"石刻画",刻着 1917 年的一张老照片。这是校园景观之十五。

这张老照片是 2004 年百年庆典时一位老校长赠给学校的,是迄今为止有关学校办学历程最老的一张照片,摄于 1917 年 5 月 20 日。照片是学校另一位创始人朱志贤去世后举行追悼会时全体师生的合影。照片上共有 75 人,其中 7 位教师,68 位学生,包括 17 位女学生。非常惊奇的是,照片上的石头至今还存放在校园里,更显弥足珍贵。

2013 年,学校创始人后裔何顾继德先生按照老照片的样子创作了这幅石刻画,并携全家将这幅石刻画捐赠给了学校。这张石刻画,既说明学校历史悠久,也说明了创始人朱志贤先生在当时社会上的地位之高和老百姓心目中的影响之大。

校园景观之十六为"村校边门",这是一种难以割舍的村校情缘。

你看,在"桃李园"的北墙上,有两扇边门,门上方刻着解放前廊下地区五所村校的校名和建校时间,有"崇朴、崇本、敦仁、育英、启发"。村校就是开设在村子里的学校,多好的村校名字啊！校名就是一个办学理念,我敬佩当时取名的教育先辈。虽然村校已不复存在,但村校在教育历史中的作用和地位是不能忘记的。尤其是曾经就读过村校的学子,那村校情缘是难以割舍的,站在昔日的校舍前,内心依然充满着难忘的回忆。学校把这些取得特别好听的村校校名刻在桃李园边门上面,就是让老师和小朋友永远记住这些村校,记住这段历史。现在我校提出的“智慧课堂”与“启发”有很大的关系，办学理念“开启智慧，润泽生命”就体现了“崇本”的理念，现在学校环境设计也很好地体现了“崇朴”的思想，这些校名的内涵继续在发扬光大，让百年廊小更富有历史文化韵味。

桃李园里，有一块非常珍贵的“牡丹石”，作为校园景观之十七。它是新廊下人——上海发力电子箱柜有限公司杨文辉总经理捐赠的。

牡丹石是一种世界奇石，被列为世界珍稀品种。它质地细腻，底色为黑，间布或白或绿的纹理，状如一朵朵国色天香的牡丹，形态逼真，图案清晰，妙趣天成，有的如含苞，有的似盛开，酷似牡丹，故名牡丹石。据专家考证，牡丹石是在15亿年前的地壳运动中，由晶体状的火山熔石随其他岩浆流动混合而成，世界上独一无二，只有中国洛阳有极少的储量，且是不可再生的天然资源。河南省人民政府赠送给中央人民政府的一块牡丹石就存放在中南海紫光阁，可见牡丹石之珍贵。

那么，这块牡丹石是如何来的呢？廊下有个“上海发力电子箱柜有限公司”，学校为该公司的两个员工的子女解决了读书的后顾之忧，公司老板非常感谢我，要送我贵重礼品，我谢绝后他要给学校捐款，我也谢绝了。我说，如果他在我刚开始做校长的时候捐款，我肯定需要，而且越多越好，那时学校资金非常紧张。但现在，我们的资金已经有了保障，不需要大家再捐款了，但他的心意我领了，再说他把公司开在廊下，成了新廊下人，也在为廊下作贡献，学校有责任解决他公司职工子女就学问题。事情就这样过去了。有一天傍晚，我正好散步走到该公司门口，看到公司门口有一块花纹很好看的石头，再朝里面一看，草坪里还有好几块这样的石头。我马上给公司老板杨总打了个电话，我说他以前赠送礼品我不要，他给学校捐款我也不要，现在我校正在校园环境建设，我看中了他公司里的石头，我要一块怎么样？杨总说没问题，让我随便挑。第二天，我带了我校校园环境总设计师顾老师和总务主任刘老师把这块石头带了回来。这就是校园景观“牡丹石”的由来。

校园里有如此珍贵的一块牡丹石，将给师生带来好奇，带来吉祥，带来知识，带来美的享受。现在，学生看到这块牡丹石，既能了解牡丹石的一些知识，也会知道新廊下人建设廊下的热情，更能让学生感受到爱的教育，从小树立起长大后也要把爱洒向社会、回报母校的感恩志向。

莲湘园中最引人注目的是“能歌善舞”雕塑。这便是校园景观之十八。

这座主题为"能歌善舞"的雕塑,"歌"就是指"拍手歌","舞"就是指"莲湘舞"。水池里大大的、圆圆的石鼓上,两个小朋友在跳莲湘舞,两个小朋友在唱拍手歌,栩栩如生,寓意廊小学生阳光自信、活泼可爱、快乐健康的精神风貌,也象征着廊小学生人人会唱拍手歌,个个会跳莲湘舞的特色风貌。"能歌善舞"是廊小学生的重要特征,是开心果的重要体现。

莲湘园里,有一个景点叫"思乡泉",含"情深意长"之意。这是校园景观之十九。

来到莲湘园,你看,那弯弯的园廊边,古朴的老井里流出阵阵清水,流过小石桥,流向春意盎然的荷池。荷池旁边有个园门,上方写着"廊桥望月",古井边的石头上刻着"思乡泉"。这个景点是根据一个真实故事而设计的。

有一次,我无意听到这个故事。1937 年,日本人侵入我国,何鄂一岁不到和全家被迫离开家乡,最后逃难到西安落脚。每年,到了中秋节,何鄂奶奶总要拉着何鄂和何鄂胞弟何顾继德的手,坐在窗边,边欣赏月亮,边教姐弟俩背"举头望明月,低头思故乡"的名句,还教姐弟俩学廊下话,说等她姐弟俩长大后或退休后回到家乡,用家乡话和家乡人交流,在有生之年,尽可能地为家乡做一点事。20 世纪 90 年代,姐弟俩带着奶奶的嘱托和期望,寻根到了廊下,在何家宅基地旁双手捧起了一把泥土,用手帕包好带回家。从此,何鄂姐弟俩经常回家乡,为家乡的文化教育事业做了很多功德无量的好事。何顾继德先生说,他和姐姐何鄂虽然生活在遥远的西安和兰州,但他们姐弟俩始终对家乡对百年廊小充满着思念之情,特别到了中秋节、春节。2012 年,我校在校园改造时,我要何顾继德先生把这个故事设计成一个景点,于是校园里就有了"思乡泉"这个景点。

"廊小"的校园内,还有一个很引人注目的景点——校园景观之二十,那就是将景与人融为一体的"欢乐大舞台"。它位于西操场表演区,是展示学生风采的地方。

大舞台,2013 年建造,古色古香,富有乡土韵味。学校利用"快乐活动日"时间,每个年级、每个班级、每个同学每学期都要上欢乐大舞台表演,还邀请老师和家长一起参加活动。一开始,一些班主任怕影响节目质量,总是不让调皮的学生参加。后来,我反复强调我的理念是让每个学生找到自信,必须人人上舞台,不在乎他表演的水平如何,我们在乎的是他上台有没有自信、有没有快乐、有没有参与体验。现在,所有的学生都上台表演了,"欢乐大舞台"成了我校“开心果”“智多星”上台展示才能的好地方。

“欢乐大舞台，雏鹰展风采，人人上舞台，班班有风采”成了活动最响亮的口号。大舞台给了学生快乐、自信，给了每一个人、每一个班级展示风采的机会。胆小害羞不用怕，多上舞台就胆大。廊下小学的学生胆大自信、阳光可爱、彬彬有礼，一个重要的原因就是因为多上舞台的缘故，怪不得廊小学生越来越喜欢这个大舞台。

这“双十景”，组成了一个美丽漂亮、赏心悦目的大花园，讲述了 20 个生动朴实的校园故事。它将历史与文化，生态与建筑融合在一起，散发出独特的江南园林魅力和文化魅力，点点滴滴，潜移默化，长年累月滋润着廊小师生们的精神世界。

为了让小朋友更容易记住双十景，更喜欢双十景，我特地写了两首拍手歌。

原　十　景

你拍一，我拍一，十大景点有意义，百年廊小有魅力。
你拍二，我拍二，每天走进**西校门**，好好学习入我耳。
你拍三，我拍三，**书香苑**里书香漫，开智明理需博览。
你拍四，我拍四，饱经沧桑**老房子**，创校校名**开智石**。
你拍五，我拍五，**百年庆典**绘前途，**书山有路**齐跨步。
你拍六，我拍六，**纪念堂边**走一走，感恩先辈记心头。
你拍七，我拍七，**围墙画廊**多美丽，赏心悦目多惬意。
你拍八，我拍八，**鲜军雕塑**影响大，英雄事迹传万家。
你拍九，我拍九，**思源石**边身影留，追忆往事如美酒。
你拍十，我拍十，人文景点美如诗，爱我廊小人人知。

新　十　景

你拍一，我拍一，百年廊小了不起，新添十景更魅力。
你拍二，我拍二，**何朱铜像**是首歌，创校扩校积美德。
你拍三，我拍三，历史悠久**老照片**，刻上石碑后人瞻。
你拍四，我拍四，天天走过**校训石**，学会感恩又励志。
你拍五，我拍五，**静渊亭**里看看书，**志贤门**边理想树。
你拍六，我拍六，**牡丹石**前走一走，奉献爱心故事留。

你拍七，我拍七，**欢乐舞台**多亮丽，**村校边门**留记忆。
你拍八，我拍八，**能歌善舞**顶呱呱，栩栩如生大家夸。
你拍九，我拍九，**思乡泉**边身影留，家乡情感融水流。
你拍十，我拍十，新增十景美如诗，百年廊小了不起。

通过这两首拍手歌，小朋友一定容易记住这二十个景点，一定更多地了解这些景点的内涵，也一定更喜欢这些景点。

一位专家说，这么多的景观密集地呈现在校园，这么厚的史迹展示在校园，这么优的教育资源提供给师生，这在沪上小学是鲜见的。"廊小"双十景，它既是文化之景，也是办学之观、培育之点，更是教育之情。这是校园奇观——校园文化的花圃；这是教育史诗——品质育人的篇章。

现在，我每天总要在校园里兜几圈，越看越觉得这些景点有意义、有价值。有一天我又产生了一个新的想法，在我退休前再建十个景点。这个想法又得到了何顾继德的认同和支持，他说和我一起把我的想法变成现实。现在，已经有了一个轮廓，有的已有但还没有赋予文化内涵，有的即将要建成，有的已有打算。等我退休那天，我要拿出校本教材《百年廊小三十景》，作为一件礼物送给我充满情感、充满深情的百年"廊小"。

第四节 乡土莲湘文化的传承与创新

莲湘是一种民间舞蹈，具有浓厚的民族文化气息，被称为"汉族民间舞的又一瑰宝"，它与秧歌、腰鼓是姐妹艺术。我曾查阅相关资料，从中获悉：莲湘这种民间舞蹈在全国许多地方都存在，其称谓叫法不一。有叫"打连厢""打钿响""打花棍""霸王鞭""九子鞭""铜钱棍""秧歌棒""浑身响"的；上海一带多叫"打莲湘"，也叫"莲湘"。

莲湘融艺术、娱乐和健身于一体，是体教和艺教的完美结合，其通俗易懂，人人可学，具有顽强的生命力。打莲湘动作优美，节奏欢快，绸带飞舞，响声阵阵，气氛热烈，赏心悦目，表达着人民"对美好生活"的向往和追求，深受人们特别是小学生的喜欢。

我校重视家乡乡土文化莲湘的传承和创新。我们将莲湘融入学生生活，以莲湘为主线，通过"天天有莲湘操、周周有莲湘课、月月有莲湘赛、学期有主题课、年年有莲湘节”和“人人有莲湘棒、班班有莲湘队”来营造浓厚的莲湘文化氛围，以说莲湘、玩莲湘、打莲湘、传莲湘、画莲湘、写莲湘来凸显“莲湘健身、莲湘娱乐、莲湘怡情、莲湘益智、莲湘育人”的功效。

地域根基：廊下莲湘百年多来的历史积淀

廊下，是金山莲湘的发源地。

至于廊下莲湘的真正源头已无史料可考，众说纷纭，流传比较多的是起源于“乞讨说”。19世纪末20世纪初，在廊下民间曾流传着这样一个莲湘乞讨调子：

手拿莲湘往前走，天南地北任我游。
唱的人间不平事，自编自唱自解愁。
莲湘本是南山竹，内藏多少多少愁。
家破人亡闹水灾，卖艺要饭沿门求。
大街唱了小街唱，唱了茶楼又酒楼。
茶楼酒楼都唱遍，又到这里唱春秋。
东家的要把我留，西家又不让我走。
不是小可夸海口，唱得不好钱不收。
呃，哥儿们！有钱的，帮个钱场；无钱的，帮个人场。

随着时间推移，人们对莲湘的看法发生了质的转变。不再把莲湘低看成穷困潦倒的把戏，认为这是既可娱乐又能健身，甚至是交际的好方式。觉得打莲湘，让人精神焕发，其乐无穷，于是参与的群众越来越多，逐渐成为民间娱乐、健身的传统舞蹈。

据记载，清人恩贡郁文盛在光绪二十八年（1902）所撰写的《金山鸿泥偶存》中写道：“人因对竹神愈旷不扶藜杖态未慷”，“年过七旬体甚康健连日游识无倦色”。可见，早在100多年前，廊下地区的居民就以竹为道具进行体育活动，既健身又愉悦精神，即使年过70岁的老人身体还很硬朗，走路不用拐杖。

据《廊下志》记载，早在民国二十四年（1935），廊下畲里村（现勇敢村六组）就已成立由民间艺人王金法组织的10余人的莲湘队。可见，廊下人与莲湘早已结下了不解之缘。现在，在金山区一提起莲湘必提到廊下，谈起廊下文化必想到莲湘。廊下，几乎所有的重要活动场合都有莲湘的舞姿。莲湘娱乐健身的观念像春风一般吹拂在廊下的乡间田野，接受、参与莲湘的人越来越多。全镇现有莲湘队 30 余支，从村到街道，从机关到学校，老、中、青、少一起上，形成了“大家一起来打莲湘，一起来健身”的独特风景。

廊下莲湘有以下五个特征：

(1) 富有民族特色。它来源于民间，具有浓郁的乡土气息和亲和力，为群众所喜闻乐见。

(2) 简单易学。其道具就地取材，简单易做；配乐简单，可用乐曲，亦可自己哼唱；动作不复杂，主要有交齐、起步、转棒、敲肩、敲地、打地、对打转身等基本动作，敲击部位有肩、腰、背、臂、肘、两手、两膝、两足。

(3) 具有健身功效。莲湘通过有节奏地击打身体的各个部位和穴道，且手脚并用，既能达到舒筋活血的健身功效，又能发展学生的协调性和节奏感，是一种全民健身特色项目。

(4) 营造喜庆欢乐的气氛。其动作轻快明朗，优美大方，富有节奏，响声不绝，热闹非凡，具有较强的技艺性，犹如一组带道具的健美操。它主要用于每年年末岁首灯会时，以助年节新春娱乐祥和；凡遇喜庆喜气，均有莲湘参与。

(5) 传授民间艺术，弘扬民族文化。作为一种民间技艺，它能丰富人们业余生活，陶冶人们情操，还能培养人们团结互助、吃苦耐劳、自主创新的作风和品质。

2006 年，廊下莲湘被列为上海市非物质文化遗产目录。2007 年 10 月 1 日，廊下镇成功举办了首届莲湘文化节。在开幕式上，中国民间艺术家协会向廊下镇颁授了“中国莲湘文化之乡”和“中国莲湘文化传承基地”匾牌，使廊下成为全国第一个正式命名的“中国莲湘文化之乡”和唯一的“中国莲湘文化传承基地”。这些荣誉给廊下莲湘的发展注入了强大的生命力。

廊下地区深厚的莲湘积淀和浓郁的莲湘情结，为廊小的莲湘教育建立了深厚基础和良好氛围。

教育功能：学校莲湘文化活动的教育价值

早在 20 世纪五六十年代，廊下小学就有很多教师会打莲湘。“文化大革命”后，学校教师开始教学生打莲湘，深受学生喜爱，每逢学校重大活动，总有莲湘的舞姿。1989 年，学校把打莲湘作为一个特色活动编入学校的兴趣组活动中。经过数十年的传承，打莲湘已成为我校的一门特色课程和特色品牌，普及到每个学生，凡是廊小毕业的学生人人会打莲湘。

根据莲湘在家乡的发展现状，我校提出了“传承莲湘文化，打造一校一品”特色校园文化建设口号，旨在以地方乡土民间艺术为土壤，立足地方，立足学校，以“学校发展为本”，挖掘与整理具有传统地方色彩的乡土民间艺术。这就是我们选择莲湘作为学校特色文化的缘由。

莲湘有莲湘操、莲湘道具，但是重要的是看“莲湘”价值指向是什么。只有把握了价值指向，才能在莲湘活动中获取作为艺术、生活与教育的意义，才能对具体的莲湘活动起导向作用，把握莲湘活动的正确内容与形式。我校莲湘文化的核心价值确定为“快乐、健康、美好”，因为它体现了学校“开启智慧，润泽生命”的办学核心理念，更是体现了和谐社会的主流文化，凸显了其社会价值与教育意义。

“快乐”，意味着生命的润泽。莲湘活动能鼓起人们的快乐，使人们精神振作，意气风发，表现出满怀愉悦享受活动的感情。小学生更需要让他们感受莲湘给他们带来的快乐。学生在经常打莲湘中会体验成功、体验合作、体验快乐，养成快乐的性格。

“健康”，生命的良好状态。莲湘作为一项艺术健身活动，在提高学生的体能、促进学生身体健康的同时，又促进着学生健康生活方式的形成，发展良好的心理素养与道德品质，有益于学生身心健康发展。

“美好”，是一种心灵上的追求。它既表征了人们对人格高尚的追求，又表达了对美好生活的追求。因此，学校莲湘文化强调通过莲湘活动培育师生美好的人格品质。

我们把莲湘文化作为一种艺术。它是一种民间舞蹈艺术，也是一种文化的表演形式。莲湘舞者可以根据自己的情绪和性格，打出激烈奔放或潇洒舒展的节奏，以抒发自己的感情。同时莲湘又蕴涵着浓厚的民族文化气息，热闹非凡，深受广大群众的喜欢，显示了民间艺术强有力的生命力。因其历史悠久与流传广泛，成为了我国非物质文化遗产。

我们把莲湘文化作为一种教育。莲湘是一种极富教育价值的文化载体，也是促进学生德智体全面发展的教育载体。“传承民间艺术，弘扬民族精神，陶冶学生身心，丰富学生生活”——学校以此为目标，用心地将乡音、乡情融入莲湘课程、融入莲湘活动中，为学生体验家乡人们的生活、激发学生对家乡的热爱、培育对家乡民间艺术的感情寻找到了一种很好的教育载体。经常打莲湘的学生气质更阳光自信、活泼开朗，在美的感受中受到良好的道德熏陶，同时达到强身健体的目的。

学校莲湘文化是学校主流文化的组成部分。它不仅是学校倡导，而且是全校师生认同的；不仅体现学校办学理念和课程制度，而且成为师生共同的行为表现。正因为莲湘在本校实施过程中关注其文化核心理念、实施制度、实施内容与形式、主体行为等层面上的建设，才成为了学校莲湘文化，并以其强有力的文化力影响着学校的教育，促进师生共同发展。

课程特色："莲湘"作为校本课程进入课程体系

莲湘本身具有地域性与社区性的特性。作为一种地区民间文化在学校的传承，必然是学校根据自己的学校文化建设需要进行选择的结果；同时莲湘要作为学校文化的有效载体，必须以校本课程的形式运作，以规范的课程形式持续地有序开展，从而才能避免莲湘活动的随意性。

莲湘校本课程化首先是其课程定位。莲湘校本课程不是学科课程（subject curriculum），是属于活动课程（activity curriculum），有时也称经验课（experience curriculum）。这是相对于系统的学科知识而言的，侧重于学生的直接经验的课程。莲湘活动课程的主要特点，在于让学生在莲湘活动的过程中体验学习，获得莲湘技能以及身心上的发展。莲湘校本课程也是拓展课程，在学校中普遍受到学生欢迎，学生有浓厚的学习兴趣，也得到家长的欢迎。莲湘校本课程也是综合实践课程，学生可以在校内外的实践活动中学习，对学生的文化素养的提高有着积极的作用。

学校制定了引领性、规范性文件——《廊下小学莲湘校本课程纲要》。学校在莲湘校本课程实施中，首先开展了"廊下小学莲湘校本课程纲要"的研究，以期引领与规范学校的莲湘校本课程的实施。《廊下小学校本课程纲要》主要有下列主要内容：

一是核心理念。《课程纲要》中明确提出了莲湘校本课程核心理念——"快乐、健康、美好"，同时明确了课程设计理念——"为每一个儿童设计课程"。这是我们的教育追求。先进的课程文化，着眼于每位儿童个性自由的发展，课程因儿童而存在，课程存在的目的和依据只能是儿童。莲湘校本课程作为一种文化，应该与儿童一起，不断获得进步、生长与创新，儿童在创造课程的活动中获得真正意义的主体地位。

二是课程总则。《课程纲要》中的"课程总则"体现在三个方面：学校的莲湘校本课程应该是与现实生活密切联系的课程，在实际中可以得到应用；学校的莲湘校本课程是适应儿童发展的需要的课程;学校的莲湘校本课程突出“精致”,课程目标要简要,课程内容要简约、教学方法要简便、课程实施要简明。

三是课程实施。《课程纲要》中明确提出了本课程的课程目标,对“学生目标”与“课程标准”“课程特征”“课程结构”“课程实施原则”作了详尽阐述。

《课程纲要》在“课程实施要点”中除了对“莲湘校本课程的开发”作了阐述外,还着重对“莲湘校本课程的实施”作了明确的规定,其中有两个方面:“莲湘校本课程实施的组织”和“莲湘校本课程的教与学”,并对“课程安排”的三个方面“课程内容安排”“教学时间安排”“任教师资安排”作了具体的要求。《课程纲要》在“莲湘校本课程的评价”部分对“莲湘校本课程评价目的”与“莲湘校本课程评价原则”作了规定。

教材,是实施课程纲要之本。为了更好地展开莲湘校本课程的实施,我们组织力量,经过数年的努力编写了莲湘校本教材——《打莲湘》。

莲湘课程设置的具体安排如下:

天天有莲湘操。利用大课间,全体学生在操场上一起打莲湘,主要打最基本的九节莲湘操。我们还创作了莲湘之歌《莲湘乐》,在《莲湘乐》的伴奏下,学生打起来更有精神、更有韵味。

周周有莲湘课。在体锻课中,我们给每个年级每个班级特设一节莲湘体锻课。一二年级主要学莲湘游戏、九节基本莲湘操;三年级主要学后五节莲湘操和莲湘游戏;四五年级主要学莲湘竹竿舞和莲湘游戏。

月月有莲湘赛。学校每个月通过学校大课间、大舞台开展莲湘游戏、莲湘操、莲湘知识、莲湘童谣等比赛,促进莲湘传承与发展。

学期有主题课。每个年级每个班,开展一次以莲湘为主题的少先队活动课。

年年有莲湘节。每年举行一次莲湘节活动,把每年的莲湘活动推向一个高潮。主要内容有:莲湘知识问答、莲湘故事、莲湘游戏、莲湘操、莲湘舞、写莲湘、画莲湘、评莲湘、做莲湘、小手拉大手等。每年,我们在一两个方面勇于突破创新,让莲湘年年有发展。

与劳技课程整合。五年级第一学期开设一节莲湘手工课。重在动手,做到人人制作莲湘。要求五年级学生人人能知道制作莲湘棒所用的材料并能初步制作简易的莲湘棒。

廊下小学莲湘课程设置

<table>
<tr><th>年　级</th><th>对　象</th><th>时　间</th><th>内　容</th><th>要　求</th><th>目　的</th></tr>
<tr><td>一至五年级</td><td>全体学生</td><td>每学期一节
班会课</td><td>学习莲湘知识</td><td>人人知道莲湘</td><td>莲湘益智</td></tr>
<tr><td>一二年级</td><td>全体学生</td><td>每周一节
体锻课</td><td>学习莲湘游戏
和前九节操</td><td rowspan="2">人人喜欢莲湘
人人学会莲湘</td><td rowspan="3">莲湘健身
莲湘娱乐
莲湘怡情
莲湘育德</td></tr>
<tr><td>三年级</td><td>全体学生</td><td>每周一节
体锻课</td><td>学习莲湘后
五节操和游戏</td></tr>
<tr><td>四五年级</td><td>部分学生</td><td>每周一节
兴趣课</td><td>学习莲湘竹竿舞
和莲湘游戏</td><td>人人享受莲湘</td></tr>
<tr><td>五年级</td><td>全体学生</td><td>每一学期一节
手工课</td><td>学习制作
莲湘棒</td><td>人人制作莲湘</td><td>培养动手
能力</td></tr>
<tr><td>一至五年级</td><td>全体学生</td><td>每天大课间</td><td>一起打莲湘</td><td>人人喜欢莲湘
人人玩玩莲湘</td><td>莲湘健身
莲湘怡情</td></tr>
</table>

注：所开设的班会课、体锻课、兴趣课、手工课都不是另加开设，而是在原有此类课程中开设，既不增加学生负担，又和原有此类课程的目标一致。

拓展创新：赋予莲湘新的生命和活力

廊下莲湘需要继承，更需要拓展创新。社会在进步，人民的生活在变化，原有的莲湘需要不断拓展创新，既要同时代精神协调起来，也要与其他舞蹈形式和其他艺术形式的特点和观念进行渗透、交融，注入新的血液，赋予其新的内容、形式和技巧，不断丰富和发展莲湘的内涵，使之不仅仅成为既有传统风韵又有时代精神的民间艺术，还能成为一种富有生命活力的绵绵不息的民俗文化——莲湘文化，做到传承与创新的完美融合。

道具拓展创新。莲湘棒的材料、色彩、结构在不断地发展变化。从一开始的原始竹竿变成现在有竹竿、有木棒，有金属杆，色彩越来越漂亮；从当初的两槽发展到现在有四槽、六槽、八槽，铜钱也越来越多，击打抖动时，声音就更加清脆、响亮。

音乐拓展创新。莲湘音乐从简单的哨子口令、锣鼓、二胡伴奏发展到现在用音乐伴奏。伴奏音乐随着时代的发展在不断变化，从传统民间小调发展到节奏欢快、气氛热烈、动听优美的现代乐曲，以表达人民对美好生活和和谐社会的歌颂、追求与憧憬。

形式拓展创新。近年来，我们紧扣时代脉搏，运用现代意识，创造出了许多在内容、形式和精神上更为大家所喜闻乐见的系列莲湘，如舞莲湘、劲莲湘、耍莲湘、对莲湘等。

舞莲湘。莲湘中有机地增加和发展一些柔美欢快的舞蹈动作，使动作更加细腻，舞姿更轻盈优美，节奏更明快流畅，成为一种婀娜多姿的舞莲湘。

劲莲湘。莲湘中有机地增加和发展一些节奏感强的舞蹈动作或武术动作，或京剧亮相等动作技巧，动作幅度较大，表演时更奔放潇洒，气势更豪放粗犷，成为一种雄健刚劲的劲莲湘。

耍莲湘。莲湘在中小学生尤其是小学低年级学生的眼里，与其说是莲湘道具，倒不如说是一件有趣的玩具，如孙悟空的金箍棒。莲湘与游戏、玩耍有机地结合起来，玩出趣味，玩出花头，玩出智慧，玩出健康，成为一种童趣盎然的耍莲湘。

队莲湘。几十人乃至上百人手拿莲湘棒，打出各种各样的队形，或圆或方，或大或小，或跑或走，变化多端，造型各异，成为一种赏心悦目的队莲湘。

唱莲湘。以歌谣、演唱等形式表现莲湘的丰富内涵，歌颂莲湘带来的和谐生活。

咏莲湘。为了让学生更容易了解莲湘，记住莲湘，更喜欢体验莲湘，更快乐参与莲湘，创编朗朗上口的莲湘儿歌让学生咏唱。例如：

莲　湘　谣

你拍一，我拍一，民间艺术有魅力，廊下莲湘好名气。
你拍二，我拍二，一镇一品多自豪，文化名片多亮丽。
你拍三，我拍三，历史悠久代代传，群众喜闻又乐见。
你拍四，我拍四，易打好学如游戏，老少皆宜显生机。
你拍五，我拍五，节节莲湘学好步，欢天喜地一起舞。
你拍六，我拍六，坚持到底汗水流，互帮互爱多交流。
你拍七，我拍七，上台表演多神气，赏心悦目人人喜。
你拍八，我拍八，莲湘飞舞嚓嚓嚓，惹人喜爱好奇葩。
你拍九，我拍九，轻快欢乐好节奏，健身养心乐心头。
你拍十，我拍十，廊下莲湘好名气，闻名全国香四溢。

演莲湘。常用小品莲湘、故事莲湘等来激发学生对莲湘的兴趣。

活动组织:莲湘文化校本化的活动安排

学校莲湘文化,不仅表现在莲湘课程的教材与教学上,也表现在莲湘文化的校本化活动组织上。

对莲湘文化校本化的活动组织,我们着重关注了两个关键问题。

第一,综合融合性实施

莲湘文化校本化,在内容上不仅是打莲湘的具体技巧,而且还是一种文化教育,对学生的价值观、人格品质、行为等都会产生影响。在途径上莲湘活动要关注其融合性,注重莲湘活动内容联系学生经验和生活实际。莲湘校本课程作为拓展型课程,不能局限于课内或者校内。课内与课外结合,校内校外结合,一定要以综合的观念为指导,真正发挥莲湘文化的价值和作用。

第二,学习主体性实施

莲湘文化校本化,其本质是为了学生的发展,这就决定了莲湘活动必须以学生为本。学习莲湘,乃至崇尚学校特色文化,是学生的主动学习,是学习的内化过程。为了使拓展性课程中的体验学习落到实处,应该通过课程结构的调整,使学生的活动时间和空间获得有效的保障;通过改变学习内容的呈现方式,确立学生的主体地位,促进学生积极主动的学习。学校特色文化的培育,是学习主体对此认同的过程,绝不是通过强制的灌输能确立的。同时,莲湘活动的主体是学生,因此通过学生喜闻乐见的载体,调动学生积极学习是构建学校特色文化的必然。

对莲湘文化校本化实施的组织形式,我们创建了“六三三”模式。

(1) 活动组织的“六个结合”

除了莲湘专设课程外,我们依据当代课程的发展趋势,建构了莲湘“大课程”,将莲湘文化融合到学校其他活动中,进一步做大莲湘,使莲湘活动搞得更加有声有色,富有成效。

第一,莲湘与少先队奖章活动相结合。莲湘作为学校的“一校一品”,学校尝试与少先队争章活动结合起来,既给争章活动增添色彩,又给莲湘增加吸引力,使莲湘活动搞得富有特色,真正成为小学生的喜爱。我们设立三个莲湘奖章:一二年级莲湘入门章、三年级莲湘普及章、四五年级莲湘提高章。

第二,莲湘与行为规范相结合。制定了莲湘礼仪,通过莲湘活动,培养学生礼仪习惯。打莲湘是一项民间艺术和健身运动,既可以休闲娱乐、锻炼身体,又可以修身养性、陶冶情操。打莲湘的人要讲究“莲湘礼仪”,讲究合作,在打莲湘的同时，提高自己的精神品格和道德修养。

第三，莲湘与学科教育相结合。莲湘教育的内容也涉及许多学科领域，这就意味着不同的学科领域可以从各自的角度对民族文化教育作出贡献；不同的学科领域可通过不同的教学形式达成莲湘教育的目标。语文作文课上让学生写写莲湘，美术课上让学生画画莲湘，手工课上让学生制作莲湘棒，英语课上让学生说说莲湘(学校编写了与莲湘有关的十句英语口语)。

第四，莲湘与社团活动相结合。学校成立莲湘社团，定期开展活动。莲湘社团的活动形式多样，要求更高一些，这些社团成员能在学校和班级莲湘活动中起到骨干作用。在莲湘活动普及的基础上，通过莲湘社团活动提升学校的莲湘活动水平。

第五，莲湘与家庭活动相结合。学校开展莲湘活动还要依靠家长的支持，让学校的教育活动与家庭生活联系起来。学校主动加强与家庭的联系，得到家长的支持。我们还开展小手拉大手活动，让孩子教父母和爷爷奶奶打莲湘，为孩子和长辈之间搭起交流沟通的桥梁。

第六，莲湘与社区活动相结合。学校根据社区的文化活动的需要，经常组织学生到社区参加宣传活动，展示莲湘，表演莲湘。通过这些莲湘活动，让学生走向社会，从小培养为社会服务的精神，增强社区意识。

(2) 莲湘文化校本课程化的“三大活动”

为了给学生提供一个参与莲湘活动的平台，使学生在积极主动的参与中，精神生活得到充实，情感得到熏陶，能力得到发展，价值判断得到初步的培养，学校持久开展三大莲湘活动，不断做强莲湘，打造莲湘品牌。

一是莲湘文化节。每年举行一届莲湘文化节，开展系列莲湘活动，人人参与莲湘活动，班班拿出莲湘保留节目，把每年的莲湘活动推向一个高潮。主要内容：莲湘知识问答、莲湘故事、莲湘游戏、莲湘操、莲湘舞、写莲湘、画莲湘、评莲湘、做莲湘、小手拉大手等。

二是莲湘夏令营。利用暑假，每年组织部分莲湘爱好者开展莲湘夏令营活动，通过“我做你看、我教你会、你跟我学、你跟我乐”的形式，让学生进一步体会莲湘文化的魅力，进一步增加学生莲湘知识和技能，进一步享受莲湘带来的快乐和幸福。

三是莲湘星期六。每个星期六，学校莲湘艺术团的学生在老师的指导下开展活动，主要进行舞蹈基本功训练和莲湘舞排练，最终排成学校精品莲湘舞。

(3) 莲湘文化校本课程化的“三个展示”

以展示演出为契机，进一步做响莲湘。展示演出本质上是让学生充分自我表现，达到自我实现。“表现”是学生能力发展实现的重要途径。让学生通过莲湘活动树立表现信心，激发表现欲望，创造表现氛围，搭建表现舞台，丰富表现活动，拓展表现渠道，探索表现课程，张扬健康个性。

我们把莲湘活动以培养学生的艺术情感为目标，充分创设条件，搭设学生展示舞台，以展示为激励手段，让学生在小舞台上表现大生活，利用各种场合展示自己才华，体验艺术快乐，找到成功喜悦，从而促进学生个性的全面发展。莲湘不仅可以培养学生的打莲湘的能力，更可以培养学生审美能力、做人能力。在莲湘活动中我们尽可能地给每位学生提供适合他们潜能开发和个性充分发展的机会，培养学生“敢表、乐表、善表”外显能力。“三个展示”如下：

一是校内展示。让学生在学校重要活动如开学典礼、大队活动、班队活动等场合经常汇报展示，感受莲湘艺术文化的无穷魅力。

二是社区展示。学校积极组织学生参加镇、社区组织的送戏下乡活动，让莲湘艺术回归生活、服务社会。

三是区内外展示。学校经常组织学校莲湘队参加区级、市级乃至全国级的活动，展示自我，扩大影响。

上述这三种莲湘展示活动为学生参与莲湘活动提供了更为广泛的空间，也促进了学生个性的健康发展。

成效显著：取得众多荣誉，得到高度认同

舞动莲湘，放飞梦想。历年来，学校莲湘在镇、区、市、全国各类表演和比赛中亮相、得奖，得到了领导、专家和社会的高度认同和赞赏。

参与各类展演活动。1996 年，学校莲湘在第三届全国农运会金山赛区欢迎晚会上作了精彩演出；2009 年 6 月 13 日，学校莲湘在中央电视台少儿频道展播；2009 年 9 月 12 日，学校莲湘在上海淮海路参加上海旅游节开幕大巡演；2010 年 9 月 4 日，学校莲湘在上海世博园区市民广场参加展演；2010 年 9 月 27 日，学校莲湘在中国首届莲湘节开幕式上作了精彩表演；2017 年暑假，学校莲湘在上海大世界汇报展示。

斩获各级荣誉称号。2010 年，学校被列为中国莲湘文化传承基地；2009 年，学校莲湘被列为上海市艺术教育特色项目；2008 年、2010 年、2012 年、2014 年莲湘舞蹈连续四届次获区小学生表演舞一等奖；2009 年，莲湘节目获第五届全国儿童艺术展演金奖；2010 年，莲湘节目获全国校园文艺汇演一等奖；2011 年，学校莲湘荣获上海市教育系统校园文化十佳优秀项目奖；2013 年，学校荣获上海市非遗进校园十佳传习基地；2014 年，学校荣获上海市艺术教育特色学校；2017 年，学校荣获上海市校园文化建设“一校一品”特色学校。

2016 年 11 月 18 日《文汇报》第 8 版以“打莲湘：非遗进校园的典范，艺术育新人的创举”为主题进行了专门报道，国家非物质文化遗产保护工作专家委员会委员、华东师大非物质文化遗产保护研究中心主任、华东师范大学陈勤建教授作了点评：

> 金山区廊下小学的莲湘传承模式积淀二十多年，实践了“非遗进校园”的多重价值，可贺可赞，可圈可点。
>
> 将打莲湘与传承非遗文化背景下培育办学特色相联系，廊下小学颇见功力。早在 1989 年，廊下小学就将打莲湘纳入了学校的兴趣小组，并于 2006 年正式开设莲湘课程。这种长久以来一以贯之的自发举措，源自学校对乡土文化素来发自内心的认同，难能可贵。此外，学校从儿童接受习惯出发，保护传承项目核心内容的同时，不拘泥于固有的形式，通过对莲湘道具、动作、音乐、形式等四方面的创新，以及“天天有莲湘操、周周有莲湘课、月月有莲湘赛、年年有莲湘节”和“人人有莲湘棒、班班有莲湘队”氛围的打造，形成了一个完整、多元的莲湘校园传承课程，使莲湘全面渗透进了学生的校园生活，进而成为常态。
>
> 将学生成长与乡土文化浸润发展相融合，廊下小学很有眼力。对廊下小学的学生而言，莲湘已是童年生活中难以磨灭的篇章，也是他们沐浴优秀文化健康快乐成长的阳光雨露。说到底，学生是非遗文化与学校教育的双重受益者。
>
> 可以说，廊下小学的打莲湘，既是“非遗进校园”的典范，也是文化与教育结合共同育人的经典。事实证明，非遗项目，不仅是中华优秀传统文化的花蕾，也是文化育人、教育提升的土壤。在非遗项目上，有着丰富的文化资源，而“非遗进校园”有着强大的生命力，廊下小学的成功探索，显示了文化与教育结合，乡土文化与现代教育融合在育人上的优势和实力，具有可复制性的经验，在全市乃至全国都具有典型意义，可以起到很强的示范与引领作用，不但值得赞赏，也值得推广。

越是民族的就越是世界的，传承莲湘就是传承民族文化。莲湘是一种通俗易懂、人人可学的艺术，给人享受，给人情操；莲湘是一种节奏欢快、老少皆宜的游戏，给人快乐，给人健康；莲湘是一种吃苦耐劳、团结互助的精神，给人力量，给人希望；莲湘是一种传承生命、绵绵不息的文化，给人启迪，给人熏陶。点点莲湘情，阵阵铜钱声。我们坚信：莲湘必将成为廊小素质教育园地里一朵生机盎然、鲜艳夺目、惹人喜爱的奇葩，成为金山区乃至上海市校园文化建设和艺术教育知名品牌。

莲湘，廊小的荣耀！莲湘，金山的品牌！莲湘，民族的奇葩！

第五节　让传统"拍手歌"变成德育新载体

"你拍一，我拍一，民间童谣有魅力，你拍二，我拍二，人人爱唱好样儿……"

每每走进"廊小"校园，你时常就能听到那节奏明快、充满童趣的拍手歌。运用民间传统的童谣——拍手歌，对学生进行内容丰富、形式活泼的思想品德教育，这是廊下小学远近闻名而卓有成效的校园文化特色品牌。

拍手歌，原是一种民间广泛流传的诵于口、践于行、表于情、铭于心的口头表演的童谣。它既是一种孩子喜闻乐见的游戏，又是一种寓教于乐的活动。它朗朗上口，节奏欢快，便于记忆，并能自然激发起孩子们的传诵、参与热情，不仅给孩子们带来无穷的快乐和情趣，也带来许多智慧和教益。

我校从 2005 年开始尝试运用拍手歌的形式，对学生进行融民族精神教育、生命教育、品德教育于一体的"廊小"特色教育活动，至今坚持了整整 12 年。拍手歌内容丰富营养好、形式活泼味道好、充满童趣视觉好、节奏欢快听觉好，已成为廊下小学校园文化中的一道亮丽的风景线。她，置身于校园"五园三区、双十景"，与悠久的校园文化景观"齐名"；她，弥漫于校园文化氛围中，与非遗民间舞蹈"打莲湘"校园文化项目"媲美"；她，出现在立德树人的气场里，与师生健康快乐成长"同行"。

缘起：一次无意的邂逅

自打走上教育工作岗位起，学校德育工作就一直是我研究的一个课题。开始是不自觉的，往往是从一些教育个案而引发思考。但多年的教育工作实践让我深感我们的学校德育太过于成人化、形式化了，违背了儿童的心理特征。我一直在想，如果我们的教育多一点童心，多一点童趣，多一点童真，顺应学生心理，那么我们的教育一定会更有效。

这一“梦想”如何实现呢？

我还得感谢孩子们，是他们的童心、童趣、童真打开了我“固化”的脑袋。那缘起一次无意的邂逅。

那天，我在校园巡视，看到树荫下几个小朋友正在边拍手边唱童谣：“三、三、三，我们都是木头人，不许讲话，不许动！”我被孩子们欢快的游戏深深吸引了，不由自主和学生一起拍唱起来。回到办公室，刚才孩子们快乐的神情还印在我的脑海里，我突发奇想：我们为什么不把学校的日常教育要求和培养目标，融化在学生喜欢的儿歌中，让大家在玩玩、唱唱中，学知识、学道理、学做人呢？

“你拍一，我拍一……”小时候在学堂场上唱拍手歌的情景又情不自禁地浮现在我眼前。于是，我按捺不住激动的心情，立刻根据当时正在开展的安全教育，试写了廊小的第一首拍手歌《安全旋律》：

你拍一，我拍一，人的生命最宝贵。
你拍二，我拍二，安全第一要铭刻。
你拍三，我拍三，上下楼梯靠右边。
你拍四，我拍四，大追大吵须禁止。
你拍五，我拍五，红灯绿灯看清楚。
你拍六，我拍六，横道线上慢慢走。
你拍七，我拍七，摊贩食品不能吃。
你拍八，我拍八，水塘河边别玩耍。
你拍九，我拍九，遵纪守法一路走。
你拍十，我拍十，安全快乐不出事。

第二天一早，我就请教导处把这首新的拍手歌发给全校学生试唱。结果，学生们在拍拍唱唱中，不仅背熟了歌词，而且记住了安全要求。老师们都反映这拍拍唱唱的教育比平时教育效果好多了。

初战告捷，顺势而为。我广泛听取师生的意见，大家一致认为，拍手歌节奏欢快，富有童趣，编写的内容应该从小学生的日常学习、生活开始，把学校平时对学生的常规要求融入拍手歌，注重教育的针对性。就这样，短短三个月时间，我竟一连写了30首。这些又新鲜又通俗的拍手歌，很快就在学校的早晨、课间、午后唱响；那清脆的掌声伴着明快的歌声，在走廊、草坪、花园里回荡，拍手歌成了我校最有童趣的一个特色教育，成为廊小学生最喜欢的一种课余游戏。

创编：让拍手歌进入校本活动课程

现在，“廊小”的拍手歌内容非常丰富，是教育的“多棱镜”。2006年，我编写的30首拍手歌汇编成校本教材《我爱廊小拍手歌》，由汉语大词典出版社出版，分为“我爱廊下百花园”“我爱学习动脑筋”“文明礼貌行为好”“体育锻炼身体好”“开创未来新天地”五个部分。可以说，这是孩子们十分喜爱的一本“掌上书”。

《我爱廊小拍手歌》的第一部分“我爱廊下百花园”中，有《爱廊小》《美丽校园》《大操场》等六首，这些来自学生熟悉的校园美景，学生们感到亲切，更以饱满的情感、朗朗之声边拍边诵。例如：

美丽校园

你拍一，我拍一，校园景色多美丽。
你拍二，我拍二，蝴蝶小鸟满园飞。
你拍三，我拍三，鲜花盛开像花园。
你拍四，我拍四，绿绿草坪多舒适。
你拍五，我拍五，热带风光看棕树。
你拍六，你拍六，香樟水杉仙人球。
你拍七，我拍七，梧桐树下玩游戏。
你拍八，我拍八，温馨香味数桂花。
你拍九，我拍九，雪松翠绿如高楼。
你拍十，我拍十，绿色校园好舒适。

大　操　场

你拍一，我拍一，学校操场多美丽。
你拍二，我拍二，眼前一亮像画儿。
你拍三，我拍三，塑胶跑道好鲜艳。
你拍四，我拍四，自然草坪好惬意。
你拍五，我拍五，漂亮壁画多醒目。
你拍六，我拍六，花树衬托有看头。

你拍七，我拍七，做操打球显生机。
你拍八，我拍八，休闲养心顶呱呱。
你拍九，我拍九，身体健康不用愁。
你拍十，我拍十，天天锻炼一小时。

第二部分“我爱学习动脑筋”中，有《我爱早读》《预备铃》《上课好享受》《认真作业》《查字典》《博览群书》等六首，通过拍手歌，让学生感受学习的美、学习的智慧和学习的快乐。例如：

我爱早读

你拍一，我拍一，早读时光要珍惜。
你拍二，我拍二，一日之计在于晨。
你拍三，我拍三，读书百遍其义见。
你拍四，我拍四，正确朗读念准字。
你拍五，我拍五，做到流利要多读。
你拍六，我拍六，读出感情是享受。
你拍七，我拍七，书声琅琅真神奇。
你拍八，我拍八，感悟理解收效大。
你拍九，我拍九，细水长流贵持久。
你拍十，我拍十，读出信心结果实。

预备铃

你拍一，我拍一，预备铃声已响起。
你拍二，我拍二，各就各位一起乐。
你拍三，我拍三，主持干部站台前。
你拍四，我拍四，快乐两分就开始。
你拍五，我拍五，拼拼算算干劲足。
你拍六，我拍六，唱唱歌曲拍拍手。
你拍七，我拍七，讲讲故事背背诗。
你拍八，我拍八，英语情景练说话。
你拍九，我拍九，积极参与人人求。
你拍十，我拍十，天天坚持有价值。

在第三部分“文明礼貌行为好”中，有《夸老师》《夸父母》《安全旋律》《学会关心》《快乐课间》《心理素质》《文明用餐》《环保小卫士》《做好值日》《节约资源》《热爱生命》等十二首，通过这些拍手歌的熟记、拍唱，促进了小朋友行为习惯和文明礼貌。例如：

学会关心

你拍一，我拍一，中华少儿有志气。
你拍二，我拍二，学会关心好样儿。
你拍三，我拍三，家庭学校大自然。
你拍四，我拍四，自己他人全人类。
你拍五，我拍五，学会关心最幸福。
你拍六，我拍六，互帮互爱手拉手。
你拍七，我拍七，热忱关爱结友谊。
你拍八，我拍八，和睦相处如一家。
你拍九，我拍九，学会关心天下走。
你拍十，我拍十，一路温馨多甜蜜。

环保小卫士

你拍一，我拍一，美丽校园人人喜。
你拍二，我拍二，保护环境要牢记。
你拍三，我拍三，爱校爱班爱自然。
你拍四，我拍四，随地吐痰须禁止。
你拍五，我拍五，花草树木大家护。
你拍六，我拍六，果壳纸屑不乱丢。
你拍七，我拍七，室内通风不忘记。
你拍八，我拍八，桌椅墙面不乱画。
你拍九，我拍九，废旧电池要回收。
你拍十，我拍十，争当环保小卫士。

在第四部分“体育锻炼身体好”中，有《广播体操》《眼保健操》《体育活动》《玩呀玩》等四首，通过这些拍手歌让小朋友更喜欢体育，更喜欢两操，更喜欢玩。例如：

广播体操

你拍一，我拍一，运动曲子已响起。
你拍二，我拍二，集合整队要出色。
你拍三，我拍三，出场精神需饱满。
你拍四，我拍四，少年儿童有朝气。
你拍五，我拍五，班主任要勤督促。
你拍六，我拍六，领操学生带好头。
你拍七，我拍七，队伍整齐姿势美。
你拍八，我拍八，动作到位收效大。
你拍九，我拍九，人人做到不落后。
你拍十，我拍十，天天做操强体质。

眼保健操

你拍一，我拍一，学习需要好视力。
你拍二，我拍二，眼保健操管用儿。
你拍三，我拍三，配乐响起闭上眼。
你拍四，我拍四，聚精会神静下来。
你拍五，我拍五，自觉做到把眼护。
你拍六，我拍六，动作正确善用手。
你拍七，我拍七，找准穴位要牢记。
你拍八，我拍八，跟着节拍做到家。
你拍九，我拍九，认真做操记心头。
你拍十，我拍十，眼睛明亮心中喜。

在第五部分“开创未来新天地”中，有《百年庆典》《农村新天地》两首，通过这两首拍手歌让学生对学校百年历程感到自豪，对家乡廊下新农村建设感到幸福，对未来充满期望和希望。例如：

百年庆典

你拍一，我拍一，彩旗飘飘歌声起。
你拍二，我拍二，百年廊小大家贺。
你拍三，我拍三，古老校园换新颜。

你拍四，我拍四，朝气蓬勃好亮丽。
你拍五，我拍五，爱满天下多幸福。
你拍六，我拍六，校风正气特色求。
你拍七，我拍七，有识之士多慷慨。
你拍八，我拍八，恩泽桃李大家夸。
你拍九，我拍九，圆满庆典暖心头。
你拍十，我拍十，美好明天鼓士气。

农村新天地

你拍一，我拍一，现代农村新天地。
你拍二，我拍二，廊下人民尽开颜。
你拍三，我拍三，美梦成真万春苑。
你拍四，我拍四，造福子孙利万世。
你拍五，我拍五，美好蓝图干劲足。
你拍六，我拍六，园区建设争一流。
你拍七，我拍七，世外桃源在哪里？
你拍八，我拍八，诗情画意谁来画？
你拍九，我拍九，全靠我们齐奋斗。
你拍十，我拍十，廊下人民有大志。

这些拍手歌内容丰富，贴近生活，富有童趣，很受学生欢迎。其中既有讴歌美丽校园的，又有崇尚文明礼仪的；既有讲究学习方法的，又有开创未来天地的。这些拍手歌以校园生活为主要内容，采用传统的、孩子们喜欢的“拍手歌”形式，让孩子们拍拍手、唱唱歌，在快乐中学道理、学做人，通过学校生活培养学生传统美德。同时，每一首拍手歌都配有思考与实践活动，让学生有所学，还有所思；有所乐，还有所为；有所体验，还有所感悟。

为了增添童趣、丰富想象，学校引导学生根据拍手歌的内容和自己的理解，在诵唱时配上简单的动作和表情。尽管动作有时不够准确，表情可能还不够自然，但因为是学生自己的再创作，所以他们更投入、更兴奋、更快乐，加上同学之间的相互交流，或者老师的及时点拨，每次活动的效果就更加明显。

学校还给部分拍手歌配上了曲子，学生学起来更津津有味，又拍又唱，又跳又舞，乐在其中，益在其中。2012 年，学校创作了由左翼建作曲、我作词的拍手歌校歌《上课乐》。学校还把《上课乐》排成集体舞，全体学生利用大课间天天在操场上一起跳集体舞，边唱边舞，气氛热烈，场面感人。我们根据《上课乐》拍手歌的要求，每个班级每个月评选八位“上课乐之星”，极大地调动了学生上课学习的积极性。

实施：让拍手歌融入教育教学活动之中

充满情趣的拍手歌，之所以能在“廊小”校园产生磁力、活力，成为文化的“常青藤”，就是因为她融入学校课程，融入到整个教育教学活动之中。

一首首拍手歌覆盖整个小学学段。学校引导学生反复背诵、反复拍唱，结合年级和班级实际提出不同的思考与实践，让拍手歌随着年级的升高、学生理解力的提高和学生身心的发展，发挥不同的作用和魅力。

学校将拍手歌融入到整个教育教学活动中。每学期有 4 节拓展课用于拍手歌教育，每天两分钟预备铃有一次背唱拍手歌，一周搞一次有关拍手歌内容的十分钟队会活动，每学期每个中队至少开展一次以拍手歌为主要内容的班队主题活动；每天早上、课间、中午，学生都可以自发地开展拍手歌拍唱活动；部分学科依据学科特点有机地结合拍手歌开展教育，增强教育的感染力和有效性；校内外重大活动也经常有拍手歌的背唱和表演。

为了充分发挥拍手歌的作用和魅力，我们还制定了一系列的活动措施，如拍手歌活动优秀方案评比、拍手歌活动优秀班队课展示、优秀拍手歌节目表演、拍手歌活动优秀经验交流、拍手歌活动优秀学生评选等，使拍手歌活动经常有序，主题鲜明，形式多样，形成系列。

对拍手歌教育的评价，我们不是看学生背出了多少，因为它不是简单的知识传授，而是一种潜移默化的教育。所以，我们主要看班级、年级学生是否人人主动参与、乐于参与，是否结合学生、班级实际有针对性地开展活动，是否通过拍手歌活动促进了学风、班风的提高。以班级集体为主的评价指标，更能符合德育评价的特点，也更能提高德育的有效性。

特点：顺应学生心理，朗朗上口、喜闻乐见

拍手歌经过十多年的实践检验，证明她有着鲜明的教育特点：

——拍手歌教育顺应了小学生心理特征。针对小学生活泼好动、注意力难集中的年龄特征，将抽象理性的德育内容转变成生动感性的儿歌唱词，成为小学生易于理解、喜闻乐见的自我教育过程，是一种科学有效的好方法。

——拍手歌教育的内容贴近小学生的实际。学校始终紧随时代脉搏，结合校情，联系学生实际，有针对性地创作和编写各种教育要求的新歌词，使许多教育内容充满童心、童趣和童真。如我听到学校教师反映有些班级、有些学生作业态度习惯不够好，字迹不端正，格式随意，不懂不问等问题，我就写了一首《认真作业》的拍手歌：

认真作业

你拍一，我拍一，认真作业要牢记，主动自觉有动力。
你拍二，我拍二，老师要求听进耳，追求优秀好样儿。
你拍三，我拍三，上课专心最关键，三心二意不能犯。
你拍四，我拍四，题目要求审仔细，格式规范需统一。
你拍五，我拍五，字迹工整不马虎，潦草粗心自己苦。
您拍六，我拍六，不懂就问多开口，敢于请教不害羞。
你拍七，我拍七，独立完成又及时，做出难题了不起。
你拍八，我拍八，思想集中顶呱呱，心手合一收获大。
你拍九，我拍九，错题订正要悟透，举一反三明心头。
你拍十，我拍十，天天进步创佳绩，我为自己竖拇指。

我们针对同一首拍手歌对不同年级的学生提出不同要求。像这首拍手歌，一二年级可以背唱前半句，三年级以上可以全部背唱，从而更贴近学生的实际。

——拍手歌教育不断与时俱进时有创新。学生的生活和教育的内容在不断的变化，拍手歌的内容和形式也在不断的补充更新，不仅极具“针对性”，注重“时效性”，还强调“实效性”。

——拍手歌没有时空限制，只要兴起，就能在第一现场展示她的能动作用，拍手歌的“随风而起”，符合小学生的兴趣特点。无论是两个人之间的简单拍，还是四个人之间的花式拍，“明理”在掌声游戏间，“教育”在戏耍欢笑里。

因此，拍手歌越来越受到小朋友的喜欢和欢迎。

合力：不同教育层面上下接气，相互影响

小小的拍手歌，之所以能在廊小校园扎根、开花、结果，成为教育的“常青树”，还因为不同教育层面的上下接气，相互影响，左右合力，融为一体，不孤傲不单行。

首先来自理念层面，体现顶层设计的方向。“开启智慧，润泽生命”是学校的核心理念，“把每个学生培养成为快乐生活、健康向上、能歌善舞的开心果和全面发展、兴趣广泛、敢于提问的智多星”是学校的培养目标，而拍手歌教育是学校核心理念的有机渗透，是培养目标的具体表现，也是学校乡土特色的一个鲜明体现。经常唱拍手歌的学生心态更阳光，学习更快乐，头脑更灵活，生命更灿烂。

其次来自社会层面，呼唤对传统文化的传习和发扬。十八大以来，党和政府对孩子们的殷切希望，对中华传统文化的继续和传承都有了新时期更深层次的要求。拍手歌作为金山农村的非物质文化遗产，需要传习和发扬；社会各界对拍手歌的认识，也需要廊下小学有义不容辞的责任担当。

再者来自教师层面，引领文化兴校的归属。诚然，我们的老师既是物质的清贫者，也是精神的富足者。“廊小”的广大教师从内心里热爱着这群学生、这所校园、这片土地，职业的归属感和成就感让他们融入在学生群体之中，课余之间，一首首拍手歌拉近了师生间的距离。拍拍手、击击掌，这不正是文化兴校的涌动暗流么？为了让拍手歌更适合学生传唱，新编写的拍手歌，老师请小朋友试唱试背，根据情况再进行推敲修改，最后在全校推广传唱。

再者来自家长层面，期盼文化强校的信任。家长们最喜闻乐见的就是孩子们的快乐成长，而拍手歌已成为学校学生快乐成长的精神美餐，成为学校德育的一道亮丽风景线。学生们在拍拍、唱唱、玩玩中不知不觉地规范了自己的行为，明白了不少道理，受到全体家长的欢迎。家长们感到拍手歌教育比说教不知好多少倍，很多家长也经常情不自禁地跟孩子一起唱拍手歌，有的家长也动手创作拍手歌。家长的支持进一步增添了学校的热情和学生的兴趣，廊小已经形成了老师、学生和家长齐爱拍手歌的和谐氛围。

最终落实在学生层面，收获文化浸润的成长。不少学生通过传唱拍手歌，不仅对音乐的节奏、节拍的掌握有了新的体会和感悟，而且学到了许多具有生活画面的知识，增添了对美好生活的向往之情。大家感到拍手歌注重满足童趣、贴近生活、有益身心、陶冶情操、快乐和谐，寓教育于儿歌中，顺应少年儿童心理特点，符合与时俱进的时代特征。学生人人爱拍手歌、人人唱拍手歌，人人演拍手歌、人人传拍手歌，在潜移默化中受到感染、得到启示、悟到道理。

成效：专家、媒体高度认可，荣获两个市级“十佳”

从 2005 年的第一首拍手歌问世至今已整整坚持了 12 年。2006 年后，我又陆续写了70多首，它们成了素质教育的“大硕果”，取得了令人瞩目的影响。

拍手歌给孩子们带来无穷的快乐、情趣、智慧和教益，是我校落实“开启智慧，润泽生命”这一办学核心理念的一个有效载体，成为学校对学生进行融民族精神教育、生命教育、品德教育和文化知识传播于一体的“廊小”特色教育活动，成为学校校园文化建设的一大亮点、广大教师引导学生成长进步的一盏明灯、深受学生喜爱的校本课程的一大特色。

拍手歌教育影响越来越大。“廊小”拍手歌教育在金山区乃至全市都有了一定的影响，已成为金山区校园文化的知名品牌。校园里的拍唱还常常延伸到社区、家庭，还辐射到区兄弟学校、农民工学校、市区学校乃至外省市学校。

拍手歌教育得到了专家的充分认可。教育家吕型伟先生看到拍手歌活动连声称赞“好！好！是一种好方法”，并欣然题词：“我爱廊小拍手歌。”儿童文学作家张秋生先生三次精心修改拍手歌，使拍手歌更趋完美，寓意更显深刻。儿童画画家陆汝浩先生还为每首拍手歌和每篇导语配了插图，并亲手设计了校本教材《我爱廊小拍手歌》的封面。少先队、儿童教育专家段镇先生这样评价拍手歌：“具有生命活力和发展前途，很有教育意义，可能成为基础德育的一朵新花。”

中国人民大学教授、博士生导师程方平对我校的拍手歌作了题为“回归本质、以简驭繁、激活教育潜力”的详细评价：

> 记得多年前我到上海市金山区廊下小学调研学校德育时，就被该校因地制宜、因校制宜、汲古创新的积极探索和改革创新所感动。作为一所乡镇小学，它的过人之处全不在豪华的建筑条件或昂贵的设备装饰，而在于该校师生在朱保良校长的引领下，在用心用情打造了一所非常中国化和现代化的学习乐园。
>
> 再一次细细地关注廊下小学的发展变化，已经是十年后的今天了。因为当年是整体调研廊下小学的办学特色和整体探索，所以，虽觉得该校的亮点很多，形成了整体的和谐与活力，但未专门对其“拍手歌”的探索做深入具体的教育教学分析。只是粗浅地体会到，在国外通过仪器、经费和固定模式支撑的教学法探索，如铃木教学法、沃尔夫教学法等偏重于音乐教育的教学法，在廊下小学却被传统的拍手歌轻易取代，还能极好地兼容了语文、常识、美术、体育、德育、卫生健康等多方面的教育教学功能。

通常，一所学校的特点与风格是与其掌门人的教育理念和教育智慧紧密关联的。朱保良校长在拍手歌方面的探索又一次证实了这个判断。与多数学校还沉迷于争课题、凑论文、做表面文章、追国际风潮不同，朱校长早就将他的办学注意力倾注在对本校学生实实在在的教育教学影响方面。可以说，他是参透了教育教学规律、牢牢把握住学校教育本质的积极探索者，也是具有智慧和定力的勤奋思考者。

他认为，拍手歌是中国千百年来在基础教育阶段行之有效的教学形式，因为这在幼儿园、小学，甚至初中，都可产生开放、灵活、自由、广泛参与等积极的效果。中国的古贤早就意识到，语言训练可与道德养成、行为规范、文字学习、知识增长、记忆增强、训练思维、艺术修养、自主表达、人际交流、融入社会、保持童趣、关注个性等诸多教育目标合为一体，而拍手歌就是能兼容上述目标和功能的理想载体。除了人文社会类知识如此，数学、自然，以及理工科等方面的内容也可通过该方法，自由、轻松且具创造性地学习。在传统教育中的歌诀教学、三字经、四字经、贤文、蒙求、对韵、鉴略、小儿语等，都是鉴于这类认识，并有丰富的成功经验可做有力的借鉴和参考。为的就是能够真正有效地做到"蒙以养正"，通过适宜学生的学习感受方式，为其一生奠定全面良好的基础。

作为校长，朱保良既是这一形式或方法的热心提倡者，也是勤于写"下水文"，并充满童心、童趣和童真的积极践行者。多年来，由他本人创作和组织编写的拍手歌已超过 100 多首，且针对教育需求经常在学生中被随机随意地传唱，使许多以往被学生感觉是负担的学习内容或枯燥的说教变得轻松、游戏化和喜闻乐见了。学生在玩玩、唱唱中，学知识、学道理、学做人，真正愉快地发展和成长。

与流传于社会的拍手歌不同，廊下小学拍手歌的内容与本校学生的"校本"学习生活和校园环境紧密关联。如学校的"文化景观"均有对应的拍手歌，可帮助学生细致感受学校文化，强化了环境育人的重要作用。与道德品质、行为习惯、知识学习、意志锻炼、文明礼貌等相关的内容等，也有相应的拍手歌，学校的教育工作与儿童的身心发展特点更加相宜和契合。为了让学生能够做到知行合一，学校还根据拍手歌所提供的教育理念和教学内容，设计了相同的活动和要求，组织对应的比赛和表演，明显提高了学生的综合素养。更为可贵的是，拍手歌的编写和修正，不仅有老师们的参与，也征求了家长们的意见，对家校合作、多方配合做了更有价值的尝试。

通过对廊下小学拍手歌“实验”的观察，再次证明了一个道理：在我们悠久和丰富的教育教学传统中，拥有取之不尽的智慧源泉。可以帮助我们更好地把握教育教学的本质，防止迷失自我的追风，并可以简驭繁地解放学生、教师和家长，使学校教育回归本应的常态，使其远大美好的教育理想能更加圆满地实现。

拍手歌教育还得到了很多媒体的关注。《东方文明》《东方教育时报》《中国教育报》和《上海教育》等报刊多次介绍我校开展拍手歌教育活动的经验做法。2016 年 6 月 1 日《文汇报》第 12 版以“拍手歌：万千气象聚掌面　道义情趣出掌心”为题，专版报道我校拍手歌教育，社会反响热烈。

拍手歌教育也获得诸多荣誉：2005 年荣获金山区儿歌创作一等奖；2006 年获全国中小学思想道德建设优秀成果展评活动一等奖；2009 年荣获首届上海市未成年人思想道德建设工作创新案例奖；2011 年荣获上海市中小学十佳德育优秀项目奖；2013 年荣获上海市教育系统校园文化十佳优秀项目奖。一个项目获得如此多的殊荣，尤其获两个“市级十佳”，在沪上鲜见。

拍手歌散发出了无限的教育生机和活力。学生说，拍手歌营养好，味道好，听觉好，我们喜欢。家长说，拍手歌朗朗上口，喜闻乐见，效果显著，我们支持。老师说，拍手歌具有教育内涵，拥有文化底蕴，顺应学生心理，我们乐意。

我坚信，拍手歌是对学生进行做人做事教育的好途径、好形式、好方法，我要创作更多更好的拍手歌献给可爱的学生，让民间童谣拍手歌——这朵基础教育的“育人新花”在廊小这片沃土上开得更生机盎然、鲜艳夺目！

第六节　“斗姥阁”：有温度、有深度的厚重“大书”

如果说“廊小”的“双十景”是将历史与文化、生态与建筑融合在一起，散发出独特的江南园林魅力的大花园的话，那么，“廊小”的“斗姥阁”，这一如诗、如歌、如画的校史馆，则是一座独一无二的令人震撼的校内博物馆。

斗姥，又名斗姆，是道教供奉的女神。根据《道藏》所记，她是北斗众星的母亲，斗是她的“魂”，水是她的“精”，宋元以来被尊为“先天斗姥大圣元君”。

清朝廊下名人夏月舟等12名商民捐助建造小阁楼，最初称为文昌阁，为本地儿童在求学前必须先礼拜祈求之处，后改称为“斗姥阁”。

1904年，金山教育先驱何静渊先生在“斗姥阁”创办了开智初等小学，又称“开智学堂”。非常可惜，“斗姥阁”已在1979年5月拆掉。

当我知道“斗姥阁”历史后，我曾多次想复建“斗姥阁”，但因多种原因始终未实现这个愿望。2013年，学校迎来了百年一遇的校园文化改造契机。我把复建“斗姥阁”的想法告诉何顾继德老师，他说这个想法很好，很有意义，如果实现，那是一件了不起的大事好事。于是，我们两个多次来到校园里选址，最后选定在桃李园的西南角，把原有的二层小阁楼改建一下。有了初步设想后，我向教育局顾宏伟局长和施新章副局长作了汇报，两位局长也认为这是很有价值、很有意义的事，当场表示同意。但要开始实施时，碰到了很多棘手的问题，尽管我作了很多努力，想了很多办法，但始终无法解决。顾宏伟局长知道后，亲自帮我校沟通、协调，解决了难题。有了领导和专家的支持和帮助，我信心倍增，马上请老校长、老教师回忆原斗姥阁的样子，还和顾老师一起查阅了很多资料。经无数次讨论、研究、修改、完善，设计图终于完成。

经过近半年的施工，一座古色古香、充满厚蕴文化气息的“斗姥阁”出现在桃李园的西南角，并揭开了她美丽的面纱。

“斗姥阁”有两个楼层，建筑面积139平方米，它古朴典雅、精致庄重。馆内布展了110余年校史，分为教育先驱、薪火百年、崭新十年、实物展示四个部分，珍藏了上百件教育史料和珍贵文物，还有多件镇校之宝，成为百年廊小文化内涵的缩影，见证了廊下小学生命延续的脉络。它是传承校园文化的永恒校史馆，也是沪上鲜见的校内博物馆。

为了增添文化内涵，我请到了两位名人给“斗姥阁”题词。校史馆主题“百年廊小，不凡春秋”由中国书法家协会主席苏士澍教授题写；“斗姥阁”和“元君辉耀道传盛世，黉苑文昌卓育英才”这副对联，由时任中国教育学会常务副会长、原国家副总督学郭振有教授题写。两位名人的墨宝给“斗姥阁”（校史馆）增添了浓郁的文化气息。

就这样，一个承载着厚重“校史”和“传统”的“校史馆”，在“廊小”扎下根来，厚重起来，生辉开来。

校史，是一所学校创始以来漫漫办学旅程的历史见证，也是所有曾经在这所学校读书的学子的共同记忆，更是不同时期学生接受教育的天然读物。校史馆，是一所学校记录诞生、演绎发展的“时空布局”，也是学子后人视景知史、睹物思情的“触觉天地”，更是师生抚今追昔、勇往直前的“能量磁场”。

我校把校史馆建在“斗姥阁”，一是回复历史原貌，记住根的位置；二是接上地气人脉，展现文化的氛围；三是提供教育素材，增加育人的元素；四是发挥传承作用，促进学校发展。

我校的“斗姥阁”(校史馆)确实具有独特的不一样的特征。她与书写在纸上的文字不同，与呈现在屏幕上的影像不同，与铭刻在学子心中的印象不同，更与独辟一个专室不同，与利用一面长廊不同，与做成一本手册不同，她是在一个真实的时空里得到如实地陈列，有其形与韵的生发、迹与印的留痕、功与效的凝聚，是在一个真实的旧址中得到完整地还原，有其史与实的再现、貌与情的展现、睹与思的重现。她与校园“二十景”浑为一体，与创始人何朱两先生纪念堂遗址遗迹、何朱两先生铜像、静渊亭、志贤门、村校边门、老房子、百年老井、鲜军雕像等相邻相望，校史几乎是在与自然融为一体的校园环境中陈列着，天天与师生见面。校史馆与校园景观相映成趣，可谓景景关情，点点励志，长年累月地滋润着廊小师生们的精神世界。

“斗姥阁”:倚重根基之奠的保“存”价值

小阁楼，“文昌阁”“斗姥阁”“开智学堂”“景阳高小”……廊下小学沿革过程的始点在“斗姥阁”。这是学校奠基之根，也是传承的基点。学校将“校史馆”建在“斗姥阁”，倚重根基之奠的保“存”价值。

以旧揽“旧”，留下历史。

旧，往往经过岁月积淀，蕴含着当时的历史风貌。学校坚持以旧揽“旧”，是要保留历史的真实，揽下曾经的风云。

现在，古色古香的小阁楼里还留存着 1904 年前“斗姥阁”里一只红木茶几，阁楼的楼梯木杤和木梁很多是原有“斗姥阁”上拆下来的。阁楼的造型也吸取了“斗姥阁”的很多元素，如柱子、檐面、翘角、观音兜、风窗等，很有历史感和沧桑感。

除了“斗姥阁”，学校还特别注重对旧扯的保护和挖掘。如今，“斗姥阁”东侧依然有一排陈旧的老房子。这个老房子是廊下镇 20 世纪 30 年代的警察所，1937 年廊小校舍被日寇大多烧毁，当年有识之士借用这幢老房子作校舍，断断续续办了 5 年学。这排特殊的校舍，成为一段不能忘却的历史，成为一篇生动的爱国主义教育教材。

以旧“录”旧,保留精粹。

旧,往往呈现着一段发生在特定时期的“事件”和“故事”,蕴含着传统。学校坚持以旧“录”旧,取尊重历史之意。

走进“斗姥阁”,丰富翔实的历史文字、图片、书籍、用品等史料文物令人惊叹,特别引人注目的是“创校先驱——何朱两先生”这一篇章,这是“校史馆”最有历史价值、最有文化内涵的一个部分,它集中展示了有关学校创始人何静渊、朱志贤两先生的生平事迹和珍贵史料、图片。清光绪三十年(1904),何静渊先生在廊下斗姥阁创办了开智初等小学,校内还设有女塾。早在1903年,何先生就在廊下五区头创办了金山最早的乡村学堂——育英公学;1908年又在廊下新建江增设启发初等小学。5年间,何先生以大无畏的精神办了3所小学,为廊下教育作出了不可磨灭的贡献。民国二年(1913),朱志贤先生担任开智小学校长,出巨资在“斗姥阁”北面建造数间新校舍,不以方隅为限,广收学生。几年后,学校规模和影响在金山与平湖都首屈一指,被教育部授予三等金质奖章。1916年,朱先生增设了景阳高等小学。1917年,他又极力筹办中学,并计划增设工厂、商店,作为高小毕业生实习职业的场所。可是计划刚定,朱先生却因病离世,宏愿未酬。南社创始人之一高天梅写了挽联,南社后期主任姚光写了《吊朱志贤从表兄》一文,当时赴追悼会者有数千人。

民国二十三年(1934),各界捐助,建造了何朱两先生纪念堂,南社名宿高吹万撰写《何朱两先生纪念堂记》。1937年11月,学校大多校舍被日寇付之一炬,纪念堂只剩下一块纪念碑碑额和一块刻有“何朱两先生纪念堂”的八字石匾。

2004年,学校在1935年的《金山县鉴》上找到了何朱两先生纪念碑碑文,并将全文刻在一块铜牌上,连同遗留下来的碑额和石匾一起存放在当年纪念堂的遗址上。2013年,学校建造了以创始人名字命名的“静渊亭”和“志贤门”,还请著名雕塑家、学校创始人后裔何鄂创作了“何朱两先生铜像”,矗立在何朱两先生纪念堂遗址,并改遗址为“何朱两先生纪念堂遗址遗迹”。

“斗姥阁”:发挥史料之活的保“鲜”作用

照片、茶几、钢板、证书、题词……廊下小学发展历程的见证在“斗姥阁”,诸多实物集聚于此,这是学校发展纪实,也是激活的对象。学校花大力气挖掘、搜集,旨在发挥史料之活的保“鲜”作用。

镇校之宝的“复活”。

校史馆里珍藏着三件镇校之宝：一是一只“清朝茶几”，这个茶几是“斗姥阁”里唯一传承下来的一件文物，至少已有110多年历史，现在连同从民间收购来的一对太师椅一起放重新改建后的“斗姥阁”里，显得特别有意义、有价值，使历史元素得到“激活”。二是一张全体师生合影的“老照片”，这张非常清晰的老照片是1917年5月20日创始人朱志贤追悼会时拍摄的，照片上的石柱至今完好保存在校园里，显得特别珍贵。三是一张“何朱两先生纪念碑拓片”，这是学校从一位爱好收集古董的校友收藏的有关廊下小学“何朱两先生纪念碑”的拓碑上复制过来的，成为校史馆的出彩之宝。

史料实物的“激活”。

百年庆典至今，从偶然的事件中，从老校长、老教师、老校友的手里，从学校仓库里、角落里、杂物间，乃至旧物堆里，一件件有意义的史料实物被挖掘、整理、“激活”出来，珍藏到了校史馆，成为“宝贝”。

2014年某一天，我偶尔从一本杂志上看到曾在1923年到1925年担任我校第六任校长的何震生，曾参加南社第十七次雅集的信息。第二天，我马上赶到张堰南社找到了张堰南社十七次雅集的合影，但我不知道照片中哪一位是何震生，就请南社纪念馆负责人姚先生帮我打听，结果从姚光的儿子姚昆田那里知道了哪位是何震生，而且还了解到了很多关于何震生的生平事迹。何震生是学校创始人何静渊侄子，五区头(今廊下勇敢村)人。南社入社号24号，是爱国知识分子，南社早期社员，曾在国外办过学校。1919年4月，何震生参加了在上海徐园举行的南社第十七次雅集。1925年，学生增多，“廊小”旧的校舍不能容纳，新建校舍时间不久，墙壁有倾斜，同年7月在何震生校长的发起下，请示上级，征得地方人士朱履仁(朱志贤侄子)先生等人同意，修建校舍，校舍除教室外，办公室、厨房、乒乓室、储藏室等一应俱全，学校初具规模。

学校两位创始人后裔从不同渠道得知他们的先辈创办了百年“廊小”，纷纷回“廊小”追寻先辈的教育足迹。何静渊的孙子何雷先生看到他先辈创办的“廊小”现在这么美、这么有文化，无比激动和自豪，回家后把有关其爷爷何静渊(学校创始人)和其父亲何聿堪(廊小第七任校长)的所有珍贵资料全部捐给学校，成为“廊小”最珍贵的史料。

老校友怀明富先生曾任金山区图书馆馆长，对金山的教育史料研习甚多，帮学校找到了许多珍贵的史料。其中他帮我们找到南社创始人高铁梅、南社主任姚光在我校两位创始人逝世后写的挽联，非常珍贵。特别找到了南社名宿高吹万在20世纪30年代写的《何朱两先生纪念堂记》：

学风之坏也久矣。其始起于通都大邑，桀黠者倡之，浮嚣者和之。英年学子，如中疫疠，凌师干政，无所不为。二三十年来，学制几经变革，然每下愈况，识者用以为忧。而偏隅僻壤间，乃有立学最早，不懈益勤，能无染时习，历久而不失先正典型承学之士，每推本于吾邑何朱二先生，以为不可及也。何先生讳汝诹，字静渊，其为人也，刚正而勇敢，与人言学，辄哓哓不肯休。当民国纪元前九年，时郡邑未有学校，先生于其乡毅然首创之，曰育英。翌年，复于廊下镇创设一校，曰开智。不数年，而何先生卒，年四十有四。继其后者，为朱先生炳文，字志贤。其为人也，温厚而端谨，就之恂恂，而其志甚雄。时当民国初元之际，先生既由市议会公举而长开智，即慨然助巨赀，建校舍，扩而充之，增加额级，规模益宏矣。后不数年，而朱先生亦卒，年三十有六。今时异势殊，校之名称既改为第七中心小学，而学风无所丕变，不移于俗尚，固犹是二先生之志也。癸酉之岁，实为是校成立之三十周，同人等追惟二先生创造光大之功，爰建斯堂，以资纪念，用式多士，而属余为之记。余于何君为中表行，于朱君则为甥行。称二先生者，众人之意也。遂歌以落之，其词曰：

惟木有本兮惟水有源，小子有造兮谁锡之恩，无为之先兮孰任其艰，无为之后兮孰大其传，一哄之市兮笃生夫二贤，顿菁莪之聿起，遂扬厉而无前，胡壮年之不禄，俱墓草之宿焉，幸遗风之尚在兮，至今犹承学而无愆，登斯堂以展拜，冀长闻夫诵弦。

这篇文章非常珍贵，非常有价值，对学校史料研究特别是何朱两先生的研究具有重大意义。

怀先生还送我一本书《姚光全集》，从中我又了解到了很多珍贵的史料。何氏家族热衷于教育，与廊小血脉相连，息息相关，并留下了许多感人肺腑的故事。当时，何静渊先生身体不佳，学校事务忙不过来，经常由其弟何叔嘉先生料理学校日常事务。何叔嘉先生才华出众，曾是张堰南社后期主任姚光弟妹三人的私塾老师，姚光和何静渊、何叔嘉感情很深，常在一起讨论国事和抱负，在何静渊过世的前一年，姚光还和何静渊一起游览西湖。因劳累过度，何家两兄弟英年早逝。1910 年，何静渊先生过世，年仅 44 岁；同年两个月后，何叔嘉先生过世，年仅 40 岁。1918—1920 年，何叔嘉的儿子何旭东先生担任学校校长；1923—1925 年，何静渊侄子何震生先生担任学校校长；1926—1927 年，何静渊的儿子何聿堪先生担任学校校长；1935—1937 年，何旭东儿子何修伦先生担任学校校长。从中看出，何氏家族为“廊小”作出了何等大的贡献。

我从怀先生那里还了解到，学校创始人何静渊和朱志贤两先生与南社也有渊源。何家和朱家是亲戚，何家、朱家和张堰姚家、高家也是亲戚。何静渊的妹妹何亚希是张堰南社创始人之一高天梅的夫人，是南社第一位女社员，何静渊和张堰南社主任姚光是表叔侄，何静渊的父亲和姚光的祖母是亲兄妹，何静渊的侄子何震生是南社成员。朱志贤是张堰南社创始人之一高天梅的外甥，姚光也是高天梅的外甥，故朱志贤和姚光是表兄弟，当时朱志贤家族为张堰南社筹建等活动出了很多资金。何静渊和朱志贤逝世后，高天梅和姚光分别写了挽联或挽词。

还有一位校友保留了从小学到高中的所有证书。这位校友主动把一张 1970 年的小学奖状和成绩报告单捐给了学校。受此启发，学校立即给一位位退休教师打电话，真想不到，有 4 位退休教师至今还保存着廊小 20 世纪五六十年代的小学毕业证书。现在，陆续有校友把成绩报告单、家校联系册、证书、小人书等史料捐给学校。

2016 年，西安一位银行职工顾先生回金山探亲，经熟人介绍参观我校的斗姥阁（校史馆），当看到我校历任校长中有一个顾志刚的名字和他爷爷同名，回到西安问了他的父亲，他父亲说其爷爷顾志刚在 1929—1930 年任“廊小”校长。于是，顾先生就把他爷爷顾志刚的照片寄给了学校，让学校又得到了一张珍贵的老校长照片。

珍藏在“斗姥阁”（校史馆）里的风琴，是我校老教师李国根捐给学校的。学校有了电子琴和钢琴后，这些风琴就不再使用，学校在清理时往往都作为旧货处理掉。当时，李老师要了一只风琴给他女儿玩。想不到现在丢在他家角落里的风琴华丽转身成了宝贝，珍藏在学校“斗姥阁”。李老师还捐赠了很多小人书，也一起存放在“斗姥阁”。

收藏文物的“物活”。

现在，珍藏在校史馆里的许多原汁原味的教材、本子、画册、实物，这些物品物旧意深，时时勾起师生和参观者太多的思索和联想，特别有回忆感、归属感。

教材类:珍藏着几十册不同时期的教科书,其中最早的两册是民国元年(1912)的数学课本。

练习册:有民国时期、中华人民共和国成立初期、“文革”时期的几十本练习册,印有孙中山、毛泽东等伟人头像的本子特别具有时代烙印。

连环画:上百册不同时期的连环画,如《鸡毛信》《地雷战》《地道战》《闪闪的红星》《铁道游击队》等,富有亲切感。

实物:民国时期、中华人民共和国成立初期和“文革”时期学校用过的用具、教具、学具几乎都能在校史馆里找到:钢板、铁笔、蜡纸、中文打字机、英文打字机、四通打字机、手推油印机、手摇油印机、拉铃、摇铃、高音喇叭、手摇电话机等几十种用具;清朝戒尺、民国教鞭、算盘、文革书包、蘸笔、铁皮铅笔盒、木质圆规、哨子、挂表、脚踏风琴、手风琴、电唱机、老电视机、幻灯机等几十种教具、学具。

“斗姥阁”:强化教育之库的增“值”功效

理念、校训、科目、校歌、学校三风……学校的办学精华在“斗姥阁”。这是学校教育之源,也是光大的要点。学校将核心文化“驻”在“校史馆”,强化教育之库的增“值”功效。

五个校名的一种“向标”。

“廊小”办学进程与村校息息相关,原中心校下面有几十所村校。虽然当下村校已不复存在,但村校的历史、作用却不能忘却。学校把民国时期“育英、启发、崇朴、崇本、敦仁”等五所村校的名字,刻在学校“桃李园”的两扇边门上面,成为富有文化内涵的“村校边门”一景。这些校名,有内涵,至今具有很深的现实意义。如“启发”,我们因“启发”校名启示,提出“智慧课堂”,“智慧课堂”很好地体现了“启发式教学”的理念。如“崇朴”,教育就应该朴实无华,但现在我们的教育太浮躁,太急功近利,“剧场效应”绑架了中国教育,看重分数,追求华丽,注重形式,与“学生为本”背道而驰。我校受“崇朴”这一校名影响,提出“求实、求新、求效”的工作作风,脚踏实地,注重实效,把挂在外墙上的标语一幅幅拿下来,只留下硕大的校徽和吉祥物,把挂在校门口的一个个荣誉悄悄地取下来放进校史馆,营造了一个朴实无华、返璞归真的校园读书环境。如“崇本”,“开启智慧,润泽生命”是我校的办学核心理念,我们认为教育的本质就是“开启学生的智慧,润泽学生的生命”,现在,我们就是在传承先辈“崇本”的教育理念。

民国教育的一扇“窗户”。

在“校史馆”，一组民国时期开设的科目颇吸引眼球。如清光绪三十年(1904)，开设修身、读经、中国文学、算术、历史、地理、格致、体操、手工、图画。民国元年(1912)，开设国文、算学、修身、劳作、体育、唱歌、美术。以后又增添了常识课，把“修身”改为公民课。高小还设英文、卫生、自然、地理、历史、社会等课程。1949 年，开设国语、算术、常识、图画、音乐、体育、手工、劳作、活动；高等小学开设公民、国语、算术、自然、历史、地理、图画、音乐、体育、劳作、自修。这些科目，对当代开设科目也有重要的借鉴意义。

革命传统的一面“旗帜”。

1935 年开始，学校每周一上午举行一次纪念会，每天早晨有晨会课，每天放学前有夕会课，每周周末有周会。1936 年，学校成立学生纠察队。学校每天有学生纠察员轮流值日，当每个同学进校时，必须先向纠察员说“我愿遵守中国公民规律，锻炼我的身体，用功我的学问，永远不买日本货”，方可以进校。1937 年，抗日救亡运动蓬勃开展，学校师生积极投入，经常上街宣传，教唱救亡歌曲，激发人民群众的斗志。每天晚上，由老师带领歌咏队，在廊下救火会门前进行宣传，报道抗日消息。1947 年，学校成立童子军组织，一般都是有钱人家的子女参加，但如果学生有活动能力的，如能打鼓、吹号子的、爱好文体的，即使家长无钱，学校也会动员参加。这些史实，对学生有很大的教育意义。

杰出校友的一种“昭示”。

“廊小”百年，人才辈出。载入校史馆的有四位杰出校友：革命先辈何穆、马本初，烈士张鲜军，残奥冠军姚芳。

20 世纪 30 年代，马本初到延安参加革命后，改名为“郎夏”，意在心中永远铭记家乡——廊下，后来又改成“方正之”，他说：“我要永远方方正正、老老实实做一个中国共产党员”。现在学校的校风“方方正正做人，踏踏实实做事”就是从马本初这句朴实而又催人奋进的话引用而来。革命烈士张鲜军，1997 年 8 月 1 日，在金山石化戚家墩海滩边为抢救三个落水孩子而光荣牺牲，后被上海市人民政府追认为“革命烈士”。学校安放了“鲜军雕像”，创作了校歌，编写了教材，概括了小学生可学可做的六种鲜军精神，“做鲜军式好少年”成为廊小学子的荣耀和追求。这些校友，对学生有很大的激励作用。

“斗姥阁”是一部有温度、有深度的厚重“大书”。百年“廊小”，犹如一幅永远也书写不尽的山水诗卷，风光无限，引人入胜，意蕴悠远。有人说，走进“廊小”,不看“斗姥阁”等于没来“廊小”;走进“斗姥阁”,穿越百年文化时空,能看到不一样的史料、不一样的文物、不一样的“镇校之宝”;走出“斗姥阁”,烙下深深印记,仍回味不一样的文化、不一样的留恋、不一样的“眼福之饱”。可见,我们的“斗姥阁”充满文化魅力。

习近平总书记曾指出:“抛弃传统、丢掉根本,就等于割掉了自己的精神命脉。博大精深的中华优秀传统文化是我们在世界文化激荡中站稳脚跟的根基。”我校的“斗姥阁”(校史馆),既有根的奠基,也有树的繁茂,更有叶的绽放。我们把收集、挖掘、抢救出来的史料和实物在校史馆集中展示或融合到校园的景点中,组成了一个富有魅力的教育博物馆,成为“廊小”又一道独特的校园文化风景线。“看一幅幅图片,如同穿越‘廊小’百年的历史;读一行行文字,如同经历‘廊小’百年的沧桑;赏一件件文物,如同再现‘廊小’百年的情景;思一位位贤达,如同领略‘廊小’百年的风流。”这些如诗、如歌、如画的史实和实物有着历史的厚度和教育的温度,能让师生开阔视野、启迪智慧;能让师生重温学校记忆、勾起教育情怀,并从中感知、了解、继承、弘扬中华传统文化、教育文化,激起对教育先辈的崇敬和中华民族的自豪感。如今,“斗姥阁”(校史馆),远近闻名,成为学校传统文化教育的最好乡土教材,成为廊下地区文化游览的经典项目,学生用来参观、调研、探究,学做小导游;双休日与“何鄂雕塑馆”一起对外开放,慕名者接踵而来,好评如潮。

现在,我还正在策划,运用“斗姥阁”(校史馆)这得天独厚的资源编写一本适合学生阅读的校本教材,遵循小学生的心理认知特点,以兴趣和好奇心为引领,将德育与校史教育融为一体,让校史和文物活起来,让学生进一步通过校史认识学校的百年沧桑历史,进一步理解校本基因、先辈智慧,进一步传承廊小优良传统文化,进一步提高学生文化素养、实践能力和创新能力。

历史昭示未来。这本厚重的“大书”,从“斗姥阁”作为扉页,经过岁月的积淀和几代人的书写,必将成为精品大作,为今日廊下小学增添绚丽的新华章。

第七节　“何鄂雕塑馆”:震撼、感人的艺术殿堂

当你走进我校的西大门,就会看到一个醒目的路标——“何鄂雕塑馆”。她迅即把你引入了一座在全国中小学中罕见的精品艺术殿堂。

何鄂,女,1937 年出生,上海金山廊下人,1955 年毕业于西北艺术学院美

术系雕塑专业。她先后在甘肃省美术服务社任职，兰州艺术学院美术系任教，又在敦煌文物研究所工作12年，在甘肃省工艺美术公司及省工艺美术研究所勤耕数载，并创立甘肃省何鄂雕塑院。现为中国雕塑学会常务理事，中国工艺美术大师，教授，全国著名雕塑家，2014年担任金山区廊下小学名誉校长。她先后荣获“全国三八红旗手标兵”“中国工艺美术大师”“甘肃省艺术终身成就奖”等荣誉称号。她是中共十四大代表，国务院政府特殊津贴获得者，英国皇家艺术研究院“荣誉院士”“客座教授”。她传世名作甚丰，其成名作《黄河母亲》享誉海内外，成为华夏民族生生不息的象征。

何鄂是我校创始人何静渊先生的第四代后裔。在我校建立雕塑馆，是何鄂用雕塑的形式在延续她先辈的事业，为百年廊小新百年又谱上一曲感人的乐章，为“廊小”学子零距离地徜徉在艺术大师的神圣殿堂，领略中华民族的瑰丽文化，浸润雕塑艺术的春华秋实，开辟了一个崭新的天地。“何鄂雕塑馆”展现的是故乡、母校的一种情缘，抒发的是爱国、爱乡的一种情怀，体现的是艺术、习得的一种情致。

“何鄂雕塑馆”诞生的背景

一个大名鼎鼎的全国著名雕塑家怎么会俯身把雕塑馆建在一所乡镇小学？这里还有一个发生在学校百年纪念盛典中，何鄂与“廊小”创始人何静渊前辈相识相认的真实故事——

1937年，日寇侵占金山，何鄂一岁不到被迫离开家乡。2004年，何鄂应我校邀请从兰州回到廊下参加建校百年庆典。之前，出身廊下的何鄂已将创作的革命烈士“勇敢的鲜军”铜像赠予了“廊小”。

这一次回乡，让何鄂更加触景生情。不仅儿时就埋在心灵深处的家乡情结一触即发，而且更强烈地激荡起她寻找亲人、报效家乡的赤诚之情。

2004年10月18日庆典开始前约半小时，我陪着何鄂和其丈夫张玄英先生参观了百年“廊小”的遗存石碑。张玄英指着石碑上清晰的“金山何朱两先生纪念碑”字迹，随口说了一句：“说不定和我们何家有关系的。”

不经意的这句话，引起了我极大兴致与奇想。当大家在嘉宾休息室坐定后，我马上打电话给已近九十高龄的1935—1937年任“廊小”校长的何修伦。何校长毫不犹疑地说出何鄂父亲何修尧是他的堂兄，和创始人何静渊就是一家人。严谨排算，何静渊先生即是何家上推四代之内的先辈。

我的这一有心查询，竟然连接了何家姐弟兄妹与静渊校长的血脉渊源。

更奇的是，修伦校长的胞弟序伦，竟然也有一位美术学院雕塑专业的外孙。

这段奇缘印证了中国传统文化缘分之说。何鄂老师也深信这正是“有缘千里来相会”啊！

后来，何鄂老师又得知“廊小”历任校长中还有4位是她的先辈，包括其父亲何修尧曾做过“廊小”教师。因此，何鄂与家乡、与百年“廊小”可谓是血脉相连，息息相关。何老师对家乡充满着深厚的感情，多次回家乡寻根探望，并先后在上海美术馆、家乡万春苑举办过雕塑作品展，也先后给金山区政府、廊下镇政府、百年“廊小”捐赠过雕塑作品。但是，何老师觉得这些还不能完全表达她对家乡的回报和思念之情，心里还一直藏着一个夙愿：条件成熟时，一定要把她一生中最有影响、最有价值的雕塑作品，在故乡的土地上永久展示，以回报故乡热土。她的这一夙愿因各种原因迟迟没有实现，我一直感到很遗憾、很惋惜，甚至很难过。

2012年，学校实施“校安工程”，新建了一幢教学大楼，校舍相对空余了一些。有一天，我心血来潮，突发奇想：能否用空余的校舍建一个雕塑馆呢？我又想，如果资金有限，就放一两件实物作品。当天晚上，我给何老师打了电话，把我的想法向何老师作了汇报。何老师当即表态同意，她说在家乡建雕塑馆已经有了十多年的念头，因为各种原因迟迟没有实现。现在，朱校长主动提出这个想法，且百年“廊小”又是我先辈创办的学校，她太高兴、太激动了！最后，何老师哽咽着说：“谢谢朱校长，谢谢朱校长！我一定要和你一起把雕塑馆建设好，为家乡做一件有意义的事。”

第二天，我马上去教育局向顾宏伟局长作了汇报，顾局当场表态表示同意，说何鄂大师是全国著名雕塑家，又是“廊小”创始人后裔，这么好的资源一定要利用好。下午，我又向廊下镇党委、政府作了汇报，陈国忠书记、沈文镇长也表示同意，还说等雕塑馆建好后，把2006年何鄂赠送给政府的雕塑作品《亲昵》《雄冠》一起放到雕塑馆。

于是，何鄂亲自筹划，并与胞弟何顾继德先生共同设计、布局，我负责文字组织。我们殚精竭虑，精益求精，以臻完美。

2014年建校110周年之际，在金山区教育局、廊下镇党委和政府的关心重视下，在百年“廊小”全体师生的期盼下，“何鄂雕塑馆”建设完成。

2015年5月8日，“何鄂雕塑馆”与展示学校百年展历程的“斗姥阁”(校史馆)同时举行落成典礼。这是我校发展历史篇章上的厚重一笔，也是学校文化展现深邃内涵的精彩一幕，必将镌刻在“廊小”历史丰碑上。

在落成典礼上，金山区教育局局长顾宏伟表示，“何鄂雕塑馆”和“斗姥阁”落成意义重大，这是廊下小学用心用情执着办学的丰硕成果，是大师资源有序引入校园的大胆创举，也是传统艺术有机融入课程的生动范例。顾局长还为何鄂女士颁发了“终身名誉校长”荣誉证书，并为高级工艺美术师何鄂胞弟何顾继德先生颁发了“校园文化设计终身名誉顾问”荣誉证书。时任金山区教育局党委书记邱辉忠，廊下镇党委副书记、镇长叶广贤为“何鄂雕塑馆”和“斗姥阁”(校史馆)揭牌。在落成典礼上，我作为廊下小学校长动情地向来宾们介绍了“何鄂雕塑馆”和“斗姥阁”(校史馆)的筹建过程，感谢何鄂女士对故土的眷恋和不舍，对百年“廊小”的钟情和厚爱，为“廊小”奉献了如此令人震撼充满美感的艺术殿堂，感谢何顾继德先生对“廊小”的倾注、投入和付出，为“廊小”设计出了如此美丽漂亮、古朴典雅而又有文化品位的校园环境。

最后，何鄂女士满怀深情地说：“我虽远在大西北的甘肃，并在那里工作生活了半个多世纪，但我的故乡永远是我梦魂皈依的地方，我永远是金山廊下的女儿。‘何鄂雕塑馆’让我与家乡情脉相连，与百年‘廊小’灵犀相通。如果我的作品能让大家不断走近雕塑、了解雕塑、喜欢雕塑，如果我的雕塑馆能使‘廊小’的蓬头稚子感受艺术、净化心灵、陶冶情操，从中不断得到美的熏陶和启发，我就会感到特别的开心和幸福！”

从此，由国家教委原副主任柳斌题写馆名的“何鄂雕塑馆”每天与廊下小学师生相亲相伴，雕塑艺术与美学育人相融相谐，成为学校爱国、爱乡教育的“乐园”，成为学校特色育人的“沃土”。

“何鄂雕塑馆”的诞生，这不是信手拈来的随意，而是教育大家的风范；这不是一时狂想的冲动，而是品质教育的执着。

“何鄂雕塑馆”的诞生，不仅有着天时、地利、人和的“境遇”，而且有着艺术、教育、良知的“情缘”。

“何鄂雕塑馆”的诞生，刷新了大师艺术博物馆进驻校园的历史，是社会文化资源“嫁接”学校教育的生动范例；

“何鄂雕塑馆”的诞生，丰富了校园文化引入大师艺术的呈现方式，是学校教育“融入”社会范畴的有益尝试和大胆创举，开拓了开展爱国主义教育的新思路，开创了艺术教育进校园的新模式，开辟了活用社会资源优化校园文化建设的新途径。

“何鄂雕塑馆”的诞生，是百年“廊小”新百年史上一大喜事；是廊下全镇人民的一大盛事；是金山教育的一大幸事。

“何鄂雕塑馆”的诞生，不仅使校园文化得到物质上伸展的丰富，而且使以德育人、以美怡人得到文化情缘的续写和精神品位的提升。

“何鄂雕塑馆”的诞生，既是何鄂故乡情结和母校情愫相融合的结晶，也是艺术大师倾力艺术和倾注教育的完美体现。“何鄂雕塑馆”生根“廊小”，让学校生辉、文化出彩、教育添魅，师生有幸，这是我们的骄傲、荣耀和福气！

“何鄂雕塑馆”内涵的演绎

“何鄂雕塑馆”的成型，有着内涵的演绎。

“何鄂雕塑馆”内展出作品图片 80 余件，原作 20 件，弥足珍贵。其中有何鄂的处女作、代表作、成名作，充满着对历史的追寻、对大爱的执着、对艺术的钻研、对教育的倾情，是个“高大上”的雕塑展馆，令人震撼。一个作品，就是一种生活、一个灵感、一个故事，更是一种精神。何鄂的作品源于生活，主题鲜明，形象生动，刻画细腻，寓意深邃，且内容丰富多彩，颂扬真善美，具有极强的艺术感染力和教育穿透力，是一本鲜活又充满美感的、培育学生发展核心素养的“教科书”，更是弘扬社会主义核心价值观的“新教材”。

第一部分：真爱永恒。一组《真爱永恒》作品集中体现了人世间的真爱与真情。其中《同学》雕塑，表现了一个佩戴红领巾的孩子帮扶一个残疾孩子过马路时的情景。

有一次，何鄂见到一位只有一条腿的残疾女孩拄着拐杖上了公共汽车，她长发飘逸，脸庞漂亮。当时，何鄂对乘客说：“哪位给她让个座？”但没有一个人回应让座。这一幕深深地、酸酸地刺痛了何鄂的心，此后她就创作了作品《同学》，以期唤起社会良知。同时，在学龄儿童幼小的心灵中播撒友爱、关怀、帮助弱势群体的种子。

另外《亲昵》《鸟语》《和睦》也是值得一看，值得品味的作品。

第二部分：文明传承。作品《黄河母亲》是何鄂的成名作，也是何鄂所有作品中最有影响力、最有感染力、最有震撼力的作品。

《黄河母亲》创作于 1984 年，1986 年坐落于兰州黄河南岸。雕塑材质为花岗岩，长 6 米，宽 2.2 米，总重 40 余吨。

《黄河母亲》由“母亲”和“男婴”组成。“母亲”，象征了哺育中华民族生生不息、不屈不挠的黄河；“男婴”象征着快乐幸福、茁壮成长的华夏子孙。作品以母亲的博大、坦荡象征黄河，象征民族，以母亲的善良、慈爱激励后代，给儿女以智慧和力量。作品抒发了千千万万炎黄子孙对民族、对祖国的无限深情。作品在三十年来享誉海内外，如今已成为甘肃省文物。

何鄂正因为有30年大西北和12年敦煌的历练和积淀，才有《黄河母亲》等作品的创造和迸发。

另外《文成公主》《玄奘》《杜甫》等作品也非常有震撼力。

第三部分：希望星辰。一组《希望》雕塑是七个孩子，像北斗星一样充满希望的“星星”。

希望星辰之一：羊娃。

他是一个极普通的西部失学孩子——放羊娃，身上披着麻袋片，两臂贴着身子摊开双手，像是两个问号，又俨然像个将军，他似乎在问：为什么我不能上学呢？表现了放羊娃对知识的渴望，希望在人格上得到平等。何鄂还特地为《羊娃》写了一首诗。2013年，何老师做了两座铜雕《羊娃》，一座送法国卢浮宫参展并获评委奖，一件就永久存放在我们百年“廊小”，多么珍贵呀！

少数民族女孩的裙子像一个倒过来的花盆，好像第一天上学很神圣的样子，幸福地走出了人生第一步。

提书包的女孩穿着一件城里人捐的长长的衣服，双手提着由妈妈绣着鸽子的小书包，正迎着新学期生活第一天的到来。

调皮的孩子是一个西部孩子，一脸稚气，正向学校飞快跑去，想把小人书上看到的有趣的事情告诉老师和同学。

城镇的孩子背上挎着书包上学的女孩，走在平坦的大道上很幸福的样子。

藏族孩子正在系红领巾，显得很有趣味，也表达了五十六个民族是一家，孩子们都长在红旗下的主旨。

大龄失学女孩拉过头巾遮住了嘴，只露出一双渴望知识的眼睛。

何鄂一直认为，不管是城里的孩子，还是农村的孩子，无论他们贫穷或富有，在人格上都是平等的，没有贵贱之分，他们都是希望的星星、国家的未来。

《希望星辰》这一组雕塑得到了社会的高度认可和评价，《希望星辰》之二、之四、之七被中国美术馆收藏，《希望星辰》之二、之四、之五被上海美术馆收藏。

第四部分：志存高远。一组《人生》雕塑，表现了人生的幼年、成年、老年的三种状态。一组《生命》雕塑，表现了生命的沉睡、涌动、燃烧的三种状态。这两组作品告诉人们：人生的长度有限，我们要珍惜生命，活得要更有意义。

何鄂长期生活在大西北，对西北的人和事都充满了深深的感情。《边寨新乐章》《王震与卫校学员》《流淌的河》等作品，都是何鄂对大西北充满热爱的一种情感表达。而《马可·波罗》表现了意大利旅行家马可·波罗对中国西部的热爱和关注。

第五部分：至善至美。这里展品内容十分丰富，每件雕塑都有一个感人的故事，都表达了何鄂弘扬和谐社会的创作理念和追求“真善美”的创作激情。

第六部分：华夏精英。一组《华夏精英》共有 9 个人物，其中有《徐向前》铜雕、《李先念》年青时代的铜雕等。

第七部分：厚土滋润。《绣花女》是何鄂的代表作，这件作品表现的是一位劳动妇女正在绣花的神态，粗壮健美的形体与灵巧的手，既有粗犷又有细腻，既有对比又和谐统一，表现出西北劳动妇女的内秀与智慧。作品中洋溢着新石器时代仰韶、马家窑艺术的神韵，吸收了民间剪纸、皮影的表现手法，使作品锦上添花。作品自然而有生活气息，一条绣花绷子上的鱼显得很有灵气，人物透出一股健美，这是她长期研究民间文化艺术的成果。这件作品的重要价值不仅在于对民间艺术的汲取，而且在于用现代艺术观念来诠释，再造传统，它在第七届全国美展中获“刘开渠雕塑艺术基金奖”，后来又获得甘肃敦煌文艺奖，现在被中国美术馆、国家博物馆永久收藏，成为一件国宝。

《童年梦想》是一件值得欣赏的作品。作品充满童趣，线条简洁、构图朴实无华。看，小孩闭目沉思的形象，很自然地会让大家回忆起自己的童年生活：或在课堂上，或在校园里，或在家门口，或在院子里，对学校、对家庭、对社会、对世界、对一切事物充满好奇，充满梦想，憧憬着美好的未来。看着看着，您也许把自己又带回了无忧无虑、天真好奇、充满幻想的童年时代。

2001 年，家乡邀请何鄂回上海办展览，当时何鄂心里就像有一杆天平。甘肃是她生活几十年的地方，家乡又是她的故土，何鄂觉得甘肃和金山在她的心中是一样的重，是同样的“厚土”，为此用了三个月时间，一气呵成创作了厚土系列作品《黄土》《沃土》《乡土》。

第八部分：中华史诗。设计 14 个月，制作 8 个月，创作团队 800 人，用去泥土 915 吨、石膏 710 吨、铜 480 吨，最高处达 16 米，最长处为 32 米，它就是迄今为止全球最大的青铜城雕《成吉思汗雕塑群》，于 2006 年建立在鄂尔多斯市广场上。这组气势宏伟的城雕，被誉为“新时代雕塑奇迹”和“中国大型雕塑的一座里程碑”。

这么庞大的雕塑群，是由当时已经69岁的何鄂引领一个庞大的团队创作设计的。何老师说这项工程“就像是一组交响乐”，是集体智慧的结晶，但在这组交响乐中，何老师无疑是乐队的指挥，乐队的灵魂。是她用自己一双与泥巴打了几十年交道的双手和从未消逝的创作热情书写的宏大乐章。这座雕塑建成当年就获得了全国城雕评比年度大奖。

这组群雕由5部分组成：

《闻名世界》表现的是成吉思汗戎马一生、率众部族勇往直前的气概，展示了中华民族自强不息的精神力量。

《一代天骄》反映的是成吉思汗由一个平凡的少年成长为伟人的故事。

《草原母亲》刻画了母亲向成吉思汗等五个孩子讲述五支箭的典故，揭示团结是成吉思汗一生中重要的力量源泉。

《海纳百川》表现成吉思汗知人善用(任)、唯才是举、任人唯贤的胸怀。

《天驹行空》是为成吉思汗建立帝国立下汗马功劳的蒙古双骏……

那个时代，古老中国的国际影响力让我们这些走在中华民族伟大复兴之路上的人感慨万分，群情激昂。多么震撼的作品呀！多么令人敬佩的何奶奶！

第九部分：家乡情怀。家乡的情最浓，家乡的爱最深，家乡的景最美。何老师是驰名中外的雕塑家，要她做雕塑的实在太多、太多，但是何老师说，只要是家乡的雕塑，她再忙也要答应，再难也要做好。这里集中展示何鄂为家乡的倾心之作。据不完全统计，何鄂建在家乡(包括捐赠)的雕塑已有42件。

值得一提的是，何老师还有一件作品安放在金山卫抗战遗址公园内。2015年为了纪念世界人民反法西斯战争胜利七十周年，何老师创作了的《金山卫风云》石雕，展现了金山军民英勇抗击日寇野蛮侵略的悲壮历史场景。

“何鄂雕塑馆”运用的功能

“何鄂雕塑馆”不仅具有观赏、美育价值，而且有习德和陶冶情操的功能。如今，廊下小学的“何鄂雕塑馆”，已成为师生接受爱国主义教育的“大课堂”，进行艺术熏陶的“大熔炉”，实施美育实践的“新天地”。

润德怡情。“何鄂雕塑馆”，既有以人类历史和社会长河为对象的史实性的雕塑，也有取自廊下小学校园人物、师生生活的现实性的雕塑，是传承中华优秀传统文化、开展爱国、爱乡教育最生动的身边教材，潜移默化引导着“廊小”学子成长。

如《勇敢的鲜军》雕塑，再现了“廊小”校友、革命烈士张鲜军生前下海救孩子的刹那间感人至深的英雄形象。

再如《能歌善舞》雕塑，其中的“歌”指拍手歌，“舞”指莲湘舞。“拍手歌”“打莲湘”是“廊小”两个最有影响、最有特色、最有成效的教育品牌。作品中四位学生栩栩如生，两位正在唱拍手歌，两位正在跳莲湘舞，象征着“廊小”学生人人会唱拍手歌、人人会跳莲湘舞，展现了“廊小”学生阳光自信、活泼可爱，快乐健康的精神风貌。

进入课程。学校利用“何鄂雕塑馆”开设了雕塑课程，编印了雕塑折页，编写了校本教材，创建了雕塑专用教室和学生作品展示室，并分年级对习得雕塑提出了整体方案，使每一个“廊小人”都能学习历史与文化，了解雕塑美学与知识，掌握雕塑技能与方法。

同时，“何鄂雕塑馆”里的一件件作品、一个个故事成为学校“小导游”最好的宣讲脚本。小学生一次次有声有色地讲解，成为雕塑馆最感动观者的一道靓丽的风景，既锻炼了学生待人接物和表达的能力，也增强了服务意识和艺术修养。

对外开放。每逢双休日，“何鄂雕塑馆”对外开放，工作日也可预约参观。参观者络绎不绝，纷纷留言，好评如潮。

“何鄂雕塑馆”的知名度越来越高，社会价值、观赏意义也越来越大，已成为一个远近闻名的爱国主义教育基地。

“何鄂雕塑馆”诞生两年后的动人故事

何鄂虽生活在甘肃兰州，但始终心系家乡，一直牵挂着百年“廊小”。“何鄂雕塑馆”诞生两年后，何鄂大师又回到百年廊小看望全体师生。

2017 年 5 月 18 日的上午，阳光灿烂，万里无云。七点多钟，平易近人、和蔼可亲的何鄂一早来到学校，受到了全体师生的热烈欢迎。

在欢迎仪式上，少先队员代表向何鄂奶奶献了红领巾和鲜花；何鄂将珍贵礼品《黄河母亲》画册和她创作《金山卫风云》时使用过的铁锤、合金刀等工具捐赠给学校；廊下镇分管镇长李晔红女士向她颁发了捐赠证书；接着何鄂以“廊小”名誉校长的身份向全体师生作了“少年强，祖国则强”为主题的国旗下讲话。她从“一带一路”讲到了祖国的伟大，讲到了世界人民为中国颂唱拍手歌，讲到了做一个中国人的自豪和幸福，最后勉励全体小朋友好好学习，多学知识、多学本领、多学做人的道理，长大了做社会有用之才。

欢迎仪式结束后，何鄂来到何鄂雕塑馆，给小朋友们讲解了创作《同学》《黄河母亲》雕像的背后故事，让孩子们再一次近距离地接受了一次文明礼仪和爱国主义教育；在学生雕塑室，她执教了一节雕塑课，让“廊小”的老师和学生们零距离地感受到了美的教育和一位艺术大师的风采。临别前，她还在《黄河母亲》画册上签名留言。

为了感谢何鄂对学校的无限厚爱，表达对她的无限崇敬，我特地事先创作了一首《拍手歌》赠送给她：

何鄂奶奶

你拍一，我拍一，何鄂奶奶有名气，金山廊下好儿女。
你拍二，我拍二，德艺双馨好样儿，驰名中外了不得。
你拍三，我拍三，家乡情怀成典范，圆梦廊小雕塑馆。
你拍四，我拍四，叶落归根接地气，寻根故乡有故事。
你拍五，我拍五，酷爱艺术韧劲足，尝尽艰难不言苦。
你拍六，我拍六，敦煌久润积淀厚，黄河母亲誉全球。
你拍七，我拍七，珍藏国宝绣花女，希望星辰七孩子。
你拍八，我拍八，成吉思汗气势大，能歌善舞顶呱呱。
你拍九，我拍九，俯首甘为孺子牛，件件作品数一流。
你拍十，我拍十，一双大手创奇迹，全国标兵了不起。

何鄂奶奶看了，非常激动，连声说：“谢谢廊小全体师生，谢谢朱校长！‘何鄂雕塑馆’让我和家乡走得更近了，只要我身体允许，我一定常回来看看我先辈创办的百年‘廊小’，看看可敬的老师、可爱的同学，我的心永远和大家在一起！”

“何鄂雕塑馆”不仅是一笔功在当代的艺术财富，更是一幅利在千秋的教育画卷。她不仅属于“廊小”、属于廊下，也属于金山、属于社会，更属于我们的莘莘学子。“廊小”，因为有了“何鄂雕塑馆”而与众不同；“廊小”师生，因为有了何鄂大师而获益匪浅；“廊小”校园文化，因为有了艺术精品的辅佐而倍增教能。

第八节　有故事、有内涵的“书香苑”

我校有20个景点,景景有故事,个个有内涵。其中由全国著名教育家吕型伟题写馆名的“书香苑”就是有故事、有内涵的“廊小”一景。

2002年,廊下小学还没有一个像样的图书馆,只是利用了一间包走廊的教室来充当,里面的书又少又陈旧。当时,限于资金条件,没钱改造图书馆,也没钱添置图书。我虽多次向区教育局和镇政府提出建议,但迟迟得不到解决。一所将近1 000名学生的学校,怎能没有一个像样的图书馆呢？为此,我寝食难安、忧心如山。

各方关怀,心想事成

“2004年度市府实事工程教育系统总结表彰大会”在我们廊下小学召开后,我忽然冒出了一个集资改造图书馆的想法。令人高兴的是,我这想法一提出,就得到了时任区教育局副局长蒋志明和时任廊下镇副镇长张慧娟的支持。

于是,我立即召开了以“恩泽桃李,惠润子孙”为主题的村干部和部分企业老板座谈会。会上,我汇报了学校几年来的工作和取得的成绩,特别汇报了我有一个要改造图书馆的夙愿。蒋局长和张镇长在会上号召大家一起为廊下的子孙做一件好事,支持“廊小”实现美好的夙愿。出席座谈会的村干部和企业老板纷纷慷慨解囊,奉献爱心,一下子集资13.1万元。当时,那场景令我十分感动。所有资助单位的领导都表示,“廊小”近几年来取得了令人瞩目的成绩,应该关心学校、支持学校,非常愿意资助学校改建好图书馆,这是一件功在当代、利在千秋的大好事,非常值得。其中上海宜华制衣有限公司董事长陆金光一个人就资助5万元,显示了一个企业家对教育的极大重视,一个校友对母校的深切关爱。特别令我感动的是一位村干部这样说:说实话,我们村现在也很穷,我们的办公室很简陋,我们要花钱的地方很多,但是学校的事就是我们自己的事,我们对“廊小”改造图书馆一定要支持,乐意捐一点。

这13.1万元钱,现在看来也许是个小数字,但当时对我们这样一个乡镇小学来说,绝对是个大数字。有了这笔钱,我们很快就将原来的老食堂改建成了一座像模像样的图书馆。

我们非常荣幸,“书香苑”的改建和落成得到了社会各界的亲切关怀和支持,他们或欣然题词,或亲临现场,或慷慨捐书。著名教育家吕型伟先生为学校图书馆题写馆名——“书香苑”，表达了一位老教育家对农村小学的真切关怀；校友、时任共青团上海市委书记马春雷为母校“书香苑”的落成发来贺词“好读书，读好书，读书好”，以勉励“廊小”的学子们好好读书，不断吸取知识的营养；市人大教科文卫委原主任刘克也欣然为我校的图书馆题词：“金山区廊下镇社区少儿图书馆”；何鄂女士从兰州发来贺词：“书，给你一片阳光；书，给你一片蓝天；书，给你一片大海。”何鄂女士的爱人、书法家张玄英还特地赠送一幅书法作品：“博览群书”。

这一颗颗赤热之心，一次次无私关爱，一笔笔慷慨捐赠，一份份感人眷恋，无不寄托他们对廊下教育的渴望，对百年“廊小”的期待与祝福。正是这些火一般的关爱和一个个感人的故事，作为重要的、永远不可忘记的镜头，构成了我们教育的七色光环，支持着“廊小”的建设和发展，丰富着“廊小”的办学资源和内涵，昭示着一种热爱农村教育事业、造福子孙万代的可贵精神。这是“廊小”师生之福、教育之福，也是廊下人民之福。我们骄傲，我们自豪！历史将永远铭记！

精心规划，有效运行

为了不辜负社会各界的厚爱，学校全体班子和教师纷纷献计献策，力争把“书香苑”办成一座“品位高、气氛浓、实效好”的现代化图书馆，给所有走进“廊小”书香苑的领导、嘉宾、老师、学生留下难忘而又深刻的美好印象。

首先，我们对图书馆的环境布局作了精心设计。布局方面：一楼为藏书室和教师阅览室，二楼为学生阅览室。环境方面：在“书香苑”正中最醒目的位置，悬挂的是“好读书、读好书、读书好”“博览群书”和“恩泽桃李，惠润子孙”三块纪念匾；墙壁上，张贴的是读书故事与名言，教育家和校友的题字或贺辞，以及富有童趣的学校自编自创的拍手歌。馆内，还摆放了很多盆景，增添了许多生命气息和生命活力。孩子们说，一走进“书香苑”，好像走进了读书天地，闻到的是浓浓的书香，激起的是强烈的读书欲望和今天来了明天还想再来的强大吸引力。

其次，制定了一套详细、明确的管理制度。为把“书香苑”建成一座现代化的图书馆，我们一改传统做法，采用电子借书制度，既方便又高效。

其三，开展读书课题研究。为了给全体师生创设一个浓厚的读书氛围，我们开展了读书主题研究活动，创造性地、扎扎实实地开展了一系列读书活动，让教师在读书中求发展，让学生在读书中求进步。

为了最大限度地利用好“书香苑”，也为了感谢社会各界的支持和帮助，校领导一致决定：改造后的图书馆不仅面向全校师生，还在双休日和寒暑假对全镇少儿开放，扩大图书馆的作用，并把社会的关爱洒向社会，洒向每个少年儿童。

落成典礼，隆重简朴

2005 年 11 月 30 日清晨，廊下小学的校园里彩旗飘扬，“好读书，读好书，读书好——金山区廊下小学‘书香苑’落成典礼”会标苍劲而醒目。崭新的桌椅，艳丽的鲜花把会议室装点得既喜庆又庄重，充满了温馨和吉祥。“书香苑”尤其显得格外喜庆和庄严，正门两侧，两条大红条幅——“读书开智学知识”“读书明理学做人”，散发出浓浓的书香气息，昭示着“书香苑”的开创宗旨。

落成典礼在庄严的国歌声中隆重开始。

首先，我代表学校致辞。来宾们从我真诚而充满感激的话语中了解到“书香苑”的建成凝聚着各级领导、各界人士的厚爱，凝聚着“廊小”全体教师的智慧和心血。我还庄严承诺：“廊小”必将珍惜现在拥有的一切；让书籍成为打开师生智慧大门的金钥匙，让读书成为全体教师的一种生活方式，让莘莘学子在“廊小”就读五年后都能养成好读书读好书的浓厚兴趣和良好的读书习惯。

接着，学生代表、资助单位代表、各级领导代表分别进行了发言和讲话，何鄂女士虽然没有亲临现场，但也发来贺信：“宁静的书香苑，博大的书香苑、浩瀚的书香苑，将带给我们一片阳光、一片蓝天，一片大海，带给我们无尽的智慧和力量。”一句句、一声声，领导和嘉宾们的讲话无不表达出了对“廊小”的深切热爱和无限期望。上海市教育委员会、金山区图书馆、何鄂夫妇、区教育局原副局长蒋志明等单位和个人还向“书香苑”赠送书籍以示祝贺。

最后，在学校近百位穿戴整齐的少年儿童充满童趣的拍手歌表演中，落成典礼拉上了帷幕。但是那隆重、欢快、感恩的场面将一直烙印在参加典礼的来宾、师生们的心里，印刻在廊下小学的发展史册上。

制匾纪念，永表感恩

为了感谢社会各级、各界人士和单位对学校师生的厚爱，学校特地给每个单位写了一句与之名称相称并富有诗情画意的话，并制作了“恩泽桃李，惠润生命——贺廊下小学‘书香苑’落成资助单位”的纪念匾挂在书香苑最醒目的位置上，永久保存，以示鸣谢：

宜人的书香飘出横溢的才华——宜华实业有限公司

读书圣地 求知乐园 遨游寰宇——西圣宇时装有限公司
金色少年 气概豪迈 前程似锦——金豪时装有限公司
绘华丽篇章 创美好明天——佐绘华工艺品有限公司
君子好学 快乐读书 志在夺冠——君冠制衣有限公司
发展工业 繁荣社会 推动教育——廊下工业园区
经济发展 社会繁荣 教育兴旺——廊下经济小区
为了下一代 关心下一代——镇工会、妇联、团委
万紫千红总是春——万春村村民委员会
勇于思考 敢于实践——勇敢村村民委员会
景色美丽 阳光灿烂——景阳村村民委员会
书山有路 学海无涯——山塘村村民委员会
读书指南 全新登陆——南陆村村民委员会
友好相处 快乐成长——友好村村民委员会
中华民族 优秀儿女——中民村村民委员会
中流砥柱 珠联璧合——中联村村民委员会
中华儿女 丰姿秀逸——中丰村村民委员会
为中华之崛起而读书——中华村村民委员会
南山采菊 荷塘月色——南塘村村民委员会
酷爱读书 前途光明——光明村村民委员会

这富有诗情画意的纪念碑成了廊小"书香苑"里一个有故事、有内涵的醒目标志。

改造后的书香苑，无论是设施还是管理都走在全区前列的。2009 年 5 月，学校荣获上海市中小学图书馆工作先进集体。

2014 年来，学校对"书香苑"又进行了改造。风格上偏重中式布置，大门两边挂上由上海市语文特级教师钱梦龙先生书写的"书山览胜多奇趣，学海探骊有异珍"的对联，房屋添加了古色古香的檐口，走廊上加了六根柱子，放了两只靠背的长椅。还添置了很多先进的设施，购置了很多供一两年级学生阅读的书籍。

2017 年，学校在"书香苑"里推出了"阅读足迹"活动。活动把"阅读足迹"与"五星级红读奖章"融合起来，让我校的读书活动更富有内涵、富有趣味、富有成效。

现在,有故事、有内涵的书香苑是“廊小”每一个师生吸收最佳精神食粮的好去处,也是“廊小”一道亮丽的校园文化风景线。

第九节　学习“廊下雷锋”张鲜军

雷锋是中华儿女的光辉典范,雷锋精神是新时期民族精神的重要体现。但今天的青少年对上世纪60年代的雷锋不仅有时间上的陌生感,而且有空间上的距离感。要让小学生切实感受雷锋同志的伟大精神,就必须尽可能缩小这种时空的距离。

那么,在新的历史时期应该怎样学雷锋呢?我们想到了身边的榜样——我校校友张鲜军。

1997年8月1日,22岁的张鲜军在金山石化海滩边纵身一跃,舍己救出了三条年轻的生命,而他的生命却永远定格了。同年,他被上海市人民政府追认为革命烈士。

大家一致认为,张鲜军从小是在学雷锋的环境中成长起来的,他的优秀品质就是雷锋精神的体现和写照。他是生活在金山廊下我们身边的平民英雄,是雷锋精神在新时代的具体践行和生动体现。学习身边的雷锋更贴近学生,更容易被学生接受和认同。于是,学校掀起了“远学雷锋,近学鲜军,崇尚英雄,争做英雄”的德育实践教育活动,并把它作为加强学校德育、全面推进素质教育的一项重要课题加以探索。

收集事迹,提供学习教材

得知鲜军舍己救人的事件后,我们在第一时间组织曾经教过鲜军的老教师,回忆鲜军就读过“廊小”时的平凡事迹。同时,又全方面搜索鲜军在家、在社会、在就读过的其他学校、在工作过的单位平凡而又感人的事迹。通过走访、搜集,我们发现,爱他人、助他人,是他生活的常态;诚实、勤劳,是他一贯的作风;上进、自强早已是他长期的追求。于是编排了油印的校本教材《鲜军故事》。

后来,我们又组织力量在《鲜军故事》基础上,编写了一本适应时代需要、更贴近学生实际的新的校本教材《闪光的年华——廊下雷锋张鲜军的故事》。该书中还编入了10个适合小学生阅读的雷锋小故事,力求将鲜军故事和雷锋故事结合起来,让学生一起了解、学习、领会其精神实质,并由上海社会科学院出版社出版。这本校本教材,以生动的文笔,真实地记述了英雄的一生,寓教于英雄的一颦一笑、一点一滴、一言一行之中。区教育局顾宏伟局长在序言中写道："鲜军的少年时代是在'廊小'度过的。书中有的故事，就发生在'廊小'；鲜军的家就在毗邻'廊小'校舍边的勇敢村；他的工作单位，就在廊下；他牺牲的地方，就在我区石化海滩边。这是从我们身边涌现出来的英雄人物，学起来更加亲切，更有真情实感。"

为了使学习英雄的资料更丰富充实，活动更生动活泼，我们在搜集、出版优秀事迹的基础上，还概括、提炼出他身上蕴藏着的"六种精神"。为了让学生快乐地记住"鲜军精神"，我特地写了拍手歌《学鲜军》：

你拍一，我拍一，英雄鲜军传天地。
你拍二，我拍二，廊下雷锋好样儿。
你拍三，我拍三，乐于助人讲奉献。
你拍四，我拍四，敬老爱幼从小起。
你拍五，我拍五，自强乐观不怕苦。
你拍六，我拍六，诚实守信记心头。
你拍七，我拍七，勤奋好学守纪律。
你拍八，我拍八，廊小学生人人夸。
你拍九，我拍九，胸怀信念有劲头。
你拍十，我拍十，学会做人成大事。

为了让学鲜军成为一个永恒的旋律伴随学生成长，我们还邀请上海著名作词家陈念祖和作曲家左翼建联袂创作了一首催人奋进校歌《做鲜军式的好少年》。

安放塑像，营造育人环境

当全国著名雕塑家、金山廊下女儿何鄂女士得知张鲜军的事迹后，被张鲜军舍己救人的精神深深感动，为家乡培育了这样一位杰出的青年而深感自豪。她就和丈夫张玄英先生商量，决定赠送学校一尊铜像——"勇敢的鲜军"作为献给家乡学校举行百年庆典的纪念品。

我校原先把鲜军雕像安放在一个小花园里。2013 年学校校园环境改造时，我们对"勇敢的鲜军"这个景点进行了调整，位置移到"桃李园"的东北角，还把何鄂创作鲜军塑像时写的一首真情流露、异常感人、表达对家乡英雄崇敬的诗《勇敢的鲜军》斜放在雕像前面：

你
生命的琴弦
在二十二岁上骤然停止
我
知道你的名字
已是暮年花甲岁月黄昏

茫茫人海
如梭时光
我们不曾相识
我们隔代穿行
是故土的召唤
是家乡的接引
认识了你
在我们共同的故乡
——勇敢村
是这个村的名字
铸就了你勇敢的性格
还是你的勇敢
使村子的名字更添光彩
你
在生命闪烁的刹那
认识你的人
都不曾见到你

你
在身影消失的瞬间
见到你的人
又岂能不认识你

英雄是谁
烈士出自哪里
人们争相询问
电视播出寻呼
似乎是一个暗示
又像是一个标识
落在岸边的那一串钥匙
成为你全部人格的见证
它本是你岗位的责任
它本是你尽职的义务
它应是你随身之物
它应与你形影不离
而你
去救那三名少年时
怎会想到了
把钥匙留在岸边
你
是怕沉甸甸的钥匙
失落在大海之中
永难寻觅吗
你
是想到了
如果不能回到岸上
勿让保险柜的钥匙
被你永远带走吗
你
走了
不再回来
留下了一种精神
留下了一个永恒
为了你

平凡而伟大
我用泥土铸造你
为了你
生命的光彩
我用青铜铸就你
让思念你的母亲
重新见到你
让家乡的父老乡亲
永远记住你

顶层设计，开展系列活动

为了学好鲜军、学好雷锋，我们不是一般性地搞几个活动，提几点要求，写几篇文章，而是高瞻远瞩，进行了顶层设计，学校提出了“远学雷锋、近学鲜军，崇尚英雄、争做英雄”的德育实践教育活动。

一、确定“教育目标”。经过研究，我们确定了三个目标：一是进一步弘扬雷锋精神；二是进一步培育与践行社会主义核心价值观；三是进一步践行“方方正正做人，踏踏实实做事”的校风。

为了实现这个教育目标，我们定出更明确、更现实的“学鲜军”具体目标：人人知道鲜军事迹，人人会背唱“学鲜军”拍手歌，人人会唱“做鲜军式的好少年”校歌；人人践行“鲜军精神”，人人争做“鲜军式好少年”；人人知道鲜军就是廊下的雷锋，“学鲜军”就是学雷锋，就是弘扬中华传统美德。

二、开展德育教育实践活动。为了使教育活动有实效，接地气，我非常注重“学鲜军”活动的品位，构建了立体化、内涵式的学习鲜军系列活动，富有力度和深度：

1. 开展“学鲜军”宣传活动。通过学鲜军专栏窗口、黑板报、红领巾广播、队报等形式营造浓厚的学鲜军氛围，让鲜军形象、鲜军精神时时浮现在学生眼前，起到潜移默化的教育和影响。

2. 开展“学鲜军”与“学雷锋”相结合活动。我们告诉学生，鲜军就是廊下的雷锋，我们学鲜军就是学雷锋，所以既要知道鲜军故事，还要了解雷锋故事。

3. 开展“学鲜军”少先队组织活动。每周升旗仪式要唱队歌；每年的清明节，大队部开展怀念、祭祀先烈活动；每年的入队仪式在鲜军塑像前庄严宣誓；

每个中队每年举行一次以“学鲜军”为主题的中队活动；每个小队不定期地开展“学鲜军，做好事”等活动。

4. 开展“学鲜军”行规教育活动。我们把学鲜军有机地落实到学校平时的行为规范教育中，用鲜军的故事、鲜军的精神、身边的鲜军故事规范学生的行为。因为鲜军可敬可亲可学，行为规范教育往往能起到事半功倍的教育效果。

5. 开展“学鲜军”社会实践活动。廊下镇街道、敬老院、幼儿园是我校的校外实践基地。学校不定期组织学生到社区宣传鲜军，到街道打扫卫生，到敬老院表演节目，到幼儿园讲鲜军故事，让学生在为社区服务中从小培养为社会服务的精神。

6. 开展“学鲜军”亲子活动。学校经常主动加强与家庭的联系，开展亲子活动，共同教育学生在家做一个像鲜军一样孝敬长辈、尊老爱幼、勤俭节约的好孩子，不断扩大、巩固学习效应。

7. 开展“学鲜军”新教师培训活动。为了持久营造廊小学生学鲜军的浓重氛围，凡是新加盟、新招聘的老师我们都会在就职校本培训时补入“学鲜军”这块内容，成为“学鲜军”项目可持续发展的坚实保障。

8. 开展评选“鲜军式好少年”活动。对照鲜军精神，每个班级每月评出 5 位鲜军式好少年，其中 3 位综合表现优秀，1 位某一方面表现优秀，1 位某一方面进步明显。在每月第一周升旗仪式上我们隆重表彰，由班主任老师亲手给获奖学生佩戴“鲜军式好少年”标志。我们的评选对象面向每个学生，只要努力只要进步都有可能被评到鲜军式好少年，力争小学五年每个学生至少一次被评到鲜军式好少年。各班级学期末评出两位鲜军式好少年标兵，学校每学年还评出十佳鲜军式好少年，在六一节进行表彰。

成效显著，成为德育品牌

通过“远学雷锋、近学鲜军，崇尚英雄、争做英雄”的德育实践教育活动，学校涌现出了一批又一批鲜军式的好少年，这些鲜军式的好少年又呈现出了很多很多感人的事迹。我们不定期挑选最典型的身边故事汇编成《鲜军式好少年优秀事迹集》，并发给每个学生。因为这是最真实也是最容易学习的身边的鲜军，活着的雷锋，所以深受老师、学生、家长的欢迎。

“鲜军事迹、鲜军精神”是“廊小”一笔永恒的精神财富。20 多年来，我校充分利用本土这个优势资源，以英雄鲜军为榜样，以“做鲜军式好少年”主题活动为载体，扎实有效的持久战开展学雷锋活动，让学生在知鲜军、忆鲜军、学鲜军、做鲜军的过程中自觉传承中华美德，引导廊小学子自觉地以鲜军为榜样，逐步成长为德、智、体、美劳全面发展的雷锋式好少年。

20多年来，学鲜军取得显著成效，不仅已成为我校德育教育的品牌，也已成为金山区学雷锋有影响力的品牌。2012年3月廊下小学被金山区文明建设委员会办公室授予金山区唯一的学雷锋基地；2012年，我校“学鲜军”荣获上海市“学雷锋，我践行”优秀项目二等奖；2016年2月18日，《文汇报》以“永远高扬的旗帜：学鲜军，做鲜军式好少年”为标题在第八版进行专版报道，东方网、东方头条网、金山网纷纷给予转载；2016年，校园一景“勇敢的鲜军”被评为上海市中小学十大新景观提名奖；《中央未成年人思想道德建设工作简报》、中国文明网、《中国教育报》、上海文明网、金山区文明网相继报道了我校十多年来持之以恒而又扎实有效的学鲜军活动。

“学习‘廊下雷锋’张鲜军”已成为“廊小”的制度和风尚，成为“廊小”立德树人、践行校风的一个主旋律和一个特色经典品牌，成为“廊小”弘扬正能量一面永远高扬的旗帜！

第十节　走近名人，聆听名人教诲

走进“廊小”，你会看到，在这古朴典雅的校园中，不仅处处呈现出“学校——园林——文物——建筑”蔚为壮观的格局，而且这里的一景一物，无不蕴含着百年老校的深厚文化积淀。那随处可见的名人书法题词，更是散发出浓郁的文化气息。

名人，是一种文化。走近名人，就是走进名人的精神世界，就是走进浩瀚的历史。对学校来说，这是一种不可多得的教育资源。文化的生命力，就在于它的历史的穿透性。

打开“廊小”教育的发展史，早在1934年由沪地名人沈惟贤、费砚先生书写和篆刻的廊下小学“何朱两先生纪念碑”的拓片，虽历经百年风雨，仍熠熠生辉。这颇得秦汉遗风的书体，不仅可供后辈研习摹学，而且“何朱两先生”创校的伟绩，至今仍时时在激励着后人不断前行。

这就是文化的历史穿透力，这就是名人效应，一种难得的不可估量的教育资源。

走近名人，聆听名人教诲，作为学校管理者，也是一种提升自身领导力的管理艺术。在我做校长的十多年管理生涯中，我曾先后三次请著名教育家吕型伟先生为“廊小”题词。这三次题词，每一次都给了我们无穷的启迪，无限的力量。

第一次是2004年“廊小”百年校庆的时候。为弘扬百年老校的创业精神，我约请了一些领导和专家为百年“廊小”题词，其中我特别委托《上海教育》杂志主编、我校的好朋友金正扬先生请全国著名教育家吕型伟先生给我校题词。当时，吕老已经80多岁，但仍欣然命笔，写下了这样一句意味深长的话——“要站在巨人的肩膀上向上攀爬”，希望我校站在新百年的起点上，吸取前辈的智慧，学习前人的经验，努力进取。这是对我、对我校全体老师的一个莫大的激励，我们随即就做成镜框挂在学校大会议室里。

第二次是2006年。学校图书馆改造好后，我特地又约请金正扬先生陪同我赶到华东医院探望了吕老，还向吕老汇报了学校如何用13.1万集资款改造图书馆的建设情况，并请吕老为我校图书馆起名和题词。吕老听了我的汇报回忆说，他在上世纪80年代初，曾经来过廊下小学，印象非常深刻，那时廊下交通非常落后，条件非常艰苦，但廊下教师非常淳朴、敬业，给他留下了非常深刻的印象。现在“廊小”人在条件还比较艰苦的情况下，学校想方设法建造图书馆让他很感动。吕老想了想，就拿出一张便纸写了三个字：书香苑。吕老说：“朱校长，就叫‘书香苑’吧，你们的精神、你们的努力，一定能让书香溢满校园。”现在，图书馆上“书香苑”三个金光闪闪的字时时闪烁着书香的魅力，也让“廊小”人感受到一个老教育家对乡镇学校的情怀和期望。

到了2011年，我校的“拍手歌项目”荣获上海市中小学德育教育十佳优秀项目奖。那年12月16日，我和金正扬先生又专程到医院看望吕老，向吕老汇报了学校运用拍手歌对学生进行德育教育的情况，并把我校的校本教材《我爱廊小拍手歌》赠送给吕老。吕老认真翻阅了校本教材后说，书中的这些拍手歌非常好，形象生动，富有童趣。现在的小学德育教育太形式化、太成人化了，并且空话大话不少，故成效不大，效果不佳。你们这样一所偏僻的乡镇学校敢于尝试，敢于探索，运用拍手歌的形式对学生进行德育教育，把学校、老师对学生的要求融化到拍手歌中，让学生在唱唱、拍拍、玩玩中学知识、学做人的道理，这是一种符合教育规律、顺应学生心理的好方法、好途径，值得肯定，值得推广。说着，吕老又拿出笔和纸欣然题词：“我爱廊小拍手歌”。题好后又对我说，你回去告诉你校的老师和小朋友，说有一个老教育工作者非常喜欢你们的拍手歌，希望你们把拍手歌教育越做越好。听了吕老的这一席话，我深感五六年来"廊小"的德育探索之路走对了。吕老的这一题词，他的希望和寄语，又一次给了我校莫大的鼓励，更为我校拍手歌教育注入了新的活力。

走近名人，特别是走近业有专长的名家学者，对辛勤耕耘在教育园地上的园丁和莘莘学子来说，聆听他们的教诲，更是一次思想上的升华，专业上的引领。

2012 年，我校借助"校园安全工程"机会，全面启动校园文化景观改建工程。当代教育名家、全国教书育人楷模、上海市语文特级教师于漪老师获悉这一信息后，十分高兴，并应邀为我校还在改建的东大门题词——"开启智慧，润泽生命"。不久，当她得知我校开展的校园文化活动——打莲湘获 2011 年上海市教育系统校园文化十佳优秀项目奖时，她又欣然为之题词："舞动莲湘，放飞梦想"。于漪老师的这两次题词，带给我们全校师生的不仅仅是精神上的鼓舞，而且更重要的是办学方向上的引领，校园文化建设上的悉心指导。

更令我难忘的，是于漪老师对我们这样一所边远的农村小学教师专业上的引领。事情还得从 2006 年说起。那一年我校根据上海二期课程改革的要求，深入剖析校情、教情和学情，开展了"'三步实践课'校本研修模式的探索"的课题研究，以真问题带动真教研，努力把教学、科研、进修三者融合起来，促进教师专业化发展，提高课堂教学质量。在开展"三步实践课"的实施过程中，我曾带着问题当面去请教于漪老师。当时，于漪老师尽管事务缠身，但仍挤出时间接待我这样一位默默无闻的小学校长。记得那一天，她足足用了半个多小时，耐心地听了我的介绍，并认真仔细地看了我带去的相关资料，然后郑重地对我说："这是一个很有价值的课题，也是一项探索优化农村办学有价值的选择。"三年后，当这一研修课题结束，我把在探索研究中提炼出来的研修成果结集出版时，于漪老师还特地为此书写序，她在序中指出：

> 学校校长是教师专业成长的第一责任人，负有培养教师的责任。根据教师的德、才、识、能的具体情况，思考学生学习的内在需求，选择适切的方式加强研修的针对性、实效性，是校长课程领导力也是课程执行力的具体展现，是教育智慧的一种检验，教育艺术的一种检验。金山区廊下小学选择"三步曲实践课"探索校本研修的模式就是很有意义的尝试。它的特点在于以教研组或备课组为实体，围绕课堂教学内容及教学方法进行

研讨，具体，实在，不泛泛而谈。而这种同伴互助建立在教师个体独立钻研的基础之上，增添了互动的实效。独立钻研教材，读懂教材的价值与意义，根据被教育对象的基础与接受能力，选择或创造有效、有趣、有吸引力感染力的教学方法施教，是教师专业发展的最最重要的基础。这个基础，靠自觉阅读、深思，打下宽厚的科学文化底子；靠自觉实践，在教学实践中锤炼，不断总结，不断反思，逐步认识和把握教育规律。

走近这样的名家，聆听这样的教诲，对我、对我们学校的成长和发展，其作用和价值都是不可估量的。俗话说："听君一席话，胜读十年书。"走近名人，聆听名人教诲，我从做校长的这十多年中体会到，这对师生的成长和对学校的发展，其作用和价值，又何止"胜读十年书"呢？

作为一所处在偏僻远郊的乡镇学校，尤感荣幸的是，在我走马上任的这十几年中，除了得到著名教育家吕型伟先生和全国著名教育人楷模、上海市语文特级教师于漪老师题词和教诲外，还先后得到了文怀沙、柳斌、何鄂、苏士澍、顾明远、郭振有、张华清、马春雷、何顾继德等 20 多位名人名家的关怀、支持和厚爱。他们兴致盎然，泼墨挥毫，纷纷为我校校园景观、建筑、校庆、重要活动等题词，深蕴肯定、期望、勉励、祝颂或敬仰之情。

这些名人名家才艺俱佳、德高望重，书法风格独特，具有很高的欣赏价值和教育意义。令人赞叹的是，每一幅作品都融入学校血脉，或见证一段历史，或穿透一段历史，或有一个生动感人的故事，且与校园景观相映成趣，交相辉映。

随着岁月的流逝，许多名人名家走进了我们"廊小"。如今，学校已得到以下名人名家和校友的题词：

中国书法家协会主席苏士澍先生，为我校的校史馆题词：百年廊小，不凡春秋。

国学大师文怀沙先生：学而时习之，不亦悦乎。

原国家教委副主任柳斌先生：何鄂雕塑馆。

全国著名教育家吕型伟先生三次题词：要站在巨人的肩膀上向上攀登；书香苑；我爱廊小拍手歌。

当代教育名家、全国教书育人楷模、上海市语文特级教师于漪老师两次题词：开启智慧，润泽生命；舞动莲湘，放飞梦想。

中国教育学会名誉会长顾明远先生：百年廊小赋。

国家硬笔书法协会主席张华庆先生：百年廊小，春华秋实。

中国教育学会常务副会长郭振有先生：斗姥阁；元君辉耀道传盛世，黉苑文昌卓育英才。

学校创始人后裔、全国著名雕塑家何鄂女士：我永远是金山廊下女儿。

何鄂女士丈夫、书法家、美术教育家张玄英先生：博览群书。

著名书法家、西安碑林博物馆原馆长高峡先生：静渊亭。

著名书法家、陕西书院院长薛铸先生：春华秋实。

著名书法家、中国民间文艺家协会分党组书记罗杨先生：莲湘园；百年廊小书法长廊。

上海著名书法家、《小主人报》社社长朱涛先生：亦校亦园。

著名书法家、中国书法研究院副院长李鑫华先生：志远行近。

江苏师范大学美院教授、徐州市书协主席马亚先生：百年老校。

中国人民大学教授、博士生导师程方平先生：文渊德厚。

上海青年书法家协会副主席张丰先生：能歌善舞。

美国中美友好协会执行主席兼秘书长肖云飞先生：启智趣学求真知，古校新容继学风。

上海教科文卫原主任刘克先生：金山区廊下小学。

上海市教育委员会原基教处处长余利惠先生：志贤门。

上海市英语教研员、英语特级教师朱浦先生：传承教学智慧，彰显乡土文化。

上海市语文特级教师黄玉峰先生：松梅园。

上海市语文特级教师贾志敏先生：童嬉廊。

上海市语文特级教师钱梦龙先生：书山览胜多奇趣，学海探骊有异珍。

校友、原国家卫生部顾问何穆先生：廊下中心小学。

学校创始人后裔、高级工艺美术师何顾继德先生：廊桥望月。

校友、2012 年伦敦残奥会冠军姚芳女士：做鲜军式好少年。

校友马春雷：在一个人成长的历程中，能够就读于一所风气正、有特色的好学校，能够师从一批学业精、师德高的好老师，那是一生的荣幸。衷心祝愿母校永远是这样的学校，母校的老师永远是这样的老师。

……

真的非常自豪，这么多的名人名家和校友给我校题词，这是一笔宝贵的精神财富，而且这些名人名家和校友的题词还有很多故事，使这些题词更有价值有意义。这里，不妨试举一例——国学大师文怀沙先生的题词。

国学大师文怀沙能给我“廊小”题词，完全是一个机缘巧合。

2016 年的一天，有一批客人来我校参观。从这些客人的交谈中我无意听到有一位住在北京的江忆女士，她是廊下人，她的公公是中国著名国学大师文怀沙，金山东林寺就是请文老题词的。于是，我就对江忆女士说，您是廊下人，从您的言谈和表情中看得出您对家乡廊下很有感情，今天您回到金山来家乡参观廊小，我们感到很亲切，也很荣幸。您回去能否让大师文怀沙先生给我校题个词。江女士说，家乡“廊小”这么有文化积淀，朱校长又这么热情有诚意，回去试试看，不过文老已经 105 岁了，不一定能成功。

江忆女士回到北京后，考虑了很久。她知道文老和马凯关系不错，就对文老说，金山廊下小学是她家乡的学校，很有文化积淀，有很多名人题词。马凯的父亲马本初也是这个学校毕业的，2010 年上海世博会时马凯曾回廊下特地参观视察这所学校，学校朱保良校长诚邀您给学校题个词。文老听后非常爽快地答应了，一下子就题了两幅作品，一幅是“金山区廊下小学”；另一幅是“学而时习之，不亦悦乎”。江忆女士先用微信传给了我，当时我真的很激动，我完全是抱着试试看的心情说的，想不到文老真的给我校题词了，而且还题了两幅。过了一段时间，江忆女士亲自从北京过来将作品赠送给学校。当时我想表表心意，付一点润笔费，但江忆女士说文老特地嘱咐一分钱也不要收。我心里过意不去，特地打电话给我校创始人后裔、全国著名雕塑家何鄂大师，想请何老师在她的成名作“黄河母亲”微雕纪念品上签个名赠送文怀沙先生。何老师一口答应，就在微雕上写道：赠国学大师文怀沙先生，何鄂。我把经何鄂大师签名的“黄河母亲”微雕快递到北京。当文老收到后，特地拍了张照片由江忆女士传给我，从照片上文老神态、手势中看得出他非常喜欢“黄河母亲”。这次题词能让两位大师结缘，真的很有意义，很有价值！很多专家说文老的墨宝称得上是学校新的镇校之宝。

看到学校那么多名人名家的墨宝，有一天，我忽发一个奇想，如果廊下也出一位书法名人该多好呀。

有一次，上海青年书法家协会副主席、金山第一实验小学的书法教师张丰告诉我，廊下元代有位著名的书法家陆居仁，他有幅书法作品珍藏在国家故宫博物院。作为廊下的教育人，第一次听到陆居仁的名字，感到有点惭愧。我想，能有书法作品藏在故宫那一定是个了不起的人，学校要搞书法特色，太需要接廊下地气的书法名人了。于是，我开始注意有关陆居仁的文章、书籍和网上信息。通过几年的努力，我终于对陆居仁有了比较多的了解，也许现在我成了最了解陆居仁的廊下人。

现在的上海人对陆居仁是会感觉陌生的，他知名度不高，但在六七百年前的元末明初，他是个名震江南文坛的人物。

我们廊下当地有句俗话，叫"先有南陆，后有廊下"。陆居仁出生在南陆，后人仰慕他的道德文章，所以就将他所居之地称为南陆，沿用至今。

陆居仁，华亭南陆(今上海市金山区廊下镇南陆村)人，元代书法家、文学家、诗人，自号巢松翁，工诗文，擅书法，书学"二王"，为松江书派的先导。

因为家学渊源，陆居仁在泰定三年(1326 年)中江浙行省乡试第七名，广受关注。他与杨维桢、钱惟善相唱和，死后与杨钱同葬，人称"三高士墓"。陆居仁中举后，没有像杨维桢那样幸运地进士及第，走上仕途。他成了松江府学的终身教授，在那里任教长达 24 年，以培养家乡子弟为业，广受时人尊敬。

他的草书潇洒恣肆，笔法飘逸苍秀，颇得怀素遗意而自具风韵。

书法草书代表作《苕之水诗卷》(横 130.7 cm，纵 28.2 cm，41 行)飘逸苍秀，卷前钤"陆氏""幽谷一叟"印两方，卷末钤"陆氏宅山""陆氏居仁""静寿山""卧松亭""奇寄轩"款印五方。此作品书于明洪武辛亥(1371 年)，成为中国最经典的传世书法之一，曾经由清乾隆内府、宣统内府收藏，现珍藏于北京故宫博物院。

草书作品《跋鲜于诗赞纸本手卷》现珍藏于上海博物馆。

从这两幅传世的代表作品看，其用笔多以中锋出，笔法结字多得于羲、献和怀素，线条沉稳、圆韧，萧散清逸，时以渴笔为之，多屋漏之意。用墨也很有特色，淡雅温润，有着浓郁的抒情色彩。陆居仁传世作品很少，但他那纯净清淡的表现手法脱俗清高，给人留下深刻的印象。

我偶尔在网上购到一本日本出版的元朝名人书法作品集，上面有一幅陆居仁的书法作品《草玄阁次韵诗》(一)(二)，原作珍藏于日本东京国立博物馆。

陆居仁有《云松野褐集》传世，在南陆曾建有"雪松巢"私家园林。他生性诙谐幽默，常跟人说："我特喜欢东坡。"于是有人问他："东坡有字有文有诗，你最喜欢哪一样？"陆居仁说："我最爱一味东坡肉。"

作为值得骄傲的廊下书法名人，学校复制了他的珍藏于北京故宫博物院的作品《茗之水诗卷》，悬挂在学校书法工作室。

学校还特地做了一把书法雅扇。扇的一面是专门介绍陆居仁的，有陆居仁的简介、画像、书法代表作、私家花园，非常有历史感和书法韵味；另一面是专门介绍"廊小"的书法教育，有学校校徽、吉祥物、师生书法作品、学生写字照片，其中还有一首小朋友非常喜欢的《写好字》拍手歌：

写　好　字

你拍一，我拍一，中华汉字最美丽，博大精深有魅力。
你拍二，我拍二，写好汉字好少儿，爱好书法好样儿。
你拍三，我拍三，姿势正确须为先，兴趣盎然如蜜甜。
你拍四，我拍四，老师指导看仔细，描红临帖善于思。
你拍五，我拍五，一笔一画悟清楚，永字八法下功夫。
你拍六，我拍六，每天一练贵持久，循序渐进有追求。
你拍七，我拍七，提笔就是练字时，持之以恒创佳绩。
你拍八，我拍八，碰到困难不要怕，挺挺胸膛大家夸。
你拍九，我拍九，你追我赶争上游，共同进步美心头。
你拍十，我拍十，一手好字终生益，修身养性乐无比。

这把雅扇，做得非常精致，充满着浓浓的书法韵味，非常接地气。

我们还做了一本"名人题词"折页，把20多位名人的题词汇编成册，也做得非常精致，很有收藏价值。

这把雅扇和这本"名人题词"折页，我们主要奖励给在五年级写字等级考试中获得优秀的学生和尽管没有得到优秀但进步大的学生，学生们非常喜欢。

一次题词，一个故事；一个故事，一次感染。我相信，这些名人名家和校友的题词，这些感人的故事，是"廊小"一笔宝贵的精神财富，给百年"廊小"增添了一份厚重的文化积淀，让"廊小"师生分享了一份独有的精神美餐。

第十一节　传世行远的《百年廊小赋》

在学校建校110周年的2014年，有一位专家向我建议学校可以请位名家写一篇《百年廊小赋》，进一步提升学校百年文化的内涵和积淀。我多次考虑，觉得学校尽管有点成绩，校园文化积淀很深厚，也很有影响，但总觉得学校毕竟是一所乡镇小学，写赋还不够格，所以一直没有考虑。直到时任中国教育学会常务副会长、国家原副总督学郭振有教授来我校参观指导后改变了我的想法。

2015 年 3 月 17 日，郭振有教授来我校参观指导。那天，郭教授参观了学校“五园三区”“一阁一馆”和“二十景”。一路上，我向郭振有一一介绍了学校莲湘园、松梅园、桃李园、斗姥阁、何鄂馆等多个景点建设情况，就学校利用校史资源，精心策划，倾力打造文化校园作了简单介绍，还特别介绍了学校创始人后裔、全国著名雕塑家何鄂和她的胞弟何顾继德对学校发展的关心、支持，姐弟俩为“廊小”校园文化建设作出了特殊贡献。在何鄂雕塑馆，郭振有细细欣赏了一件件作品和图文介绍，对大师的艺术造诣和家乡情感赞叹不已；在校史馆“斗姥阁”，郭振有仔细观看了校史资料和一件件教育文物，就史迹文化挖掘等情况进行了详细询问。郭教授为学校艰苦努力找到了那么多、那么珍贵的史迹和文物感到由衷的钦佩，为何顾继德用深厚的家乡情和精湛的艺术造诣设计出了那么有文化品位、那么有艺术美感的校园感到特别敬佩，为廊下小学全体师生天天在那么美丽漂亮、那么有文化积淀的校园工作、生活、学习感到十分羡慕。

临走时，郭教授说参观“廊小”后非常震撼，想不到一所乡镇小学校园文化建设得如此有文化、有内涵、有特色、有成效，在全国也不多见，建议我校请位辞赋名家写篇《百年廊小赋》，以总结过去百年的风雨和辉煌，增厚百年文化积淀，开启新的百年的腾越篇章。

郭教授的建议我思考了好长时间，多次和何顾继德商量，到底写还是不写？我非常慎重，又请教了好几位专家和领导，他们都支持写。于是，我决定请名家写“百年廊小赋”。

在请谁执笔这件事情上，花费了我好多脑力和精力。有一天，我得知《上海赋》《松江赋》和《金山赋》的作者张青云先生是新金山人，在金山图书馆工作，担任金山区图书馆古籍文献部主任。《上海赋》媒体评价很高，《松江赋》和《金山赋》也很有影响。于是，我决定请张青云先生撰写《百年廊小赋》。我不认识张青云先生，怎么去找他呢？当我得知张青云先生和我校校友、著名农民画画家、金山区图书馆原馆长怀明富是好朋友时，我即委托怀明富先生约张青云来我校一次。

2016年的一天下午，怀明富先生和张青云先生来到我校。我首先陪同怀明富和张青云先生一一参观了校园景观，然后来到小会议室座谈。我向张青云汇报了学校概况，详细介绍了学校校园文化建设的做法经验。张青云先生说，参观“廊小”后又听了校长的详细介绍，“廊小”给他留下了非常难忘、非常深刻、非常震撼的印象，为金山区有这样一所积淀如此深厚的学校感到钦佩，他说非常乐意为“廊小”撰写《百年廊小赋》，一定用心写好。

我把学校的校史、校园文化的做法和经验、学校的成效等资料汇总后传给了张青云。张老师大约用了4个月时间，于2017年2月4日拿出了第一稿。我和何顾继德老师反复看了觉得整体写得不错，但感觉引经据典多了一点，太深奥了一点；共性多了一点，学校个性少了一点，没有全面反映出学校特色亮点，建议张老师修改时尽量通俗一点，学校共性少一点，突出学校个性、特征，还提出了很多细节方面的建议，比如写校友方正之(原名马本初)“正之参革命，乃军政之杰魁”时写得太重了一点。

2017年6月2日，张老师把第二稿传给了我，我和顾老师看了后，又提了一些修改建议。

2017年7月3日，张老师传给我第三稿，我看后马上给张老师发了一条信息：太棒了，非常满意！这是廊小校园文化建设的又一个亮点！谢谢张老师！

过了几天，我仔细阅读后觉得写校友马本初“正之参政务，草劳资之法规”这句话写得轻了一点，觉得不够满意。于是，我又找了很多有关马本初的资料传给张老师，几天后，张老师改成“正之参革命，具远大之襟期”传给了我。我一看非常满意，因为这样一改和马本初“两次改名的故事”连在了一起，突出了马本初“我要方方正正、老老实实做一个中国共产党员”的革命气概。

我追求完美，反复阅读推敲，陆续指出好几个需要商讨修改地方，张老师不厌其烦进行了修改，不能修改的给我做了解释。就这样，又来来回回七八次，一篇精彩的《百年廊小赋》正式诞生了。请看：

景阳毓秀，胥浦钟灵。百年廊小，闾里蜚声。庠序崔嵬，经世纪之风雨；黉宫轩敞，历不凡之征程。教洽方隅，崛起于杭州湾畔；泽周片壤，增辉乎黄歇浦滨。

回眸校史，追本溯源。筚路蓝缕，创业唯艰。何静渊应时而兴学，朱志贤踵美而增妍。公学号“育英”，肇自满清季世；学堂名“开智”，创于光绪卅年。续有“启发”学校，草创彭家沼边。蕞尔僻乡，首兴新学；弹丸小镇，顿改旧颜。孜孜不倦，膏火映何氏祠内；汲汲维勤，书声起斗姥阁间。捐弃陈规，首重教材改革；破除旧习，又闻女塾开班。校舍扩充，多仗捐资彦士；方隅不限，广招求学英贤。“景阳”高小，应运发端。影响非轻，宏猷展乡闾廊下；规模称广，隆誉冠平湖金山。秉教育家之热忱，鸿基奠定；膺教育部之嘉许，奖章获颁。纪念堂开，仰何朱之德业；铭功文就，传高沈之名篇。岁当丁丑，骤起烽烟。日寇拆焚，校舍化零砖败瓦；师生走避，讲堂剩断壁残垣。延文脉而救亡，含辛茹苦；借警署以复校，履险克难。下迄抗战胜利，重筑杏坛。国民学校，建制复原。俄值廊下解放，日丽尧天。学沐生机，改畴昔之旧制；校归接管，谱明时之新篇。

迨自建国伊始，壮哉廊小，奋力腾骧。村镇孩童，均沾教泽；工农子弟，概列门墙。民乐声声，飘扬于泮水；秧歌阵阵，回荡于操场。文革飙生，顿使斯文扫地；批儒风起，频惊教苑罹殃。喜自拨乱反正，重启梯航。甲申校庆，起点高张。时任团队，共济同襄。以文化人，核心形成理念；以智育人，目标绘就篇章。爱教善教，教师可亲而和蔼；乐学智学，学子自信而阳光。拍手歌饱蕴童真，新奇生动；打莲湘富含民俗，优美大方。猗欤盛哉！局镇支持，促成亮点；各方垂爱，遂展优长。励学培英，千万新苗经澍雨；弘文树德，百龄老校沐春阳。继往开来，喜看鸢飞鱼跃；光前裕后，欣瞻凤翥鸾翔。

若夫徽派风格，胜迹多娇。亦园亦校，画笔难描。何顾继德，创意妙高。斗姥阁藏一校之秘珍，文光犹焕；校史馆储百数之鸿宝，华彩未凋。何鄂馆内，杰作丰饶。“黄河母亲”，何其博大；“能歌善舞”，如此自豪。民族风浓，俨艺术之渊薮；故乡情渥，诚雕塑之天骄。桃李园品琪蕾繁英，顿忘世俗；松梅园赏霜柯琼萼，绝去尘嚣。莲湘园中，圆廊衬小桥流水；大舞台上，雏鹰翔广宇碧霄。更有人文景点，分布周遭。遗址岿然，何朱纪念碑珉石仍固；高风不没，两先生铜像英气尤昭。檐牙高耸，静渊亭长凝瑞霭；廊庑宏开，志贤门永励风标。书香苑穆如圣殿，思乡泉甘若醇醪。更有名家翰墨，颁赐挥毫。或题词以勖勉，书风遒劲；或题额而刻镌，字体秀韶。猗欤盛哉！景景关情，求学之乐园粹美；点点励志，育才之沃土广辽。俨若人文大观，长铭往史；荣膺全国先进，喜看今朝。

至若园丁风范，长耀清晖。承前启后，志士肩随。何姓校长，六任擎旗。厥后则踵事增华，治校多硕儒峻望；因材施教，授业富饱学良师。校风践行，岂吝春蚕化茧；师魂铸就，何辞蜡炬成灰。绿鬓堆霜，献身教育终无悔；青丝成雪，作育英才信有期。若乃校友风采，各展英姿。俊贤辈出，淑世匡时。何穆业岐黄，为医林之翘楚；正之参革命，具远大之襟期。蹈海舍身，鲜军拯溺成壮举；登场击剑，姚芳夺冠创传奇。此外之廊小校友，各有施为。兼综文武，奋翮群飞。皆母校之骐骥，诚乡邦之虬螭。“文渊德厚”，初心不忘言犹记；“志远行近”，矢志不渝路岂迷……

颂曰：百年名校，沐雨栉风。重关勇迈，积健为雄。兹逢盛世，再建懋功。鹏程万里，红旭曈昽！

《百年廊小赋》精短、通俗、丰厚，包含了学校历史、学校命脉、学校面貌、学校精神和学校宏图，用文学的形式把学校历史发展记录下来，镌刻着精彩纷呈的百年史，增厚了百年文化积淀，宛如一幅气势澎湃的教育画卷。

为了进一步提升《百年廊小赋》的影响力，我想请一位名家题个赋名，我想到了中国教育学会名誉会长德高望重的顾明远教授。我要来了顾教授的电话，又加了顾教授的微信，把介绍学校的一个视频和《百年廊小赋》发给他。顾教授看了《百年廊小赋》和视频后马上给我一个回复，表示非常愿意题词。几天后，我收到顾教授用正楷行楷两种字体题写的赋名。

我想给顾教授一点润笔费，但顾教授说他题词从来不收稿酬。我把顾教授题词的事向我校名誉校长、全国著名雕塑家、我校创始人后裔何鄂大师作了汇报，何老师听了很感动，决定赠送顾教授一件《黄河母亲》微雕纪念品。当我要把《黄河母亲》微雕寄给顾教授时，顾教授却说把雕塑寄到他的母校：江苏省南京高级中学，在那里他建立了一个“明远书屋”，他的许多展品和书都放在那里了。他要把这个雕像送给母校，供大家欣赏。对顾教授的义举，我深感敬佩！

《百年廊小赋》得到了很多专家的肯定，他们都给予了很高评价。

中国教育学会名誉会长顾明远说：百年廊小，景阳古镇之遗存；廊小之赋，咏现学校之精神。赋文精美，内涵丰盛。泽润后人，实为佳作。

中国教育学会原常务副会长郭振有说：此赋甚佳，大手笔也。作者胸藏丘壑，笔走龙蛇，绘胥浦古镇之风光，叙百年廊小之人文，赞绵绵不绝之弦歌，展桃李芳菲之画卷。行文平铺中见奇思，绮丽中见真诚，咏叹中见怀抱，跌宕中见悠远。好句频频，敬言迭迭，文字优美，韵味隽永。在学校赋文中是一篇难得的佳作。

文汇报资深记者苏军说：百年廊小，教育精品；百年廊小赋，笔触精华。此赋千余四百字，注释四十，史迹细梳潺潺，概括凝练铮铮，倾情泼洒绵绵，足见内容深远、内涵深邃、内蕴深厚之老到，倍感赋辞精到、构思精巧，运笔精妙之华章，乃学校赋之杰作，为新型廊小之财富。

最后考虑立碑了。以谁的名义立碑？

《百年廊小赋》原来想以自己学校的名义立碑，后来我一想能否以金山区廊下镇人民政府的名义立碑呢？一是廊下镇人民政府历来重视教育，在全区有影响；二是在写赋的时候，已经写到政府重视学校发展，带一点政府的口气；三是我校工作尤其是校园文化建设得到政府的高度认可；四是以政府的名义立碑是一个创举，从另外一种角度说明政府对教育的重视。我首先征求了金山区教育局原党委书记薛毓良的意见，薛书记认为这是一件好事。于是，我向廊下镇分管镇长李晔红作了请示汇报，李镇长非常赞同我的观点，几天后我和她一起向廊下镇叶广贤镇长请示汇报。叶镇长给予高度重视，认为以政府的名义立碑也是可行的，“廊小”搞得这么好，这么有影响力，《百年廊小赋》的树碑也是廊下教育一件大事，政府完全支持学校的想法。第二天，我又向镇党委书记沈文作了汇报请示，沈书记表示完全同意。我又向教育局顾宏伟局长请示汇报，顾局给予认可，认为非常有意义、有价值。

谁来设计《百年廊小赋》碑？自然要请学校创始人后裔、高级工艺美术师何顾继德先生设计。何顾继德先生经过反复酝酿、反复推敲，最后设计的石刻碑整体由碑体与底座两部分组成，底座长 2.78 米，宽 1.06 米，高 0.64 米，芝麻灰花岗石材，边上有精美花纹，有校树雪松松叶和校花梅花符号；碑体长 2.48 米，宽 1 米，厚 0.15 米，材质为优质天然中国黑大理石，看上去很厚蕴、庄重、大气，看过的同志都有鲜明持久的印象。2017 年 9 月 26 日，由金山区廊下人民政府立碑的《百年廊小赋》在书香广场安装落成，是“廊小”校园文化建设的又一个大胆创举。

《百年廊小赋》又给学校增添了一个能传世行远的文化景点，让学校百年文化显得更厚重、更有韵味、更有感染力！

第三章 “三步曲实践课”校本研修模式的探索*

“三步曲实践课”，是我校教师发展的成功捷径。她为我校每位教师的专业发展搭建了一个平台。

“三步曲实践课”有效地把教学、科研、进修三者融合起来，把实践反思、同伴互助、专业引领整合起来，不仅提升了学校教研氛围，提高了教师课堂教学能力，促进了课堂教学效率和质量，而且锤炼了一批骨干教师，并大大缩短了新教师的成长期，青年教师在课题的引领下迅速成长。

“三步曲实践课”是基于校情、师情和学情，并在大量实践中提炼、概括而形成的。我们在不断的探索中，形成了对“三步曲实践课”校本研修模式的理性认识，建构了该模式的操作体系，形成了我们同类学校中符合我们远郊学校实际，适合我们远郊学校教师需求的校本研修的模式。

这是一个很有价值的课题，教师喜欢，专家认可，效果显著，曾荣获区教科研成果一等奖，也是一项探索优化农村办学的有价值的选择。

第一节 “三步曲实践课”校本研修模式研究的背景

要打造充满生机和活力的智慧课堂，必须要有一支充满活力的具有较高专业水平的智慧型的教师队伍。这是当代课程教学改革首先要面对的一个现实。

我校地处沪浙交界，地理位置偏远，办学条件相对落后，教师教育教学观念比较陈旧。在我初当校长的那几年，许多青年骨干教师外流，教师整体水平

---

* 本章内容为学校课题研究，课题组组长：朱保良；课题组成员：严大军、卢益平、何庆其、唐连明、宋红娟、孙卫东、卢德华等。

明显下降。当时，近百分之八十的教师住房都购买在金山石化、朱泾等地，存在着师资不稳定因素，尖子学生的流失也日趋低龄化。以往，为了考核教师的工作，学校总要成立考核组，听每一位教师一节课，并给其打分。为了公平，也采用了多种计分方法，教师间虽说分数相差不大，但列于最后一名的教师十分不悦，有些教师还提出异议。听课后的打分，虽然基本反映老师的真实教学水平，但对全体教师的提高并未起到积极的推动作用，反而使教师间不能分享教学所得、各自为政，甚至造成教师间、考核组和老师间不必要的矛盾。

我校百年校庆后，站在新的历史起点上，学校提出了"以教师的发展促进学生和学校的发展"的办学理念，把教师的专业化发展推上了议事日程。学校选派部分教师赴市内、区内兄弟学校学习的举措，使校内部分骨干教师迅速成长，但大部分教师长期形成的观念并未打破，认为"新课程倡导的自主探索的学习方式只能适用于城区学生，农村学生的素质根本不行"。听归听，看归看，课堂教学仍未有较大改观。当时，二期课改已在学校全面推广，如何借鉴他校的校本研修模式，结合远郊学校特点，且能充分有效地利用校内外的教育资源，形成一套思路简明又容易操作的校本研修模式，这是摆在我们远郊学校面前的一个紧迫的现实问题。

怎么办？为解决这一问题，当时，我们仔细研究了国内外比较有影响的改进课堂教学的校本研修方式。

国内最有影响的校本研修模式是"行动教育"(Action Education)——由上海市教科院顾泠沅教授带领其团队于 2002 年 1—9 月开发。行动教育的核心理念是"实践反思、专业引领、行为改进"，具有三个要素：一是课例。它是行动的载体。二是合作平台。研究者与教师的合作平台主要有课例讨论、情境设计、行为反省。三是运作过程。整个流程包括原行为、新设计、新行为三个阶段，其间有两轮是寻找差距中的反思与调整。这样的流程多次往复，达到螺旋式的上升。

国际上比较有影响的校本研修模式是日本的"授业研究"。他们认为"这种教学研究活动比其他形式的在职教育更能有效地发展教师的能力、提高教学质量、促进学生学习，以及促进教师对学校中未来共同利益关系的认识"。"授业研究"就是做 Lesson Study，是一个包括"提出问题、制定计划、采取行动、进行观察、反思和修改计划"的实践性的循环过程。在日本，授业研究是一种长期的持续的改进活动，它关注的是学生的学习、教学的路线、合作性的活动，已经形成一种教师文化。授业研究是教师为提高教学实践质量而进行的有组织的教师探究活动，它要求教师参与到从提问、计划、反思、行动、观察到反思、重新计划和再质疑的整个过程中，是一种教师们共享的专业文化。目前美国、新加坡、伊朗等一些国家在借鉴和发展日本的这种教师在职培训模式。

借鉴日本的授业研究和中国的传统教研活动，尤其是顾泠沅团队所倡导的“行动教育模式”，我们认为：如果能推动教师间互相协作、针对课堂教学内容做出研究，会对学生的学习质量提高带来直接的效果。而在我们许多教师眼里，校本研修不过是每周例行研讨的一个下午，或是某个阶段领导布置的一个任务。他们很少把校本研修与自身的专业成长关联起来，或者说很少把它看成存在于自身职业生涯始终的一个必需部分。

这是我校教师对校本研修的一种误解。其实，校本研修是为中外教育专家和学校所推崇的有效在职培训方法。这种研修是由学校发起并组织实施，旨在提高教师的教育教学能力，使教师得到专业化发展。加强教师的培养培训，最有效最切合学校发展和教师需求的途径，就是要创设一个有益于教师在教育教学实践中提升自我的条件和氛围，引导教师把学校视为提升自身素质和职业技能的最好场所，使学校成为教师成长的又一所“师范院校”。

校本研修的路径很多，这需要每所学校思考适合自己学校的校本研修的路径，否则同语反复，同一路子，又回到了老路上——非校本性。正是基于这样的思考，如何实施校本研修的问题就提出来了。我们学校的思考是，要从增强教师个体与教师群体在教学研究与实践上的互动着手，以解决来自学校教学中影响学校教学的实际问题。

为此，我们提出了“三步曲实践课校本研修模式实践研究”这个课题，主要探索教师进行课堂教学改进校本研修的方法、途径与制度，建构适合学校的研修模式，并通过这样的研修模式，引导教师在教学实践中展开理性而非单凭经验的教学活动，提高教学质量。我们的研究是这样进行的——

首先，明确课题研究的目的与方法。

关于课题研究的目的，一是对已经构建出的“三步曲实践课”校本研修模式进一步精致化；二是建立一套激励教师从事“三步曲实践课”的校本研修制度并形成学校的教研氛围，逐步让三步曲实践课走向常态，从而形成学校教研文化新的积淀；三是尝试建立一套“三步曲实践课”中分析和研讨课堂教学的操作方法。

关于课题研究的方法，我们采用了如下四种研究法：

调查研究。集思广益，调研教师心目中一堂“好课”的标准，借以了解不同教龄的教师对改进课堂教学的期望以及大多数教师认可的“好课”标准。以此作为课题起点。

文献研究。搜集有关一堂“好课”的相关资料，结合二期课改的理念和精神进行整理、分析和制定适合我校教师发展水平的“好课”标准，作为“三步曲实践课”所要达到的目标。

行动研究。以改进学校课堂教学质量为目标，探索、总结，形成一个校本研修的操作模式和校本研修制度。

案例研究。对于教师的课堂教学，进行横向和纵向的比较分析，形成不同主题的教学案例(课例)，作为学校今后开展“三步曲实践课”的知识库。

其次，规划课题研究的过程。前后历经四年，共分三个阶段：

一是前期准备阶段(2006 年 6 月—2006 年 12 月)。

调研我校教师心目中一堂“好课”的标准，初步了解我校教师对改进课堂教学的期望，以及大多数教师认可的“好课”标准，以此作为开展“三步曲实践课”的校本研修活动的起点。具体措施：

● 组建课题研究小组。

● 制定研究方案，组织教师研讨研究方案，统一认识，进入角色。

● 学校校本研修现状调查报告。

● “好课”标准的文献资料综述。

● “三步曲实践课”校本研修实践研究开题报告。

二是实施阶段(2007 年 1 月—2009 年 11 月)。

启动课题研究，有步骤地实施(包括文献研究)，定期组织课题研究会议，总结交流，及时撰写不同阶段的研究总结，进行阶段成果展示。具体措施：

● 修改和完善“三步曲实践课”活动方案，初拟激励制度方案。

● 聘请活动的专业引领人员，查找文献，在我校调研报告的基础上，初步形成一个“好课”标准作为三步曲实践课的参照点。

● 以一学期为一轮实施“三步曲实践课”上课活动，确定研究主题。

● 注重理论学习，开展一系列的辅助活动，如你我共享、教师论坛；教师读书联谊会；读书笔记。

● 撰写“教师课堂教学改进计划”，针对研究主题设计改进方案。

● 听取建议，自我反思，认真填写“教师课堂教学改进计划”。

● 对活动作出反思，初步撰写案例研究总结。

● 召开专业引领人员、教研组长、备课组长、教师代表等各类座谈会，深入讨论。

● 调整并完善“三步曲实践课”的激励制度。

● 对四个教研组的案例研究及时总结成果并在全校开交流展示会，邀请相关专家来校点评、指导。

● 教师自我反思，对照“课堂教学改进计划”自我总结。

三是后期总结阶段(2009 年 12 月—2010 年 5 月)。

对课题进行归纳总结、梳理研究成果、形成结题报告。具体措施：

● 整理汇编各种研究资料和原始材料。

● 总结三步曲实践课的校本研修制度。

● 整理三步曲实践课的所有案例，按主题分类，形成案例成果集。

● 部分优秀案例争取投稿发表，扩大成果影响。

● 撰写结题报告。

这一研修模式历经四年，是一次很有意义的尝试，取得了扎扎实实的成果。它的特点在于以教研组和备课组为实体，围绕课堂教学内容及教学方法进行研讨，具体，实在，不泛泛而谈。而这种同伴互助建立在教师个体独立钻研的基础之上，增添了互动的实效。独立钻研教材，读懂教材的价值与意义，根据被教育对象的基础与接受能力，选择或创造有效、有趣、有吸引力、有感染力的教学方法施教，是教师专业发展最最重要的基础。这个基础，靠自觉阅读、深思，打下宽厚的科学文化底子；靠自觉实践，在教学实践中锤炼，不断总结，不断反思，逐步认识和把握教育规律。

俗话说，基础不牢，地动山摇。教师专业成长一定要打好基础，过好独立钻研这一关。这一关不是静止的，不变的，而是要持续不断，锲而不舍，努力提升独立钻研的能力，独立钻研的质量，使自己走向成熟，走向优秀。只有教师个体对教材、教学独立钻研的能力强，有独到的感受与体会，组里的研讨、互动才会思维活跃，思想碰撞，精彩纷呈。

第二节 “三步曲实践课”校本研修模式的基本概念

我校提出的“三步曲实践课”，其主要概念有着特定的内涵。

首先是“三步”。本课题中所指的“三步”如下。

第一步：全员实践。

每位教师个体在备课组内上一节教学实践课。

教师在备课组内上一节实践课，意在个人钻研、同伴相助、展示自我，重在发掘授课教师个体原有的经验。

第二步：组内研讨。

在第一步基础上，备课组内一位教师上教学实践课。

每个备课组推荐一位教师，或毛遂自荐代表备课组在备课组（或教研组）内上一节实践课，意在互助合作、凝聚智慧、共同成长，重在凝聚备课组群体的实践智慧。

第三步：学科示范。

在第一、第二步基础上，教研组内一位教师上教学实践课。

由教导处推荐（或教研组毛遂自荐）八节课（语、数、英、综合学科各两节）在学科教研组内上课，意在专业引领、学习领悟、理念提升，重在结合课改理念获得理性的专业引领。

这三步的教学实践课环绕一个教学主题展开研究性教学实践。每学期“三步曲”一个循环周期。

其次，关于“实践课”。

本课题的“实践课”专指具有研究性的教学课，包括研讨课、汇报课、示范课，不是考核课，非选拔性。

“实践课”不打分，不排名次，目的在于实践锻炼。允许教师有失败的课，允许教师上得不理想可以再上一次，让教师放开手脚，敢于尝试，研究教学，展示教学，提升教学能力；让教师思想碰撞、相互学习、相互帮助，共同发展，让教师在专业人员引领下不断反思、感悟、着力提升教学理念。

其三，关于“校本研修”。

这里的“校本研修”，是指以学校教育、教师工作中存在的实际问题为切入口、着眼点，以预定目标和学校、教师的发展规划为基本方向，以满足学校内教师的专业发展需求为根本目的，以学校自身力量、资源优势为主要依托，在学校、教师自我反思的基础上，在教师发展共同体（教的相互作用）中，进而在教育专家的指导与专业引领下，由学校自行设计与策划安排实施的一系列、分阶段、有层次的教师教育（包括教师培养、教师培训、教师进修及教师继续教育）与教育研究（包括教学研究及常规教研、教育科研）有机融合的促进学的过程与活动。核心是学校“教研、科研、培训一体化”。

从实践角度看“校本研修”，简单地说，就是以学校实际问题解决为导向的师资培训或教师教育，即学校以教师互教式，与教学研究、教育科研融合在一起，以提高教师教育教学能力为主要目标的教师教育活动。

综上所述，校本研修，就是为了学校的发展，为了学生的发展，为了人的终身发展，在学校中通过开展教育教学研究，如进行同伴互助、专业和专家引领、实践中反思等解决教育教学中的问题，不断地更新自己，逐渐地构建自己的教学风格，提高教育教学质量。

“三步曲实践课”校本研修，是我校针对学校实际，为有效提高教师专业水平的需要而创立的一种新的研修模式。这种研修模式，是指在教学理论的指导下，运用教育生态观、校本办学观、教师专业发展观等，创设教师校本研修的平台，通过全员参与、组内研讨、学科示范等三个步骤，在教师个体与群体互动中实施教研活动的一种研修模式。

“三步曲实践课”的基本内涵如下：

一是“三步曲”是教研的一种形式，这种形式主要使教师的个人独立教学与研究与群体合作教研结合。

二是“三步曲”不仅规定教研的步骤，还必须确定一个教研主题，这是“三步曲”的核心。“三步曲”教研的主题是教师个体教研与群体教研结合的纽带。

三是“三步曲”教研是一种研究探索性的教学实践活动，目的在于通过研究探索特定教学问题的解决方法，获得规律性认识。实践课不排名次，鼓励创新探索。

四是“三步曲”教研的价值指向是解决教学实际中的普遍性问题。尽管有众多学科，但是具有校本性的，即本校教学中的基本共性问题。

五是“三步曲”教研不是一次性的三步走程序，而是不断深化的三步，还要进行第二个过程循环进行验证，进一步优化。

“三步曲实践课”基本结构如下：

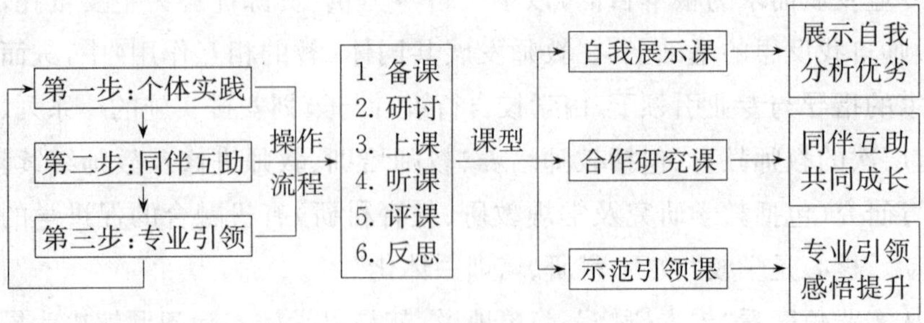

一次主题教研分为三步，一学期一个循环，一学年为一轮，第二轮在第一轮的实践上，通过反思，进行调整，以达到螺旋上升的作用。

第三节 “三步曲实践课”教研模式的基本结构

“三步曲”教研模式的基本结构是“一个主题、两个重点、三步实施、四条策略、五个特点、六个流程”，即“123456”。

“三步实践课”教研模式的基本结构

一个主题：校本教研主题

两个重点：教研活动质量、总结归纳提炼

三步实施：全员参与、组内研讨、学科示范

四条策略：独立钻研、合作探讨、专业引领、实践改进

五个特点：校本性、主体性、学科性、实践性、对话性

六个流程：备课、研讨、上课、听课、评课、反思

一、一个主题：校本教研主题

1. 教研主题是“三步曲”教研的主线，教研活动环绕主线展开，每学期一个主题，便于解决教学问题与总结教学经验。

2. 教研主题基于校本教学问题。这些问题可以是有价值发展性教学问题，也可以是学校教学中存在的问题。

3. 教研主题质量关系到“三步曲”教研功能。如果主题具有普适性，教研功能可以提升；如果主题难以覆盖各学科，则无法全员真正参与。主题也涉及

教研质量,如果主题涉及难度较高的问题或者口子较大,难以获得有效教研成果。

4. 教研主题来自教学实际、教师实际、学生实际。

二、两个重点:教研活动质量、总结归纳提炼

1. 教研活动质量。教研活动要讲质量,不能以教学质量简单地代替教研质量。同时,要环绕主题,运用多种方式、方法展开教研活动。

2. 总结归纳提炼。这是教研成果意识,是对具体的教研活动的深化。通过主题研究后必须获得关于主题的正确认识,主要是有效操作。没有总结归纳提炼本质上等于没有展开教研。

三、三步实施:全员参与、组内研讨、学科示范

1. 第一步:全员参与。每位教师在备课组内上实践课,主要展现自己对主题的理解以及有关实现主题的教学经验。第一步重点在于反映教师个体对主题的理解。

2. 第二步:组内研讨。备课组推荐一位教师或者自荐上一节关于本学科实践主题的实践课,主要展示本学科在年级中有关主题的教学认识。备课组集体备课,由一人执教。第二步重点在于引发教师的教学对照,促进教学改进。

3. 第三步:学科示范。学科组通过推荐教师或者自荐、教导处提名,由一名教师上一节实践课,主要展示本学科在主题上的规律性认识。第三步重点在于规律性认识,使之起到引领作用。

四、四条策略:独立钻研、合作探讨、专业引领、实践改进

1. 独立钻研策略:教学具有个体性,主要依靠教师个体执行。相同的教学内容,不同的教师会有不同的理解与教学设计、实施。没有教师独立钻研实际上等于没有展开教研。

2. 合作探讨策略:教研具有合作性,在教研中教师互相学习、交流、探讨,激发思考、多元碰撞,实现共同发展。在“三步曲”研修中要通过多种形式展开教师间的合作研讨,例如(备课组)教师间的、备课组间的、学科组间、教师与专家的互动等。

3. 专业引领策略:专业引领,首先是学科教学的科学规律引领,谁把握教学规律,谁就能起引领作用。教师应该成为重要的引领者,专业引领不是有话语权者的引领,也不完全是专家引领。专业引领是在课堂中能起实实在在的引领，不是空话的引领。专业引领必须是校本的引领，而不是到处搬用的重复流行话语的引领。

4. 实践改进策略："三步曲实践课"的灵魂是"不断改进"，这就需要通过实践检验教学的预期是否科学、合理。教研的每一步都应该通过实践改进教学。第一步个体钻研改进教学，第二步对照改进教学，第三步引领优化改进教学。

五、五个特点：校本性、主体性、学科性、实践性、对话性

"三步曲"校本研修模式具有五个明显特点，掌握这些特点是为了更好地运用这些特点，使这个研修模式发挥更好的功能。理解这些特点是用好这个模式的起点，在实践中体验这些特点，然后走向自觉运用这个研修模式。

1. 校本性："三步曲"教研是基于学校，通过学校，为了学校解决本校主要的教学问题。

2. 主体性："三步曲"教研以教师为主体，不仅指教研的参与主体，而且更指价值指向主体。

3. 学科性："三步曲"教研要基于本学科的特质，依据学科课程标准，避免以套话来代替学科教研。

4. 实践性："三步曲"教研植根于教学实践，通过实践认识教学主题涉及的问题，也通过实践检验所获得的认识正确性。

5. 对话性："三步曲"教研在多元合作中展开，参与教研活动的教师、专家、领导、学生、课程、各类教学资源等之间要进行对话，以提高教研质量。

六、六个流程：备课——研讨——上课——听课——评课——反思

本操作流程是对操作过程的程序与方式的简要表述，具体流程如下：

1. 备课。教师依据教研主题要求，按照商定的教学任务，个人钻研教材，自主进行教学设计。结合实践课自学1～2个案例，观看1～2个视频课例。

2. 研讨。教师把自己的教学设计初稿与同备课组的教师商讨，主动请教同学科教师，吸取同伴的有价值的意见，改进自己的教学设计，并修改自己的教案，将最后定稿的教案分发给备课组内每一位老师。新教师要做到"一篇课文三次备课"，其他教师提倡运用"一篇课文三次备课"的方法。

教师对自己的教案作预期分析，判断经过修改的教案能否进教室实施教学。如果还需要修改，则继续进行修改，直至对教案的预期分析成功概率较高，才可以付诸实施。

3. 上课。教师把自己的教案付诸实践，以检验主题教研的指向目标。例如，目标教学内容、目标教学方法等实现的程度，验证教研的主题的可取性。

4. 听课。备课组长召集备课组教师和其他有关领导、教师听课。观察教研主题的实践情况，以便课后的研究探讨，在实践中研究，在研究中实践。

5. 评课。在课后，备课组组织组内教师一起对实践课进行探讨，研讨有关教研主题上的共性问题与经验。大家主要从一般教学规律与教研主题这两个角度对实践课进行讲评。我们也请专家围绕教研主题结合教师的实践课教学进行互动式的指导。

6. 反思。要求在实践与教研的基础上，每位教师继续完成与完善教案的编写。教师依据自己的实践，写好课后反思，写出自己的理解与经验，体验对主题研究的认识，提交实录性教案，教案重点展现个人研究的改进过程。

通过这样六个流程，使教师全员对校本教研所确定的主题做一个比较深入的探讨与实践，重在发掘授课教师个体原有的经验，并融合到研究主题的思考中，结合实践体验，形成个体对教研主题的新认识。

第四节 "三步曲实践课"校本研修的具体实施

"三步曲实践课"是一种着眼于教师专业发展的自主型教研。新课程实施，呼唤教师专业化发展。教师专业化发展，期待校本教研尽快实现范式转换——以完成上级任务为目标，关注成果展示的被动型教研范式，转换为以校为本、以教学问题的解决为指向，关注教师专业发展的自主型教研。我校提出的校本研修模式——"三步曲实践课"，为教师创设了良好的研修环境与条件，满足教师专业发展，有效提高教师专业水平，逐步使教师个体的教学素养在教师群体的互动中，在先进教学理念与方法的引领下得以提升。这在具体实施中得到充分的体现。

一、"三步曲实践课"模式的第一步：全员——主题实践研究

这"第一步"，要求每位教师个体在备课组内上一节教学实践课，这是具有研究性的教学课。这"第一步"必须注意以下三点：

1. 选定教研主题

教研主题确定的依据：

（1）教研主题涉及学校教学中主要问题，对学校教学质量的提升有重大

影响的。

这意味着教研的主题必须来自学校实际，是实践的需要，不是为了喊教育口号的需要，或者出于赶时髦的冲动。

(2) 教研主题是实践性的，注重对教师教学能力的提高。

这表明，教研选择主题所涉及的内容应该是实践性的，可以是教学中的常规问题，也可以是教学中需要解决的问题，也可以是具有教学前沿性的探索性问题。我们认为，教研的主题不必是教育科研性质的要求，即必须是探索教育教学中未知的事物，揭示这些教育事物和现象的规律。

(3) 教研主题来自教师们，集中反映教师的需求，不是学校教学管理者拍脑袋定出来的，不是按照长官意志来确定的。

我校在这一课题研究中展开的四个主题教研活动如下：三维教学目标的设计；有效的练习设计与运用；和谐课堂对话的强化；"理答"在课堂教学中运用。

2. 全员参与实践

全员参与的基本要求：每位教师上一节教学实践课。按照教研主题，按备课组为单位开展主题式教研，每位教师在备课组内上一节教学实践课。

3. 主要实施流程

现以本课题研究中的一个主题开展"三步曲"实践课校本教研的第一步为例：

● 主题——"教学目标的设计"

● 主题提出的依据：

1. 教学目标制定在课改初期由于经验不足，出现的三维目标割裂、形式主义、教学目标口号化等问题。

2. 教师备课的现状，教学目标的设计问题很大，教学目标表达不规范现象严重，必须加以改变。

3. 教学参考书中存在着误导教师教学目标设计的问题，以及教师轻信网络上的教案而误用。

4. 教学目标既是教学的出发点，也是教学的归结点，对教学起着导向作用、组织作用、标尺作用。教师的教学设计能力必须切实提高才能适应有效教学的需要。

● 主题教研的目标：

1. 转变观念，改变只有一维度的知识目标的偏向，重视三维目标落实。

2. 使教师掌握教学目标设计三个维度、四个要素的设计方法。

3. 使教师掌握教学目标设计的原则、依据与步骤。

4. 使教师学会按照教案的基本格式编制教案，指定具体、科学的教学目标，正确使用教学目标设计的学术规范语言。

● 第一步主题教研实施过程：

1. 首先选定主题——“教学目标的设计与落实”

当时选择校本教研主题时发生争论，有的教学管理者与教师认为教学目标是教师常年累月经历的事，没有问题，还有上面发下来的参考书、网络上的教案等，因此这个主题价值不大。在广泛民主讨论以及专家的说服下，特别是当场翻阅并进行参考书与网络教案的点评后，觉察这个主题的现实性如此强烈，在研究过程中大家更是深切体会到教学目标设计问题的严重性，给了教师们很大的震撼。

2. 组织教学目标设计的培训

我们的培训一是采取专家讲课培训，通过关于教学目标设计的务实的培训，使教师不仅增强教学目标设计的意识，看到问题的严重性，而且学到以前师范教育时没有学习到的教学实务操作。二是采取教师按照学科教研组学习讨论，务必使教学目标的设计操作结合学科特质，注重教材的自主解读与学情分析。

3. 确定(二期课改)三维教学目标设计标准

我们组织全体教师参与三维教学目标设计标准的讨论，在讨论与研究的基础上形成了廊下小学“三维教学目标设计的五条标准”：

(1) 教学目标的清晰、具体，可检测；

(2) 教学目标的整合交融，不能割裂；

(3) 教学目标的层次明确，依据教材把握教学任务适宜度；

(4) 教学目标的适度，要依据学生学习基础把握难易度；

(5) 教学目标的转化，要能转化为学生的学习上的实际效果。

4. 教学目标设计的实践研究

要求全员进行教学目标设计的实践研究，教师们重点把教案中的教学目标制定好，专家评阅、教师同伴商讨，进行教学目标修改，说明修改了什么，为什么要修改，并提出修改好的教学目标第二稿。如果没有通过预期分析评估的教学目标，必须进入教学目标第二次修改程序，直至评估通过为止，然后可以进入教学实施阶段，进行实践验证，以得出教学目标设计的有效性程度。

● 案例要求：

教学目标设计改进实例撰写格式：

(1) 导言(对本案例做摘要性陈述)。

(2) 设定目标的教学分析：教材分析与学情分析。

(3) 设计的教学目标(初稿)。

(4) 修改的教学目标及其说明(修改什么、为什么修改)。

(5) 教学实践验证。

(6) 教学目标设计的反思。

重点：突出改进。案例中要表现出前后教学目标设计的比较。

● 实施时间：

本阶段我们坚持教研质量要求，对每位教师的教案进行评阅，以达到教学目标设计标准。骨干教师先行一步，由专家精心指导，提供教学设计的范本，然后全校推开，进行面上的教学目标设计实践研究。经历大约三个月的时间。教师教案分二批交课题组，各批教师按规定时间完成初稿，并以电子邮件形式指导。各批在第二轮修改时进行面对面指导。

[实例一]

本案例显示何老师的独立钻研教材、同组教师研讨、专家引领的实际过程，也可以看出教师是通过研修提高自己的教学设计能力的过程，不断改进的过程。

《起死回生》教学目标设计案例

一、导言

课堂教学目标设计的恰当与否直接影响着课堂教学的实施过程。因为它体现着课堂教学的理念，课堂教学的具体方法、步骤、教师对新课程标准的理解程度等。在新课程标准颁布实施下，教师如何设计课堂教学目标以及适时调整课堂教学目标成为摆在我们教师面前必须面对的问题。下面我以自己对小学语文课文《起死回生》的教学目标的设计与改进作为案例作初步探讨。

二、案例描述

如何来制定本课的教学目标，在仔细研读教材后，我依据教材的内容及学生的学习情况，制定了初步的教学目标。

（一）教学目标设计第一稿

1. 本节课的教学目标设定的依据

（1）教材分析

《起死回生》是上海市二期课改小学语文第六册第三单元的开篇课文，课文主要讲述了扁鹊在虢国都城对太子突然间死亡感到纳闷，通过询问侍卫官情况、诊断病情、把脉针灸，使虢国太子死而复生的故事。课文故事性较强、内容通俗易懂。从教材内容来看，主要分为了解病情、医治太子两大块来体现扁鹊高超的医术和高尚的医德。“了解病情”这部分内容主要是通过扁鹊与侍卫官的对话来写的；“医治太子”这部分主要抓住了扁鹊救治太子的动作按先后顺序描写的。本课虽内容较通俗易懂，但文中涉及一些中医学的术语如“切脉”“针灸”等，离学生的生活实际较远。文中共有9个生字：侍、棺、腕、脉、厥、症、携、囊、拇，其中较为难写的生字是“虢、厥”。文中出现的多音字：胸口闷(mēn)、纳闷(mèn)。本单元语文能力训练的重点是复述课文，也是本课的训练重点、难点。

（2）学情分析

作为三年级学生，经过两年半的学习，学生的学习能力有了较大提高，学生们大多能做到正确、流利地朗读课文。同时经过前两个单元的学习，学生对课文的预习工作做得较扎实，能够在预习中利用字典及课后注音自主地认识生字及熟字返生的字。三年级第一学期已经初步学习了用不同的方法理解词语。不少学生在阅读过程中能初步体会关键词语、标点符号所表达的不同语气。但在概括能力方面，学生训练不多，说话时往往语句不够连贯，不能把自己的意思用简洁的话表达出来。

2. 初步制定的教学目标

教学目标一：在阅读过程中自主认识9个生字，运用书空指导“虢、厥”的字形，区别“闷”的两种读音，运用多种方法理解“起死回生”、“死而复生”、“切脉”、“凝神”等词语的意思，积累描写注意力集中的词。

【说明】 继续培养学生独立识字的能力，养成主动识字的习惯是本册教材的一个教学要求，但作为三年级语文教学，字词教学仍然不能放松，所以教师应有重点地指导一些难写的字。在教学中，运用多种方法理解词语是复习巩固先前学到的方法。

教学目标二：有感情地朗读1—9节，转述扁鹊从行人和侍卫官处了解的情况。

【说明】 通过朗读、体会扁鹊说话时的语气变化。转述扁鹊从行人和侍卫官了解的情况，既是训练学生的概括能力，又是进行简要复述的训练。

教学目标三：能在熟读课文的基础上，抓住扁鹊救治太子的动作，复述扁鹊救治太子的过程，体会扁鹊高超的医术。

【说明】 复述是本单元的重点训练项目，因本文是开篇课文，故这一训练项目对学生来说可能有一定难度，所以在训练时设置铺垫、降低难度，让学生抓住动词来复述。同时抓住关键词来复述课文，也是复述的方法，所以这一目标，也是对学生进行方法的指导。通过复述，学生可加深对课文的理解，产生对扁鹊高超医术的赞叹。

教学目标四：通过抓矛盾质疑、释疑，感受扁鹊高尚的医德。

【说明】 体会人物品质是语文教学思想性的体现，但语文学科有其自身的特点，要通过文本的理解来体会文章所蕴含的思想。本目标旨在让学生通过对文中扁鹊与侍卫官、国王的前后对话进行对比、质疑、释疑，从而体会扁鹊高尚的医德。

（二）教学目标设计第二稿

通过进一步钻研教材，以及与同组教师讨论等，对照“课程标准”，发现第一稿中有些目标还不够具体明确；同时课文后练习中有一题“读句子，再抄一抄”中的两句反问句的训练在目标中也没有涉及。修改后的教学目标如下：

1. 在阅读过程中自主认识9个生字，运用书空指导学习“虢、厥”的字形，区别“闷”的两种读音，运用找近义词、做动作、联系上下文理解“起死回生”“死而复生”“切脉”“凝神”等词语的意思，积累描写注意力集中的词。

2. 有感情地朗读1—9节，读出扁鹊纳闷、松口气的语气；转述扁鹊从行人和侍卫官处了解的情况。

3. 能在熟读课文的基础上，抓住扁鹊救治太子的动作，复述扁鹊救治太子的过程，体会扁鹊高超的医术。

4. 通过对比扁鹊与侍卫官、国王的对话质疑、释疑，感受扁鹊高尚的医德。

5. 在阅读过程中，通过朗读、理解句子意思初步体会反问句的作用。

通过以上修改，使教学目标更具体明确，使目标更具检测性。新增内容是因为反问句的理解与积累是本课的一项知识点，同时考虑到小学阶段不涉及语法的学习，重在感悟，所以目标只是“通过朗读、理解句子意思初步体会反问句的作用”。

（三）课堂教学验证

根据制定的教学目标，我精心设计教学环节，力争在教学过程加以落实。从课堂教学效果来看，基本达到了目标。

“复述”是本课的一个重点训练项目，也是本课教学的一个重要目标。本课课前确定的教学目标2与目标3都是有关复述的目标。目标2中主要是转述，目标3主要是抓住扁鹊救治太子的动作来复述。本课教学中，对于这两项目标我分别通过朗读对话，理解扁鹊从侍卫官处了解的信息，然后进行转述，和先圈出动词，再根据扁鹊救治太子的动作来复述救治过程。应该说学生在学习时很好地完成了教师预设的目标。特别是在落实目标3时，我先让学生根据动作讲过程，接着要求学生加上表示先后顺序的连词使这段更通顺，最后要求学生加上太子的变化、反应，把这段话说生动，层层推进，步步深入，使目标在课堂教学中得到了很好的落实，学生学习效果很好。

但在教学中，在落实目标4“通过对扁鹊与侍卫官、国王对话进行质疑、释疑，感受扁鹊高尚的医德”时，学生通过对句子的朗读后，一时找不准矛盾之处，所以不能独立地提出问题进行质疑，最终由教师代为质疑，学生释疑，与原先的预设有一定的出入。

三、课后反思

课堂教学目标是课堂的核心和灵魂，是课堂教学的出发点与归宿，它具有导向、调控、激励、评价等诸多功能，规限着课堂教学的动作。课堂教学目标的恰当与否，直接关系到课堂教学的成功与否。所以教师应重视教学目标的设计，教学前要根据教材内容与自己学生的实际情况制定出恰当的教学目标。就本堂课，我们认为教学目标在制定时应要注意以下几点：

1. 认真分析教材，找准重点

语文学科不同于其他学科，语文教材的一个显著特点就是几乎是一个拥有无数教学可能的信息载体，所谓“一篇课文可以有一千种教法”的确是一种客观事实，所以更需要我们教师在备课中认真分析教材，把握教学内容与大纲要求之间的结合点，确定课堂教学的具体目标。同时，通过分析教材，确定出教学重点及难点。本堂课，因为《起死回生》属上教版第六册第三单元的开篇课文，本单元的语文能力训练的重点是复述，所以我把“复述”作为本课教学的重点。在教学中，紧紧围绕教学目标逐步开展。由于教学重点把握得较准，故在教学中效果较好。

2. 细致研读教材，确定训练重点的载体

重点确定后，如何来落实教学重点？我对教材作了仔细的分析，细致研读，认为扁鹊与侍卫官的对话，及扁鹊救治太子的经过都可以作为“复述”这一教学目标的落实载体。但根据两部分内容在写法上的不同，一是对话形式，一是叙述形式，所以在目标制定上又有所区别，把目标 2 制定为“有感情地朗读 1—9 节，读出扁鹊纳闷、松口气的语气；转述扁鹊从行人和侍卫官处了解的情况”。把目标 3 制定为“能在熟读课文的基础上，抓住扁鹊救治太子的动作复述扁鹊救治太子的过程”。同样是复述，利用不同形式把这一教学重点落到实处，取得了良好的教学效果。

3. 正确把握学生实际，化解教学难点

要使教学目标制定得恰当，必须从学生实际情况出发，对学生的已有知识、能力有充分的了解，制定符合学情的目标。目标过高，既无法真正落到实处，又可能挫伤学生的学习积极性；目标过低，学生也可能感到索然无味，没有学习的兴趣。本课教学的一个主要目标是让学生“复述”。复述是本单元的一个重点训练项目，而本课课文又是本单元的开篇课文，学生原先没有进行过复述的训练，所以复述又成了学生学习的难点。所以我在制定目标时，考虑到了学生实际，让学生先找有关动作，然后根据这些动作复述，既降低了难度，又使学生掌握了复述的方法，在课堂上取得了很好效果。

但目标 4“通过对比扁鹊与侍卫官、国王的对话进行质疑、释疑，感受扁鹊高尚的医德”在质疑这一环节，课堂教学中出现问题。我认为就是制定目标时，对学生已有的能力在判断分析上出现了偏差，过高地估计了学生的能力。因为三年级学生刚刚开始学习抓住关键词进行提问，而本目标却让学生去找矛盾进行质疑，显然不符合学生的实际，所以在教学中，这一目标的落实出现了偏差。如果目标定为“通过对比扁鹊与侍卫官、国王的对话，抓住矛盾之处进行质疑、释疑，感受扁鹊高尚的医德”，让学生先找两句话中的矛盾之处，然后质疑、释疑，这样利用学生已有的抓住关键词提出问题的能力，把质疑这一难度无形之中化解，我想或许在目标的落实上能取得预设的效果。

4. 根据生成，适时调整

教学目标的制定，只是教师在上课之前的一种假设，虽然目标制定时分析了教材，分析了学情，但上课时，课堂上到底会出现什么情况，学生的生成是否符合教师的预设，这都是未知数。作为一名教师，我认为更需要在课堂教学中，根据学生的生成适当地调整教学目标，使教学的效果达到最佳化。本课教学中，在落实目标3“抓住动作进行复述”时，有一个同学复述时是这样讲的：“扁鹊走到病榻前，按住太子的手腕，切了脉，然后把耳朵贴在太子的胸前，凝神听……”我立时感到这位同学用了一个“然后”非常好，因为三年级学生已经学过用上表示先后顺序的连词，把一件事说清楚。于是我马上要求学生在复述时用上“先、再、接着、然后……”等表示先后顺序的词。通过对这一教学目标的适时调整，学生的学习取得了比预设更好的效果。

[实例二]

本案例显示了刘老师改进教案的过程，一节家常课的教学目标设计经过三次修改后仍需要继续修改，反映了本课题对教师教研能力与教学能力发展的价值，以及实实在在的教研方法与课题研究方法。

三位数的加法(横式计算)

一、导言

教学内容：上海版(二期课改)小学数学第四册，三位数的加法(横式计算)。

案例主题：教学目标的设计。

二、案例展现

(一) 教学目标设计第一稿

1. 教学目标设计的依据

(1) 教材分析

本节课是在学生学习了整十、整百数的加减法、三位数加减一位数的基础上的延续，又有一年级时两位数加减法的基础，学生从知识的角度看不会很难，但从算法的多样化以及各种方法的算理清楚表述方面来看是有一定的困难的，所以在课堂上采用小组合作的形式是非常有必要的。通过横式计算的多种方法使学生的思维发散，融会贯通。对于培养学生的数学兴趣、数学能力有极大的促进作用。

教学重点:三位数加法的横式计算方法。

教学难点:两位数加法的横式计算方法迁移到三位数横式计算。

(2) 学情分析

从学生的数学知识能力上看,他们在一年级的学习中已经基本掌握了两位数的加减法,而且平时一直在进行口算的练习,已经有了三位数的加法(横式计算)的知识储备,再加上在此节课前又学了整十、整百数的加减法、三位数加减一位数,学生在这方面有了基础,需要重点注意的是要培养学生思维的多样性及思维的逻辑性。

2. 教学目标

1. 运用旧知迁移,让学生经历三位数加法的横式计算过程,掌握三位数加法的横式计算方法,能正确进行计算。

2. 鼓励算法思维和算法的多样化。

(二) 教学目标设计第二稿

1. 第一稿教学目标存在的问题

第一稿教学目标对于学生的解题能力的培养是比较重视的,但对学生的数学模型的构建方面有明显的缺漏,对于学生数学概念的形成、理解要借助多种数学模型来构建。另外对于学生的各种学习习惯的培养要更加重视,教师还要注重学生之间的合作。

2. 教学目标

(1) 将两位数横式计算方法迁移到三位数加法的横式计算中来,让学生经历三位数加法的横式计算过程,掌握三位数加法的横式计算方法,能正确进行计算。

(2) 选用不同的材料构建三位数加法的模型。

(3) 培养学生算法的多样化,发展学生的思维能力。

(4) 养成独立探究、合作交流的学习习惯,激发学习数学的兴趣。

教学重点:三位数加法的横式计算方法。

教学难点:两位数加法的横式计算方法迁移到三位数横式计算。

3. 修改的内容及理由

(1) 修改的内容

首先在导入部分加入"28+56=□"的讲解,让学生来说说这道题的思考过程,让学生回忆以前学过的两位数横式计算方法。其次在讲解例题"356+

247＝□”时更加突出三种数学模型的构建方法。

(2) 修改的理由

首先是学生在知识的衔接上比较自然，坡度较小易于学生对知识的掌握。三种数学模型的构建方法使学生的思维方法多样化，可培养学生的发散性思维，同时也注重了学生学习习惯的培养。

(三) 教学目标设计第三稿

1. 第二稿教学目标存在的问题

第二稿教学目标虽然在第一稿的基础上有了一定的改进，主要是借助数学模型这一点上有了进步，但问题也在这方面，数学模型没有具体化，应该具体化，要非常明确。

2. 教学目标

(1) 将两位数横式计算方法迁移到三位数加法的横式计算中来，让学生经历三位数加法的横式计算过程，掌握三位数加法的横式计算方法，能正确进行计算。

(2) 选用正方体小木块、简图和算线来构建三位数加法的模型。

(3) 培养学生用个加个、十加十、百加百，简图，算线，递等式的方法进行计算。

(4) 养成独立探究、合作交流的学习习惯，激发学习数学的兴趣。

教学重点：三位数加法的横式计算方法。

教学难点：两位数加法的横式计算方法迁移到三位数横式计算。

3. 修改的内容及理由

(1) 修改的内容

将本节课选用的正方体小木块、简图和算线三种数学模型讲清楚、说具体，以及将个加个、十加十、百加百，简图，算线，递等式的计算方法讲清楚。

(2) 修改的理由

课前复习一年级学的二位数加二位数(横式计算)的知识使学生在知识的衔接上比较自然，照顾到了学习基础一般和较差的学生，易于学生对知识的掌握。三种数学模型和四种计算方法具体化，可培养学生一题多解的能力，同时也注重了学生学习习惯的培养。

三、课后反思

教材，历来被作为课程之本。而在新的课程理念下，教材的首要功能只是作为教与学的一种重要资源，但不是唯一的资源，它不再是完成教学活动的纲领性权威文本，而是以一种参考提示的性质出现，给学生展示多样的学习和丰富多彩的学习参考资料。同时，教师不仅是教材的使用者，也是教材的建设者。结合这节课教学目标中的三种数学模型的具体化表述就是创造性地使用教材，既积累经验，又为教材的使用提供建设性的意见，使教师、教材和学生成为课程中和谐的统一体。

华东师范大学叶澜教授曾提出："人类的教育活动起源于交往，教育是人类一种特殊的交往活动。"教学活动作为教育活动的一部分，"没有沟通就不可能有教学"，失去了沟通的教学是失败的教学。教学，是集约化、高密度和多元结构的沟通活动，成功的教学过程，应该形成多种多样的、多层面、多维度的沟通情境和沟通关系。教师不再是特权式人物，而是与学生平起平坐的一员；教学是师与生彼此敞开心扉、相互理解、相互接纳的对话过程。课中师生的共同探讨、交流，学生的作业上展台并让学生说出自己的思考过程、小结学习的内容，体现了师生的"沟通"和"合作"。

二、"三步曲实践课"模式的第二步：合作——主题深化教研

1. 深化主题研究

这一步着重在凝聚备课组群体的实践智慧。

在第一步的全员参与主体研究的基础上，主题上的教学问题已经较多暴露，一些有益的经验也获得显现。对于这些问题与经验，不同的教师有不同的理解，也会有不同的实践，同时不同学科在教研主题上也会有不同的认识呈现。因此进一步深化教研主题是必然的需要，要通过教研活动深化研究，获得教研主题上的学科范畴上的认识，以及不同年段的学科学习的特点（学科知识体系与学生心理发展顺序的整合关系），即第二步主题教研是学科在不同年龄段上的规律性探索。

教师的教学具有强烈的个体性，表现出个性特征，即教学风格。这在第一步主体教研时表现比较明显。到了第二步，就需要在个体研究基础上，对教研主题的不同年段学科教学的若干重要问题集中进行实践研究，凝聚备课组群体的实践智慧，以求有效突破研究指向问题。

2. 关键是合作研究，互相促进

第二步的活动突出同伴互助合作，发挥团队力量。备课组内老师共同商讨、研究、设计教学思路，有一位老师代表备课组执教，既展示备课组集体智慧，又展示执教老师教学风格；既体现互助合作、共同成长的理念，又能营造良好的教研氛围。

第二步教研活动尽管是备课组内一位教师上教学实践课，但不是教师个人，而是凝聚了备课组的集体智慧、对教研主题的认识与实践水平。在第一步基础上解决备课组内在第一步主题实践过程中在教学上暴露的突出的、共性的问题。

3. 主要实施流程

备课。每个备课组推荐一位教师，或毛遂自荐代表备课组在备课组内上一节实践课，意在互助合作、凝聚智慧、共同成长，重在凝聚备课组群体的实践智慧。由备课组教师一起分析第一步存在的问题(特别是共性问题)，确定第二步需研讨的问题。备课组成员共同讨论、结合备课组研究的问题，确定上课内容，选定上课人选。

研讨。结合上课内容和要求学习一个案例，观看一个视频案例。根据需要解决的问题，备课组成员共同讨论分析教材，设计教学方案，由执教者执笔写成初稿印发给每位组员，大家一起再作修改，执教老师重新整理，最后组长将定稿印发给每位听课老师。这节课应该在备课组讨论课题之后，由执教教师吸纳组内教师的有关经验和教法撰写教案，备课组集体讨论教案，提出修改意见。

上课。执教教师在整合团队意见后，再修改教案，体现合作教研，对照改进教学。执教教师按照预设教案，并根据课堂生成实施教学。

听课。听课前先由备课组长介绍本节课所需解决的问题，与研究的主题的关系，然后听课者根据介绍带着问题、任务听课。

评课。根据研究主题，结合课堂案例，对照各自上课的情况对备课组所提出的问题展开讨论。备课组在上好实践课后组织研讨，在讲评教学情况的同时，必须关注教研主题所指向的教学问题，总结并形成本学科年段上的教学经验。

反思。执教者、听课者结合实践课及各自的上课分别进行反思，形成自己对教研主题的年段学科教学的理性认识，提炼有价值的经验，形成有关教研主题的经验总结文章，并对照已经取得的共识或者自己的认识，进一步分析自己在教学主题所涉及的教学问题上的优点和不足，提出完善与改进的方向与措施。备课组整理实践课合作备课过程,写出集中备课组意见、智慧的教案与教案经验报告。在备课组研讨的基础上,全组教师再对照自己教学,并撰写有关的经验总结文章,以指导今后的教学。

[实例三]

立足教材,有效拓展,注重整合

——英语组第二步教研活动案例

一、背景介绍

课改是对学校的挑战,更是学校发展的机遇。我校从容面对挑战,努力把握发展机遇,以教师发展为本,以教师身边的问题为切入口,以教研组备课组为落脚点,扎实有效地开展校本教研活动,促进教师专业化成长。

为展示近年来我校的校本教研成果,我们低段英语备课组担任了现场展示"三步曲"活动。我们认为只要给一个舞台,我们就应该还上一份精彩。于是,备课组的老师们认真讨论、确定主题,在组内紧锣密鼓地展开研讨交流。为了让青年教师能尽快成为充满活力的中坚力量,经过讨论,最后拟订由张燕老师担任研讨课的教学任务。

二、活动描述(研讨活动)

具体过程分五大板块:课堂展示活动、介绍活动主题、同伴互助、教者反思、专家引领。现将研讨现场整理如下:

[课堂教学片段]

片段一:Pre-task

T: You can do a lot of things. But how do you invite your friends to play with you? Here are some pictures for you. Let's make some dialogues.

P1: What time is it?

P2: It's eight o'clock.

P1: Let's go to the park.

P2: Ok. What can you do?

P1: I can fly a kite.

P2: Let's fly a kite together.

P1: Great.

片段二:while-task

T: Look, who is coming?

P: Sam.

T: What's Sam doing?

P: He is going to school.

T: Yes. It's time to go to school.

备课组长介绍活动主题:

我们今天活动的主题是“立足教材,有效拓展,注重整合”,接下来我想说说这次我们选择这个课题作为研究题目的原因。第一,《英语课程标准》提倡以人为本,遵循“为用而学,在用中学,学了就用”的原则,并指出课堂教学活动的设计应有利于发挥学生的创造力和想象力,应增加开放性的任务型活动和探究性的学习内容,使学生有机会表达自己的看法与观点。这就要求我们在教学实践中积极开发课程资源,对教材进行必要的延伸拓展,让学生通过体验、实践、参与、合作与交流等学习方式更好地实现语言学习目标。第二,我校正在争创农村小学英语特色学校,我们开设了英语拓展课,又自编了校本教材。今天张老师上的这堂课就是使用了我们的校本教材。这堂课,上两周在备课组活动时大家讨论了教案,一致认为“三步曲活动”要充分体现出常态课,为我们平时的课堂教学服务,努力体现出四个“实”:教学过程扎实,教学内容充实,课堂教学真实,教学结果有实效。经过专家的指点,我们对教案进行了修改。在试教过程中,专家们觉得各环节的过渡有些不流畅,需要穿插一些图片或使用交际性的语言使课堂教学更流畅,更能体现出英语课的交际功能。

刚才我们已经听了张老师精彩的课堂教学,我看到了刚才课堂教学中有这样的现象:学生在学习中是愉快的;学生在学习中充满了新奇感;学生在学习中是主动的;学生的学习是有成果有体验的。

我想具备这些特征的教学应该是有效的,当然,我们的教学设计中可能还存在着一些不足,有待提高。下面希望老师们对张老师这节课说说自己的看法。

[评课实录]

教师一:作为一名新教师,我一直是怀着学习和反思的态度来参与三步曲实践课的,在这节课前期备课和试教过程中,我已经学到很多。今天这节课听下来,我感到相对于试教时候的效果,又有很大的提高。譬如说复习环节,共设计了五个练习,而且每个练习都有很强的目的性和针对性,chants, greetings 活泼地渲染出了英语教学所需的课堂氛围,紧接着的 do morning exercises 有重点的复习了以往知识,起到了有效唤醒旧知的作用,有利于学生对于知识的整合和巩固。第 4,第 5 两个练习既很好地复习了上节课的知识,又自然而简洁地过渡到新授环节。反思自己的平时教学,衔接,复现,引入,总是顾此失彼,尤其新旧知识的整合方面,总是不能很好的把握,我需要好好的总结和学习。还有就是一个细节——纠错。本节课的进行过程中,有三处学生出现了偏差和错误,张老师能在学生回答完后恰当地给以纠正,而学生也有认真听别人回答并随时纠正的意识和行为,这一点是非常难能可贵的。最后特别值得一提的是,学生的语音语调,非常流利和柔和,给人一种听觉上美的享受,张老师在这方面抓的很好,值得我学习。也希望以后能得到更多的指导和帮助。

教师二:学生的语音语调优美,得益于英语早餐。我想谈三点个人感受:一是新授内容间过渡自然。张老师这节课"新授三个部分"引入,教师都用英语情景式串联,过渡自然,流畅。在新授引出时,插了"Sam 图",比试教感觉好多了,使内容间过渡更加自然。二是教学有侧重点。在教"半点、一刻"两个时间表达法的时候,时间不平均分配,半点时间少,一刻时间多。半点(half past)我们英语早餐中出现过,学生已上口,所以张老师用的时间少,但从今天来看,学生能掌握,效果好。有一个亮点:今天张老师对现在处于低年级学生就很注重单词发音的准确,重视单词发音的失爆问题,看出老师教学严谨。相反,由于"一刻(a quarter)"第一次出现,所花时间多,老师运用各种形式进行朗读、练习巩固。三是知识的整合。教完两个时间表达法,采用小组活动,充分发挥学生合作精神,学生参与面广,学习兴趣浓,把旧知识和新知识进行整合,让新旧知识滚动进行操练,体现了"学中用、用中学"原则。

教师三:英语教学应该和生活实际相结合,激活静态的语言,唤醒学生学习的内在需要和兴趣,使学生能将获得的学习成果延伸到生活中,让学生在情境中学习知识、感悟生活、学会创新。所以,本课教学拓展内容的制订就是为了结合学生实际,牛津教材 U8 time 中只有整点表示法,而本课的另一教学内容是有关学生日常生活的一些词组,如起床、睡觉、吃饭等,如果只用整点进行操练,不大符合学生生活实际,而增加半点、一刻表达法和"It's time to"句型后，丰富了学生的语言素材，避免了简单内容重复练习所带来的枯燥、乏味，又呈现出教学的生活性。从最后的post环节中对话的反馈情况看，学生能较熟练地将所学知识运用到生活实际，并能综合运用以前所学知识，说明我们的拓展内容选择是有效的，适合学生需求和实际。

对话练习的设计，我们进行了多次修改，在句子的选择上考虑立足教材，将U8中的重点句型“what time is it? Let's ...”和拓展的知识整起来操练，以培养学生综合运用语言的能力。在试教时，由于教师提供了时间和图片整合的情景，学生都围绕这些图片说话，大家都觉得这样把学生框死了，所以，这次对提供的信息作了修改，只给学生提供单独的情景图片和时间，让自己想象这个时间点应该在干什么，或这件事应该在几点做，使学生能多方位、多角度思考，创造思维能力得到发展，从课堂表现看，修改后的效果明显，学生能复现以前所学，综合运用知识。

为进一步重视语言运用，在运用中发展语言能力。结合最后的歌曲 *this is the way*，教师为学生设计了回家作业，让学生创编歌词，将歌词中的动作或时间改掉(歌中唱的均是整点)，让学生在快乐的歌声中不知不觉地运用所学语言材料，展示他们运用语言的才能。

总的来说，今天张老师的课上得较成功，完成了预定的知识目标，让学生达到掌握水平，学生学得开心，教师教得开心。而且从课上可以看出张老师的应变能力较强，如在巩固练习中，原来没有让学生读钟面环节，但教师看到学生反馈时不熟练，就及时增加了集体朗读环节，帮助学生掌握。最后的对话表演中，教师先让学生表演提供的对话，再让学生创编，学生在反馈时，第二组小朋友直接开始创编，教师就顺着这组学生开始让学生创编。

不足之处：个别单词的发音还不到位，如/i/picture/iː/peach/ɒː/quarter；学生回答错误时，教师没有语言表示，直接让其他人重新回答。教师应给予鼓励，并要求其他小朋友帮助，最后让前面说错的明白自己的错处，再让其准确说一次。

［执教老师课后反思］

首先很感谢许老师、杨老师和备课组各位老师对我这节课的指导和帮助，也很感谢诸位兄弟学校的领导、专家和老师来参加我们今天的备课组活动。

从这节课的前期准备工作到今天上完课这一过程中，我学到了很多的东西：课题的选定、教材的分析、复习环节的有效性、新旧知识的整合、各环节间的过渡和衔接，等等。上完课后我有了更深的感触，理想和现实还有一些差距。在教案的设计中我追求完美，但是在实际的操作过程可能与预想的还存在着一些差距。譬如，学生在进行操练反馈时气氛不是太活跃。在刚刚的评课中，老师们都很客气，都是以鼓励我为主。但我毕竟才工作一年多，还有很多的地方需要好好的学习、需要改进，我的这节课中也还存在着不足之处，希望在座的诸位老师能够提出一点宝贵的建议，让我能够认识到不足即时的加以改正。

[专家点评]

在课堂教学中，我们应该注意以下几点：听说与读写的关系；复习与新授的关系；单词教学的定位；学生之间的互动；学生学习习惯的培养；学生纠错能力的培养。显然张老师的这堂课在这几个方面处理得较好，这说明她平时抓得很实。

三、思考与分析

1.“三步曲”活动的针对性有利于填补理论与实践间的鸿沟

我们选择“立足教材，有效拓展，注重整合”这一主题，关注课堂上学生的需要，思考新理念如何落实到教学实际，持续关注课堂上的教学问题。问题都是来源于教师实践中的困惑，是教师自主选择的，因此在专家指导帮助下自主开展的探索活动，能最大限度地调动教师的主观能动性。开展这样的活动能最直接地促进教师转变教育观念，将新理念直接转化为教师的教育教学行为，提高教育教学水平。

2.“三步曲”活动的科研性有利于教师的快速成长

根据提炼出的教学问题，参与活动的教师都要寻找资料，带着问题、需求去与文本交流对话、感悟、探究，进行从个人设计到教学协作组参与的合作设计再到由专家参与的合作设计。有了教学设计，接下来则是将“设计”付诸实践的教学行为，包括上课、说课，力图解决教学实践中的真实问题，力图转变教学观念、改进教学，这样才能发现新问题、总结经验，即基于教学事件的教学反思。这样“一个课例、三次设计、两次听课、两次讨论、多维反思”的课例研究，环环相扣，我们教师始终行动着，实践着，也收获着，具备了问题意识，培养了敏锐的洞察力，在实践中享受着专业引领、同伴互助、专业成长的快乐。

三、“三步曲实践课”模式的第三步:示范——主题系统教研

1. 教学方法论的专业引领

通过两轮的主题性教研活动与教学实践,教师对教研主题的认识应该有了一定的进步,同时各学科的年级层次上的教学也有了一定的发展。这两个阶段尽管已经在个体的经验层面向群体的经验层面提升,但是主要还处于教学学科方法层面上的认识,即技术层面上的认识。这两个层面的主要特点是就事论事。相对而言,缺少认识的深度与高度。而本模式的第三步要实现所有学科的基础上对教研主题的认识,即从教学整体的层面上的教学方法论来认识教研主题。实践证明,教研主题统领程度越强,其引领作用越强。我们在本课题研究中,发现传统的教研活动缺少实效,或者对教学的引领作用不强,就是因为教研活动只是停留在技术层面上,就事论事,而没有从根本上提升教师的教学思想力。

教学在本质上是一个系统。系统理论为教学提供了系统分析方法。系统理论认为事物由要素构成,并形成一定的结构,不同的结构有着不同的功能。一定的系统处于运动之中,实现开放。安德鲁斯和古德森(Andrews & Goodson)在一项对教学设计模式的研究中,发现其研究的四十多种教学设计模式大部分应用了系统理论的一些思想和观点。教学研究必须建立在教学的各要素的整合之上,体现系统论的“要素—结构—功能”的基本原理。教学应该根据系统论综合考虑教学过程中所存在的大量因素,以及它们之间的交互作用。教学方法论是以教学方法思想为主,并以此引领实践。教学方法论是教学思想、教学理念应用于教学的思想方法,对教学方法起着规律性的引领、原则的规定的作用。教学方法论层次的方法是教学哲学方法,是教学中普遍适用的方法,是最高层次的方法。

因此,本课题的明显特点是:教研活动不仅在教学一般方法与特定学科教学方法层面上展开,而且关注了教学方法论上的思考与引领,从而提高教师教学思想的自觉性。

2. 规律性认识实践为有效教学

教学方法论层次上的教研要求教师依据教学的特质,遵循教学规律,从教学实际出发,客观地把握教学条件,全面地分析教学主体,根据教学中主观条件制定切实可行的教学计划,完成教学任务。只有掌握教学的一般规律,才能正确地对待与开展教学,才能正确地研究和使用具体的教学方法。

对教学问题的认识不是三步法教研模式的最终目标，提高教学质量，提升教师的教学能力才是最根本的目的。因此要通过第三步的教研活动中的专业引领，促进教师的学习领悟，理念提升，重在结合课改理念获得理性的专业引领，使获得的理性认识与感悟转化为教学能力。

3. 主要实施流程

(1) 备课：在第一、第二步基础上，教研组内一位教师上教学实践课。根据教研主题，教导处确定教学展示的学科，教研组确定上课人选，确定上课内容，联系有关专家或教研员参与专业引领。由教导处推荐（或教研组毛遂自荐）八节课（语、数、英、综合学科各两节）在学科教研组内上课，意在专业引领、学习领悟、理念提升，重在结合课改理念获得理性的专业引领。要求：各学科组出两节实践课，体现示范引领，优化改进教学，提炼出主题的教学规律认识。

(2) 研讨：教研活动时，从本学科关于教研主题的实践与研究，作关于教研主题的教学思想思考，同学科全体教师一起分析教材、设计教学方案，并实施专业引领，请区学科带头人或教研员帮助指导提出教案修改意见。

执教教师先个人备课，在备课里体现备课组的教研经验。在教研活动时对执教教师提出的教案进行讨论，采取同伴互助。执教者在集体讨论的基础上，修改展示教案。执教教师仔细对照，看哪些东西我想到了，人家也想到了，哪些东西我没有想到，但人家想到了，学习理解后补进自己的教案。哪些东西我想到了，但人家没想到，我要到课堂上去用一用，是否我想的真有道理，这些可能成为我以后的特色。最后执教者撰写详案。

(3) 上课：上课教师撰写第三步教案，要求反映上阶段主题研究的成果，体现在实践课中，改进教学。在实施教学过程中注意反思教学。

(4) 听课：同学科教研组成员一起参加，欢迎旁学科教师参加，邀请学科带头人或教研员及其他领导参加。

(5) 评课：先由执教者说课，然后组内教师评课，再由学科带头人或教研员点评。

(6) 反思：执教者第三次备课（总结反思，感悟提高）——根据课堂现实反思成功与不足，再次修改教案，完成第三次备课稿。听课者也结合三次教案和课堂实际进行反思，剖析课的某些环节，评出优劣，提出见解；结合区学科带头人或教研员的指导，写出自己的感悟等。各学科组整理实践课的合作备课过程与反思的经验总结文章。

第三步是以专业示范引领为主，学习“一篇课文，三次备课”经验，请区学科带头人或区教研员或专家现场指导，与老师一起备课，由一位老师代表教研组执教，既贯彻专业引领的理念，又展示执教老师的教学风格，让全学科老师学习感悟，并在专业人员的引领下逐步提升教学理念。

召开教研主题的研讨会，对主题教研的行动研究进行交流，全体教师共享教研成果。

［实例四］

联合备课组，共研共分享

——数学组第三步教研活动案例

一、主题

组建新教材联合备课组，同伴互助促进教师专业化成长。

组建联合备课组，使同伴互助落到实处，真正体现团队精神，群策群力。既要发挥每个教师的兴趣爱好和个性特长，使教师在互补共生中成长；也要发挥每个教师的作用，每个教师都要贡献力量，彼此在互动、合作中成长。

二、背景

二期课改新教材已推行好几年了，推行的宗旨是要改变学生的学习方式：从单一的接受性学习转向多样的研究性学习。那么要改变学生的“学”，关键先要改变教师的“教”。课改成败，关键在教师。针对我校数学老师的教学能力参差不齐，为了提高数学教研组的教研氛围，更好地构建和谐校园，我们组建了一到四年级的全体数学老师的新教材联合备课组，重点搞好新教材每册书中知识点的疏理、分析，了解每个知识点在每个时段的作用，深刻领会教材编排的用意，努力做到集思广益，资源共享，并通过相互间的听课与评课，学习同行中比较先进的教学理念和教学手段，防止和克服教师各自为战的现象。

三、教研片段

（一）课堂实录

师：请同桌两人合作，用手指一指每个图形的周长各在哪里。

（学生同桌两人一边指，一边嘴里说着。）

师：小眼睛看一看，你指对了吗？

教师一边电脑动画演示每个平面图形的周长，一边说：三角形一周的长度就是三角形的周长。五边形一周的长度就是五边形的周长。长方形一周的长度就是长方形的周长。正方形一周的长度就是正方形的周长。

平面图形所有边的长度和就是它的周长。

师:这个长方形的周长你是怎么计算的呢?

生1:20+12+20+12=64米。

师:你是怎么想的?

生1:把长方形的4条边依次相加。

师:还有不一样的吗?

生2:2×20+2×12=64米。

师:你是怎么想的?

生2:2条长加上2条宽的和就是长方形的周长。

师:你还有其他的算法吗?

生3:2×(20+12)=64米。

师:你又是怎么想的?

生3:长方形的周长就是2组长与宽的和的长度。

师:这三个算式有什么共同点?

生4:都在计算长方形的周长。

师:你更喜欢哪种方法?为什么?

生5:我比较喜欢第二种,因为它计算比较简便。

生6:我喜欢第三种,因为它计算也比较简便。

师:对呀,我们在计算长方形周长的时候,根据边的特征可以巧算它的周长。

(二)评课实录

师1:今天我们听了这样一节课,参与了他们的联合备课组活动。为了把新教材教好,他们一到四年级的全体数学教师成立了新教材的联合备课组,这样有利于相互间的学习与交流,将一到四年级的知识脉络理清,使教一年级的老师知道我教的知识是为二年级的哪个知识点服务的,教二年级的老师知道我教的知识是为三年级甚至是四年级的哪个知识点服务的……研讨十分重要和实在。我们做教师的要研究,研究的目的无非是为了提高我们的课堂质量。所以,我们的研究是从实践开始,最终的目的是为了提高我们每一位老师的教学实践能力。而这最重要的途径就是通过同伴间的相互学习和相互帮助,当然有专家的引领则能更快地融入新教材的教学改革之中……

师2：听了×老师的课，我觉得可以用四个字来概括，就是：老题新做。虽然长方形和正方形的周长计算有很多的教学设计方案，但×老师的构思却是十分有新意的，而且整个过程是有坡度的。之所以说有新意，是因为她将后续的内容已有意识地进行渗透，同时将长方形和正方形的周长与面积之间的区别已经有意识地点拨，避免学生对这两者之间的混淆。

师3：……在这个参与过程中，我感到了你们数学组浓浓的教学氛围。感觉到你们每位教师都有积极上进的激情，再加上实实在在的研讨课题，我觉得你们数学组学科的发展非常有希望，非常有潜力。……你们和××学校的课题不谋而合，都在探讨同伴互助，开放教室，提高老师的专业教学水平，切实提高教学质量……

四、思考与分析

苏霍姆林斯基说：“如果你想让教师的劳动能够给教师带来乐趣，使天天上课不至于变成一种单调无味的义务，那你就应当引导每一位教师走上从事研究这条幸福的道路上来。”“研究”应当是教师的一种生活方式，正是“研究”，才能使教师树立崇高的使命感和责任感，并且使教师的生活丰富多彩而富有意义。

在本课的复习导入中，原来我设计的是直接出示五个平面图形（一般的三角形、四边形、三条边相等的五边形以及长方形和正方形），让小朋友自由选择其中的三个图形计算它们的周长。可后来通过联合备课组的商讨和结对师傅（区学科带头人）的指导，觉得必须要找到学生的最近发展区，找准教学的切入点：长方形和正方形周长计算探究的直接生成点是上两节课的周长概念。于是，就舍弃了四边形，增加用手指一指、嘴说一说每个图形的周长各在哪里的环节唤起周长的已有知识，并要求计算每个图形的周长，防止他们只计算长方形或正方形的周长。

在探究过程中，该如何算法多样化和算法优化，大家也意见不一。有的认为计算长方形的周长三种方法都可以，甚至有人认为用四条边依次相加是“万能钥匙”，不能否定它。但有的又认为，算法多样后必须要进行优化，达到巧算的目的。到底谁对谁错？二期课改的理念就是以学生的发展为本，不同的学生他们的思维方式也不同，我们不能强求他们有相同的思维方式，相同的计算方案，要承认他们的个别差异。虽然这节课的目标中是要求学生根据图形边的特征巧算周长，但学生没有巧算，我们也不能生硬地拒绝他，而是循循善诱地问他能否用今天所学的知识用其他的方法来计算或者是借助其他小朋友的帮助来引导他……

联合备课组是一个实践共同体，它让我们所有的数学教师拥有一个共同的关注点：新教材的有效推进与实施；让我们共同致力于解决一个问题：提升教师的专业水平，提高课堂教学质量。为了它，我们共同投入热情，在教学领域中通过持续不断的相互作用而发展自己的知识和专长。我们的联合备课组具有自愿性，因为它是我们自愿参与的群体，大家畅所欲言，教研氛围轻松活跃。我们的联合备课组具有同一性，我们共享共同确定的实践、信念和理解，合作愉快。我们的联合备课组还具有发展性，以创造与传承知识为主要路径，以促进成员的专业发展为最终目标。

联合备课组的组建，使很多老师通过同伴互助得到了不少帮助，老师们的教研、合作热情较为高涨。同伴互助，就让我们在活动中反思，在反思中成长，为学校教育的和谐发展奠定了良好的基础。老师们，就让我们在同伴互助这片教师成长的沃土上，共同分享、共同进步吧！

怎样提高学校教研过程的科学性呢？我们从上述的"三步曲实践课"校本教研的具体实施的案例描述中可以清楚地看出，教师借助学校"三步曲实践课"研修模式这一平台，创建起"以解决问题为目标，以科学的课堂观察为手段，以课例分析为载体，以行动研究为主要研究方法"的具体教研模式，其基本操作流程是"发现问题——确立主题——学习理论——课堂实践——专题研讨——课堂再实践——专题再研讨——各自课堂实践"。

在整个研究过程中，由于主题的实在性，理论学习的有效性，老师们始终以饱满的热情积极参与。通过个体的实践反思、集体的实践反思以及专家的思考和老师们反思的碰撞，老师们提高了课堂教学效率，加快了各自的专业化成长。同时，学生的学习兴趣和能力也不断增强，他们敢说、肯说，思维也逐渐活跃起来，不似往日的乡村学生。

第五节 "三步曲实践课"四种策略的合理运用

"三步曲实践课"是我校为促进教师专业发展所作出的大胆而有效的管理尝试。这项探索研究，它的特点在于以教研组或备课组为实体，围绕课堂教学内容及教学方法进行研讨，具体，实在，不泛泛而谈。而这种同伴互助建立在教师个人独立钻研的基础之上，增添了互动的实效。独立钻研教材，读懂教材的价值与意义，根据被教育对象的基础与接受能力，选择或创造有效、有趣、有吸引力感染力的教学方法施教，是教师专业发展的最重要的基础。这个基础，靠自觉阅读、深思，打下宽厚的科学文化底子；靠自觉实践，在教学实践中锤炼，不断总结，不断反思，逐步认识和把握教育规律。为了使这项研究能扎实有效地开展下去，我校在实施的过程中，一直按照“独立钻研”“合作探讨”“专业引领”“实践反思”这四条策略来指导教师实践课的探索研究。这四条策略，是相辅相成的。只有教师个体对教材、对教学独立钻研的能力强，有独到的感受与体会，组里的研讨、互动才会思维活跃，思想碰撞，精彩纷呈。

策略一：独立钻研，提高教研水平

我校的“三步曲实践课”自实施以来，已走过了好几个年头，在这几年的摸索实践中，身处实践课中的老师们慢慢探索出一套如何提高自身教学水平的办法。

其一，深挖自身潜力，提高独立钻研能力。

“三步曲实践课”的第一步是教师自身的展示，给老师提供了一个广阔的舞台，自己备课，独立完成自己要解决的问题，再由同组的其他老师给予一定的反馈。

教育改革的先导是科研，要搞教学科研，对于广大教师来说，就是要挖掘自身钻研教学的潜力。我校综合学科的老师还提出了“不做教书匠，争当优秀教师”的口号，旨在快速提高自己的教育科研水平，把教师的科研水平确定为优秀的重要标志。

老师积极投身学校的教育科研工作。因为大家知道课题是科研活动的一个载体，让教师在课题研究中反复学习实践是提高教学质量的必由之路，也是提高教师业务能力的练兵场。因此，大家努力投身教育科研潮流中锻炼自己，提高能力。在课题研究的实践过程中，老师们有意识、有目的、有计划地展开研究活动，搜集、整理有关资料，对材料进行分析、综合、比较，得出结论，写成研究报告或论文；对课堂教育的成败得失以及学生中存在问题进行分析反思，提出自己独特见解，从而使自己的教育理论素养和教学科研能力得到提高。经过一系列的自身锻炼之后，老师们都觉得自己的独立钻研的潜力得到了充分的挖掘,也为后面的同伴互助、专家引领开了个好头。他们说,要提高独立钻研能力,首先要“深挖自身潜力”。

其二,学习同伴长处,扩大独立钻研范围。

三人行,必有我师。在“三步曲实践课”当中,综合教研组老师特别注重其他老师对自己的课的点评或是上课前的建议,努力升华这些宝贵的经验。同时,大家也积极吸取他人上课时的精华。在学习活动中,老师们收获不少。为自己的教学提供了崭新的平台,相互间提供了自由伸展的空间。每位教师在教学中,都有自己的一套多年践行下来的理论,既然留下来了,就一定有其存在的价值。所以大家积极探索这些“理论”的价值,努力使其成为自己的东西。以课为例,学校为同一教研组的老师搭建起自由交流学习的平台,形成一个“共同体”,来解决在课堂教学中所面临的共性问题。教师之间的关系是一种伙伴的关系。如我们在三步曲实践课活动的第二步中充分发挥集体备课力量,首先由执教老师根据个人情况自备,教师个人自主研究,要重点研读阶段目标、研究教材特征,探索如何优化教学过程(如情境的创设、实施过程设计、策略方法的选择和创新等);同时还要设计好教学方案,写出设计反思,列出自身感到困惑和无法解决的难题,然后,备课组集体议课、研讨、交流。接着由执教老师根据集体研讨后定下的教学方案实施教学,最后再集体评课,每人发表意见。在这基础上,执教老师、听课老师分别写出课后反思。在这一系列的学习中大家觉得自己的钻研的领域变大了,兴趣也越来越浓了,告别了“孤军奋战”的境地。

其三,凝结专家精华,提炼独立钻研质量。

学校“三步曲实践课”的第三步,是特意安排了专家引领这一环节,也是检验我们前两步的研究成果、研究方向的重要环节。老师们紧紧抓住每次专家面对面的机会,也借机检验自己独立钻研的质量,分享他们的智慧同时,使自己的独立钻研的质量也得到了检验。通过专家引领,使老师们明确了,在教学过程中,师生双方互相交流、相互沟通、相互启发、相互补充,教师和学生分享彼此的思考、经验和知识,交流彼此的情感、体验和观念,丰富教学内容,求得新的发现,从而达到共识、共享、共进,实现教学相长和共同发展,并实现师生的生命价值。在这个过程中,教师的任务不是把知识带给学生,而是要带领学生走向知识。

我校在“三步曲实践课”实施过程中,身处实践课中的老师们通过有序的锻炼,使自己的教学水平得到了翻天覆地的变化。教龄长的老师,又有了焕发第二春的感觉,刚踏上工作岗位的新老师,也是速度极快地成长起来。我们综合学科的老师大多有着十至二十多年的教龄,在三步曲实践课中,也是获益匪浅。综合组包括了美术、音乐、自然等,在综合组的三步曲实践课的系列学习当中,大家慢慢也从其他学科的老师身上领悟了很多。

策略二:合作探讨,促进教师专业化发展

开展“三步曲实践课”的研究,第二步是“同伴互助”。同伴互助的内涵是指教师在自我反思的同时开放自己,加强教师之间以及在课程实施等教学活动上的专业切磋、协调和合作,共同分享经验,互相学习,彼此支持,共同成长。同伴互助的实质是教师作为专业人员之间的对话、互动与合作,即“在两个或两个以上教师间发生的、以专业发展为指向、通过多种手段开展的,旨在实现教师持续主动地自我提升、相互合作并共同进步的教学研究活动”。因此,我们在管理上明确地提出了要“合作探讨”的策略。

那么,如何在教师中开展“合作探讨”呢?我们从六个方面采取了措施。

一是集体备课。

由学科教研组长、备课组长负责组织开展活动,做到“四定六备”。“四定”,即定时、定点、定内容、定主备课人,备课组成员分别承担一单元主备课人。大家都针对教学内容谈自己的想法,然后集体研讨,做到“六备”,即:备教材分析,弄清本课在本册本章教材中的编排意图;备学情分析,指出可能出现的教学难点和重点;备教学目标及实现教学目标的基本思路,突出目标多样化、思路清晰化;备突出重点突破难点的策略和方式;备优化教学过程的大体设想;备教法学法的选择,教学手段的运用。

二是同上一课。

组织教师开展课堂教改专题研究,每学期同一年级两三人一组,围绕一个上课内容进行小组研究,一人先上,同组教师听后评议,提出改进建议,第二个教师再上,再次评议后第三位教师再上。由于有了研究的过程,保证了一课一精品,一课一提高。在此基础上,每个年级组根据确定内容集体研讨、试讲交流、协作攻关,最后由一人担任执教向整个教研组展示专题教研活动课。通过专题教研活动向整个教研组展示和推介本组研究成果。由于突出了集体与个人的互动,教研活动的开展就会生机勃勃。

三是结队帮扶。

在自主学习的基础上,将教学经验丰富、教学成绩突出、具有示范带头作用的教师与新教师、老教师采取结队帮扶、以老带新或主管领导跟班听课等形式进行指导，发挥传帮带的作用。要求师徒二人每周互听一节课，听后交流想法、交换意见，徒弟要写听后感，师傅要给予评议，指出课的不足之处和改进意见。

四是经验交流。

在教学实践过程中，借鉴他人的成功经验，是解决同类问题的一条捷径。大家把自己成功的事例和体会、失败的教训和感想与同事分享、交流。经验只有被激活，被分享，才会不断升值。教师通过经验分享，反思和提升自己的经验，借鉴和吸收他人的经验，真正做到了经验共享、资源共享。

五是专题研讨。

专题研讨是大家在一起围绕某个问题畅所欲言，提出各自的意见和看法。在这个过程中，每个人都为自己的意见辩护，同时也不断思考和质疑他人的意见。大家互相丰富着彼此的思想，不断地提高自己和同事对问题的认识。知识也因此不断地变更和扩张。在有效的讨论中每个教师都能获得单独学习所得不到的东西。

六是反思交流。

开展教师教学前、教学中和教学后的反思，建立教师反思资源库。反思不但能更新教学观念，改善教学行为，提升教学水平，同时也能形成自己对教学现象、教学问题的独立思考和创造性见解。教师通过与理论的对话、与同行的对话、与专家的对话和与自己的对话，促进教师主动地思考、反省、探索和解决教育教学过程中存在的问题；教师在形成自己对教学现象、教学问题的独立思考和创造性见解，使自己真正成为教学和教学研究的主人，提高教学工作的自主性和目的性，克服被动性、盲目性。

当然，要加强同伴互助，合作探讨，首先要强化教师的合作意识。我们在进行相关理论的学习和案例的介绍分析时，首先让全体教师在理论与实例的照应中明确：在知识日新月异的今天，教师原先习得的知识已不可能受用一辈子，需要不断相互学习以补充能量；需要以诚恳的态度和真实的自我来换取真诚的帮助，取长补短；需要在学习和合作中提升自己，实现专业成长。相互封锁、各自为战的结果不仅封住了别人，也封住了自己。在全社会倡导“和谐”的今天，教育的和谐就是携手共进，合作互研，我们需要把合作纳入自己的思维方式和行为方式，把合作作为自己的精神追求和生活方式，教师间的协调合作与和谐交流，不仅能使教师个体得到发展，而且能加强教师相互间的了解和信任，增强教师团队的凝聚力，进而共同提高教育质量。

同伴互助的参与主体是教师，人数上可以是两个也可以多个。教师组合上可以是同一学科任课教师的组合，也可以是不同学科任课教师的组合；新教师可以与老教师或带教老师组成一组；教师还可以选择校外成员如教研员、区学科带头人等。但是无论什么样的组合，教师间的地位是平等的，双方是互惠互利，共同进步的合作关系。同伴的确认形式既有由学校用行政命令指定的，也有自主合作的互助搭档。其中由学校指定安排的互助组多为同年级同学科的教师互助组、以促进新手型教师教学技能提高为目的的高级带初级教师帮扶组、由学校骨干教师组成的教师中心学习组等。在安排时做到精心考虑，反复比较，合理调配小组成员，使组内形成互补性结构：一是知识结构、教育教学经验互补；二是气质、性格互补；三是教学风格互补。不同知识、能力结构，不同水平的教学机智以及不同的性格类型都是形成不同的教学风格的内在因素，组内教师间的差异正是互助的动力。

合作时间的保证也是教师间同伴互助的保障。教师日常工作繁忙，学校应尽量优化工作时间安排，增加教师同伴互助的时间。首先应给教师们安排固定的交流互助时间。但教师应有这样的认识：同伴互助不一定必须在专门的时间和地点进行，它可以随时随地发生，渗透于自己的教育教学工作中。如看看同事办公桌上的作业本，了解一下同事作业的设计和批改方法；课后向同事抒发一番自己上课的感受；批改作业或试卷时与大家对某一问题进行讨论。实际上，休息时间或回家途中相互聊聊班级管理中遇到的一些新鲜事或教学中的困惑等都属于同伴互助。因此，在日常工作中要多看、多听、多想、多说，与同事交流得越多，自己的收获将越大。

综上所述，要提高教师同伴互助的有效性，学校必须努力营造利于互助、促进合作的环境，包括心理环境和物质条件等；通过组织学习，转变教师的观念，提高其互助合作的意识；再配以完善的制度建设，激发教师自觉主动地结合教育教学实际问题开展同伴互助的各种活动，让他们在助人中感受成功的快乐，在被助中体验提高的喜悦。此外，由于同伴互助主要是同事间的互动与横向支援，容易自囿于同水平的反复，迈不开步子，因此，学校还应尽力开发校内外专业引领资源，从纵向上给教师以先进教育理念的引导，使同伴互助收到事半功倍的效果。

策略三：专业引领，促进教师快速成长

在“三步曲实践课”活动中，专业引领至关重要。它是教师专业发展的必要手段，是第一线教师把教育理念转化为教育实践必经的途径。我校英语师资队伍素质的提高，就是成功的一例。十年前，我们根据我校的英语师资队伍现状，通过校本研修活动这一平台，以“专业学习、专家指导，骨干引领”为主要途径，探索在校本研修中农村小学英语教师专业发展的策略和方法。自 2007 年 9 月开始，我们在本校英语教研组内采用学习与实践相结合，以行动研究模式为框架，通过实验法、分析法等研究方法进行了研究，积极探索教师专业成长的模式。

一、专业引领的价值

作为一所农村学校，我们的英语师资队伍与英语教学的发展要求还存在着诸多差距，绝大部分教师非英语专业毕业，他们接受的是普师教育，英语基础不是较好。近年来，由于师资力量的自由流动，英语师资队伍相对不稳定，一部分较为成熟的英语教师流出了本校，为输入新的力量，像我们这样的农村学校，只能让一部分教师转入英语教学，而他们对于小学英语的教学认识显然是不充分的。随着二期课改的全面推进，要求教师们在教育教学中必须贯彻“以学生发展为本”的理念，而我们有许多教师对于新教材的编排体系和课程标准的把握还存在许多偏差，由于新教材特别是牛津英语教材的普遍使用，新教材的面广量大，使现任英语教师仅有的那点英语基础显得捉襟见肘，现有的英语功底对于胜任新教材的教学还有一定的距离。

农村学校普遍存在英语教师专业化素养不高的情况，而这种现状已经严重制约了英语学科建设发展。

教师的专业化发展，需要体现教师专业特定的职业能力：匀和要求。这种能力的培养和提高离不开教育实践，必须与学校日常生活联系在一起，与学校的教育教学要求和生动活泼的学生的变化联系在一起。学校要按照社会对教师专业化的需求，针对每个教师的实际，进行系列化的综合训练，通过不断帮助以及教师自身不断的努力，使教师的职业道德修养水平和能力水平达到职业专业化的程度，从而获得教师相应的社会地位、继续自主发展权利和能力。

一线教师崇尚与需求的是“怎么做”“做的预期效果是什么”“实践中的感悟是什么”等，而仅仅依靠校内资源不可能使教师的专业素养有很大的提升，必须依靠校外优秀的资源如重要教学论文、教学专家、教研员、区学科带头人

等对我校的教师在教学理念上、教学方法上以及教学机智上进行专业引领，因为专家的理念在广大教师中产生深刻的反响，使专业引领有真实的归属感。理念建立在教师的实践中，能让教师在初步的模仿中找到自己的发展位置，让广大教师发现自己的潜力，寻找到自信，并不断产生持续发展的动力，有效消除教师发展的畏惧心理。

校本研修应该是一种在理论指导下的实践性研究，没有理论指导的实践是盲目的实践。而在理论和实践之间有一段不容易逾越的“真空地带”，专业研究人员是教育教学研究的先行者，他们有系统的教育理论素养、开阔的视野、前瞻的理念，同时也具有丰富的实践经验，他们是引领第一线教师把教育理念转化成教育实践的带头人。因此，学校应尽量为教师提供“走出去、请进来”的学习机会，为他们的专业提升提供途径。

专业引领下的培训既是教师专业化发展的必要手段，同时也应当让教师感到是一种待遇。要让教师在这种过程中感受到尊重，因尊重而享受专业的品位，因提高自我发展内在需求感受到职业的幸福。

二、专业引领的实施

近几年来，我们课题组在不断地摸索与实践、调整中，围绕课题研究的方向主要从“专业引领”的内容和形式上进行了一点尝试，其主要内容如下。

1. 加强理论学习，促进教学理念转变。

在教师的专业成长过程中，加强理论学习始终是一条重要的途径，教师对新知识的获取、对新理念的贯彻都是从学习开始的，通过引导自主学习和制度建立，能很好的保障教师对自身专业学习的落实，促使教师们在理念的专业引领下深刻地认识所从事的教育教学。

我们希望通过理论学习，以专业的角度引领教师的教育教学。为此，我们建立了教师专业学习制度，利用教研组、备课组开展的活动，围绕学科组内的研究主题，每学期安排一定量的专业文章供教师学习，并引导教师撰写学习体会，结合自己的教学实践进行有效的反思。

我们曾针对教师们对撰写教学案例缺乏认识的情况，通过网络、书刊收集了一些优秀的案例供教师学习、研讨，并引导教师从课堂实践中广泛收集资料，通过筛选确定案例分析的主题，然后进行认真的撰写、反复的修改。开始的时候，许多教师对撰写教学案例没有思路，感觉无从下手，经过一段时间的摸索，在不断的学习与实践中，逐步学会了案例撰写的方法，一部分教师写出了针对性较强、分析深刻的教学案例。从案例分析入手,教师们逐步学会了如何分析教学中存在的问题,如何采取积极有效的措施来改进自己的教学现状。

随着二期课改的全面推进,部分教师对二期课改的理念了解不够全面,在教学中贯彻理念的意识不够强,在学科组内的交流中暴露出理念知识的缺乏,我们感觉教师若要改变老教材的传统教法,前提是必须要有二期课改的理念支撑。于是,我们组织教师开展了"重温二期课改理念"的主题学习,由分管教学的校长负责主讲,让教师们比较全面地回顾二期课改的理念。教师们普遍反映,通过此次学习与讨论,比较深刻地理解了二期课改背景下的课堂教学理念,许多教师在随后撰写的学习体会中都谈到了对二期课改理念的认识和理解,并积极反思自己的教学现状,努力寻找教学的误区。

对于教师的专业学习,我们首先要立足现状,从教师们的需求出发,选择有针对性的学习内容。我们的体会是,每一次安排教师们进行理论学习,必须要有明确的学习目的和要求,要引导教师们把理论学习作为自己专业成长的必然要求。

2. 组织专题讲座,拓宽教师教学视野。

我们清醒地认识到,由于我校的师资力量相对薄弱,仅仅依靠校内的骨干教师要培养好一大批青年教师那是相当困难。而且,这种"近亲繁殖"的后遗症很大。为此,我们必须借助外部资源,来做好青年教师培训工作。主要途径有:第一,邀请区教师进修学院教研员来我校开设专题讲座,让青年教师获取教育教学的信息,努力拓宽他们的教学视野。第二,组织教师走出校门,去聆听专家、学者的高层次的讲座,让他们感受专业的氛围,认识自身专业素养的现状。

近年来,区进修学院的教研员多次来我校为教师们开展专题讲座,听取专题讲座已成为我校英语组的一项常规制度。在开展专题讲座之前,教研员先深入课堂,与教师进行沟通与交流,了解教师的教学现状,针对我校英语学科教学活动开展的情况,选择有效的主题进行讲解,让教师们切实感受到这种话题就是从自己教学实践中引出来的,而由于教研员专业水平要高于我校教师,层次高于我们的教学实践,促使教师们勤学常反思。

同时,我们也积极鼓励教师们出去看一看、听一听、学一学,感受高层次的学术氛围。凡是有教学专家来金山作学术交流,我们必定会千方百计派出教师前往观摩、聆听。在我校开展"三步曲实践课"校本研修的日子里,市教研员朱浦老师曾两次来金山作报告，学校统一安排全体教师前往聆听。朱老师的报告专业而不显深奥，全面而不显繁琐，往往一场报告下来，会给教师们很大的冲击，大家无不佩服朱老师精湛的专业，无不折服于报告内容的深刻，无不叹服于朱老师谈吐的幽默风趣，而更能感受的是专家的睿智隽永。高质量、高层次的报告能使教师们得到心灵的冲击和震撼，更能打开教师的教学视野，激发教师教学智慧的火花。

为了使教师得到更高层次的指导，我们还积极搭建平台帮助教师与专家进行直接对话。如聘请市级专业研究人员来校指导教学研讨活动，深入课堂指导教学，与教师一道对教学的实际问题进行切磋交流。这能够帮助教师重组、修正自己的认知结构及专业理论，使他们尽快成长起来。

3. 建立会诊制度，开展专家带教活动。

为了更好地利用校外优质资源，学校通过对外交流沟通，聘请区教研员、学科带头人担任本校部分有发展潜力的教师的指导者，通过他们的专业指导促进这部分教师的专业发展，从而提升、优化学校师资力量。为此，我们建立了专业引领带教制度，希望通过专业引领式的指导，促使教师的快速成长。我们聘请区内多名教研员、学科带头人与校内一部分中青年教师进行了结对带教活动，这些教学专家通过听课、评课活动，了解教师的课堂教学现状，对他们的教学进行有效的诊断，并提出修改建议，在交流和沟通中帮助教师认识不足，采取有效的措施改进教学，使提高课堂教学效率成为一项实实在在的工作。

同时，我们还积极拓宽带教内涵，要求教师们不要把学习领域局限于课堂教学，另外如作业设计、案例分析、编制试卷等都要成为学习的内容，从多角度去感受学科知识的专业性和多样性。我们更要求这些专业人员参与我校的教研活动，通过指导学科活动等措施提高学科教研活动质量。

4. 通过骨干示范，发挥专业引领作用。

为了更好地调动骨干教师的积极性，发挥他们的示范作用和带动作用，各学科组在每学期的教学实践活动中要多安排骨干教师上展示课，使其真正发挥骨干教师的作用，引领组内教师更好地领会“二期课改”理念。同时也为了使广大教师学有目标，干有方向，通过校内骨干的指导寻找自身的专业差距。

为了达到通过活动促进学科发展和教师水平提高的目的，各学科组每学年至少安排一次大规模的教学指导活动，请区学科带头人来校指导课堂教学和教案设计活动，从而扎实有效地促进教师课堂教学能力的提高。

我校英语组的全体教师非常希望通过课堂展示活动来展示自己的教学丰采，更希望能有机会得到专家亲临指导。为此，每学期我们通过区级、片级活动让部分教师上展示课，其他教师一起参与备课讨论，并请区学科带头人、区教研员进行点评，课后再整理出比较可行的教学设计。事实证明，这样的活动非常有效，既使教师们在实践中得到锻炼，又通过专家的引领作用让他们更高层次地领悟课堂教学的艺术。

策略四：实践反思，促进教师专业化发展

课程改革已经深入人心，教师需要从反思的角度，来提高自己的理论和专业技能。在以往的“三步曲”实践活动中教师已经作了这方面的工作，只是资料的积累不够充分，反思的深度还不够，反思角度比较狭隘，课堂教学能力提高的空间还需进一步拓展。

一、实践反思的目的

实践反思是教师以自己的教学活动过程为思考对象，来对自己所做出的行为、决策以及由此所产生的结果进行审视和分析的过程，是一种通过提高参与者的自我觉察水平来促进能力发展的途径。教师的专业发展，是指教师作为一个履行教育教学工作的专业人员，他的专业素养应当逐步提高。通过本课题研究促进教师的专业素养发展包括学科专业的素养与教育专业的素养。

我们开展实践反思的目的是通过备课组说课、备课活动，提高教师准确把握教材的能力；实践与反思结合，提高教师课堂教学方法、课堂语言等教学实践行为的有效性；探讨课堂教学中听课、评课、反思的主要关注点，使全体教师教学专业素养有所提高。

在开展实践反思中，我们关注以下三个问题：一是使广大教师认识到什么是“反思”，如何反思，如何通过反思促进自己的专业化发展；二是通过写“阶段性反思小结”，对自己的教学行为进行总结，培养教师的反思意识和反思能力，并通过反思改进课堂教学行为，为推进课程改革服务；三是通过课堂教学，对自己的课堂行为，诸如教学手段、评价手段、现代教育技术等有较为全面的把握和提升。

二、实践反思的策略

1. 在理论学习和教学研究中自我反思

教育教学理论的学习与思考有助于教师掌握相关的理论知识，奠定教学活动的理论基础。在理论的指导下，教师的教学实践水平才能不断提高。同时，对理论的思考也有助于教师积极将外部教育教学理论转化为现实的教育教学实践。

(1) 组织教师学习教学理论

进行教学研究是教师理解前沿的教育教学理论、反思自身的教学实践并提出新的教学理论和观点的重要途径。积极进行教学研究有利于推进反思性教学。通过理论思考和教学研究，教师得以更有效地进行教学反思，提高批判及反思的能力，从依赖经验的经验型教师转变为更为睿智、专业上更为成熟的反思型教师。

(2) 集体说课、备课

如何准确把握教材进行说课，是说课所要解决的主要问题。我校语文教研组以备课组为单位，组织教师进行教材分析，了解文本内容主旨、重点难点的把握、语言特色、教学基本思路等。在同组进行交流过程中，听取备课组其他成员意见，结合自己的上课特点，取长补短，修正备课思路，然后根据交流意见和新的备课思路形成教学设计。

(3) 组织专题研究

围绕课堂师生理答的专题作深入研究。教师群体自由开放地各抒己见，把经验分享、互助合作、思想碰撞、信息交流真正做出来，形成学校一种研究的氛围，一种共同的生活方式，一种平等对话，一种“深度会谈”的状态。专题讨论的一个重要内容，是对教学实践活动的反思。摆脱这种活动长期以来处于原地踏步、低层次重复的状态。提高教学设计和教学反思的质量，找出课堂教学中存在的普遍问题，所以在本课题研究中，怎样在专题讨论中提高教师理答和教学反思的质量和水平，是需要突破的一个难点和重点。

2. 在相互借鉴中自我反思

注重老师之间的合作与对话是反思性教学的一个重要特征。反思并不仅仅是“闭门思过”，与外界的沟通与交流也是进行反思教学的重要途径，这是由教与学的社会性本质所决定的。通过观摩别人的教学，分析别人成功和失败的原因，可以为反思自己的教学行为提供新的视角。同时可以拓展思路，吸取他人的经验教训，少走弯路。别人成功的教学就是自己学习的榜样，观摩别人的教学并参与讨论是提高自己教学水平的重要途径。本子课题以三步曲实践课为平台，开展课堂教学交流研究。

第一步:以好课的标准为引领,寻找课堂中的共性问题。

第二步:同课同构,以课堂师生理答的专题研究,提高教师的专业能力。

第三步:课堂实践比较,专题研讨。

3. 专家指导

以教学专业座谈、教学现场指导等不同形式,对教师进行理论和实践指导,通过专家系统的教育理论素养将引领实践反思研究的正确方向,达到理论指导实践,理论与实践对话的理想境界。

4. 实践反思交流

一是自我反思,形成阶段性反思小结;二是撰写课堂教学改进计划和教学案例。

“三步曲实践课”工程对教师成长有很大帮助,而“三步曲实践课”中的全员参与更是在各个方面促进了教师尤其是青年教师的成长和进步。21 世纪的教师应该是具有研究能力的反思型教师,研究能力哪里来?结合“三步曲实践课”全员参与进行反思无疑是最好的办法。

第六节 “三步曲实践课”校本研修管理制度的构建

聚焦课堂教学,改进教师课堂教学行为,是提高教学质量的重要途径,也是学校加快教师专业化发展的必然要求。“三步曲实践课”,可引导教师对课堂教学行为进行自我总结、自我反思、自我改进、自我完善,把先进的课改理念转变为自觉的教学行为,使备课组(教研组)成为伙伴互助式的学习型组织,使学校逐步形成促进教师改进课堂教学行为的长效机制和工作制度,营造宽松、平等、民主、开放的学校研修文化,有效提高课堂教学效率。

校本研修要以一定的管理制度为保证。我校从三个层面建立校本研修整合机制:

第一个层面:教导处层面。

(1) 教导处认真组织班子、教师学习本项目推进的有关文件和市、区关于教学工作的会议精神,力求上下达成共识,经常下发学习资料并组织专题学习,促进教师树立新的课程观、教学观。

(2) 教导处开展全面调研,领导深入课堂,对各学科组教师课堂教学现状作出基本判断。

(3) 教导处制订实施“课堂教学有效行动计划推进方案”。采取重点突破,层层推进的工作方略,提高工作的针对性、有效性;形成项目推进管理链,每个工作环节落实负责人;多渠道采集信息,及时发现问题,破解难题;注意积累体现教师实践智慧的案例,总结经验,予以推广。

(4) 教导处以“三步曲实践课”为工作平台,积极引导教师主动进行自我分析、自我反思、自我改进、自我完善。将教师的改进计划汇总成册,把每个人的改进目标、改进措施、阶段任务条目化,并确定互助人,营造有利于教师改进课堂教学行为的氛围和工作环境。

(5) 教导处做好随堂课和教学开放周工作,狠抓落实,注重实效。

(6) 教导处创建课堂教学有效行动计划的保障机制,发挥好导向、约束、奖励机制的效应,把个人改进计划实施情况纳入教师考评体系。认真做好三步曲三个阶段的分析总结,收集好各类课件。

第二个层面:学科组层面。

(1) 组长完成本学科教师课堂教学行为分析报告,每次教研活动前拿出活动方案,交分管教导审核指导,进一步完善。

(2) 以“三步曲实践课”为平台,营造组内同事互助的氛围,培养团队合作的精神,开展灵活多样的伙伴互助合作活动,促进教师的沟通和理解。通过信息交流、经验共享、深度交谈、互助听课等,在互助中帮助教师完善“改进计划”。

(3) 结合“三步曲实践课”,定期开展以课例研究为载体的教研活动,分析、研究、讨论课例中的具体教学问题,从中获得知识、技能以及相应的体验,引导组织好教师写好两份教学案例。

(4) 加强组内教师日常教学改进案例的记载,收集整理好教师的课堂教学改进计划和听课(上课)反思。

(5) 做好随堂课和教学开放周工作,引导教师积极准备参与开放周教学活动,提高随堂课教学效率。

(6) 备课组内组织一次课堂教学改进交流。对组内教师在三步曲实践课中实施教学行为改进情况作出阶段性总结评价。收集好教师对进一步搞好三步曲实践课的建议,汇总后以学科组名义对学校提出进一步搞好三步曲实践课的建议。

第三个层面:教师层面。

(1) 对自身的课堂教学行为进行反思，自我对话，自我诘难。即对自己的教学行为表现及其背后的隐性观念和角色假定进行反思；对自己的教学设计(方案)及其实施过程和实施结果进行反思；对自己的教学个性、独特性、智慧和机智表现进行反思。通过内省式反思、交流式反思、学习式反思和研究式反思等多种形式，并参照《教师课堂教学行为参考指标》，明确自身课堂教学优势，发现、分析自身的教学不足。

(2) 在同伴的互助下针对自身教学不足制订课堂教学改进计划，确立改进目标。可先选择自己迫切需要改进的或相对容易改进的一两点作为改进目标，根据改进目标提出具体改进策略和改进措施。不断修改、补充、完善好课堂教学改进计划。

(3) 实施课堂教学改进计划。把教学中存在的问题当作成长的起点，做好个人日常改进教学行为的点滴记载，做好教学行为跟进，不断改进平时课堂教学行为，一步一步提高自己的教学水平。

(4) 鼓励采用课后备课、撰写反思日记和成长自传等形式促进新的自我反思，逐步养成自我反思的习惯，用新的反思促进新的改进。结合案例文本学习和三步曲实践课，每位教师每学期至少完成两个研究案例，一个自我研究案例，一个对同伴的研究案例。前者基于自己在组内所开的课，后者则基于教研活动时所听的课。

(5) 人人参与学校开放周活动，让实践课走向常态，不断提高随堂课质量。

(6) 完成改进课堂教学行为的个人阶段性小结，对三步曲实践课提出自己的建议。

在整合校本研修机构的基础上，我们还着手制定校本研修的管理制度。

第一，建立“三步曲实践课”教研制度。

学校通过本课题的实践研究，对“三步曲实践课”校本研修模式的实施的基本框架与“三步曲实践课”实施的操作，形成了基本认识与系统的操作方法。在这基础上学校推进了“三步曲实践课”校本研修管理制度的设计与建设，通过知识管理对“三步曲实践课”校本研修的成果进行固化，形成了一系列有关制度。

(1) 校本研修的核心制度。

《廊下小学“三步曲实践课”校本研修管理制度》是校本研修制度的核心制

度,对“三步曲实践课”校本研修作了总体的制度安排。主要内容有:校本研修组织机构、校本研修的形式、校本教研的原则、校本研修的保障机制与激励机制、“三步曲实践课”校本研修的要求等。这项制度中对“六个流程”——“备课、研讨、上课、听课、评课、反思”作了规定,解决研究成果转化的问题。

(2) 校本研修的操作制度。

我们在确立校本研修的核心制度的同时,制定了若干具体的操作性制度,使《廊下小学“三步曲实践课”校本研修管理制度》有一个明确的配套的执行细则。我们制定了这样三项相关的制度:《廊下小学校本研修实践反思制度》《廊下小学校本研修专业引领制度》《廊下小学校本研修同伴互助制度》。

第二,建立课堂教学常规管理的制度。

(1) 课堂教学常规性制度

通过“三步曲实践课”教研活动,促进常规课堂教学的管理,并把教学实践经验成果转化为常规制度,以研究成果引领教学实践,促进常态课的教学。常规性制度包括《常态课管理方案》《教师改进课堂行为的流程》《听课评课关注点》《教师课堂教学反思关注点的意见》。

(2) 学科教学质量标准

“三步曲实践课”校本研修的目的是为了通过教师专业发展的平台,促进教师的教学水平,达到教学质量的提高。教学质量必须有一个校本的标准,才能实现有效的教学评价。基于本课题的研究成果,我们制定了语文、数学、英语学科的好课的评价标准,以此来规范教师的教学质量。

“三步曲实践课”校本研修模式的研究,变“考核课”为“实践课”,使教师自觉地参与,解决了长期困扰学校领导的因对教师课堂教学进行考核而使教师产生抵触情绪这一问题,为学校教学管理开辟了新的途径。

第七节 “三步曲实践课”:教师成长和专业发展的基石

校长,是教师专业成长的第一责任人,负有培养教师的重任。如何培养?怎样培养才更有效?这常常令校长们头痛,特别是刚走上领导岗位的年轻校长,更是束手无策。

管理,是一门科学。它不能光停留在一个“管”字上,更重要的是在于“理”,在于引导。没有引导的“管理”,它只能是越“管”越死,越“管”教师们抵触情绪就越大。

我在担任“廊小”校长之初，为促进教师的成长和专业发展，采取的方法是以“考核”来激发和衡量教师的教学水平，但结果非但没有如愿以偿，反而使教师产生抵触情绪。自2007年1月，我校启动“三步曲实践课”校本研究模式研究后，变先前的‘考核课’为‘实践课’，促使教师自觉地参与，情况大为改观，不仅解决了长期困扰学校领导因对教师课堂教学进行考核而产生的抵触情绪，而且为学校教学管理开辟了新的途径。

“三步曲实践课”的校本研修模式主要针对教师研修中的非校本性、低效性、缺乏专业性等的弊端与不足而探索新的研修模式，对于提升自身教学素养、教学水平，从而提高学生学习质量起着积极的作用。学校通过本课题的实践研究，为教师创设良好的研修环境与条件，满足教师专业发展有效提高教师专业水平的需要。我校的一位普通外语教师王静曾在她撰写的《在研讨中反思在研讨中提高》中这样写道：“两年前，我刚踏入廊下小学工作岗位时，我给自己设定了学习和工作准则‘Ask for more’。这里，有一个生机勃勃的团队；这里，有一片厚实的沃土。我参加工作的两年，正值廊下小学实施‘三步曲实践课’校本培训活动，它为我奠定了成长的基石，并一直引领我前进。”

那么，学校是如何为她奠定的这一“成长的基石”的呢？王老师接着举例说：“本学期，我们英语教研组的研究课题是‘教学目标的设计与落实’。针对这一课题，我们二年级备课组在汤丹红老师的引导和组织下，在组内确定了‘教学目标设计的有效性’的研究主题，并在第一步实践课活动中，从教学目标的确定到教案的形成、修改，再到教案定稿、上课到最后的课后评价反思，对这一主题进行了反复和深入的探讨和研究。”

正是有这样一个“生机勃勃的团队”，正是有这样一片“厚实的沃土”，年轻的王老师虽初为人师，教学还未“入门”，但通过“三步曲实践课”的第一步的个体独立钻研，她深有体会地说：“我们解决了长期以来教学目标制定随意化的问题，将教学目标的制定纳入了一条规范化的轨道。更重要的是在研究过程中，大家已经习惯于课前和课后的反思与总结。有反思就有提高，有思考就会有进步。学会反思，学会讨论，是我们的最大提高。”

从普通教师王静的这一成长事例中，我们可以看出，“三步曲实践课”的实施，无疑提升了教师课堂教学能力，促进了教师的专业发展。

你看，课前，老师们个体独立钻研，并把组内对教学目标的确立进行反复斟酌和推敲；课中，针对学生认知特点，采用生动有趣的教学方法；课后又对自身的课堂教学行为进行反思，自我对话，自我诘难。即对自己教学行为表现及其背后的隐性观念和角色假定进行反思；对自己的教学的教学设计及实施过程、实施结果进行反思；对自己的教学个性、独特性、智慧及机智表现进行反思。通过反思，分析自身的优势与不足，明确改进方向。在同伴的帮助下，确立改进目标，完善课堂改进计划，经过专家引领，得到感悟，提升教学能力。

通过“三步曲实践课的研究”，我们从注重三步曲实践课的活动形式转移到促进教师改进课堂教学的课例研究，并形成一个分析课堂教学的框架或工具，这对于今后持续改进教师的课堂教学仍然具有参考价值。从注重刚性的校本研修制度建设转移到注重形成柔性的、持续发展的校本研修氛围和文化，这是学校久远发展的不竭动力。

我们对大量实践中形成的大量案例、教案与经验，进行了分析、提炼与概括，形成了对“三步曲实践课”校本研修模式的理性认识，建构了该模式的操作体系，形成了我们同类学校中符合我们远郊学校实际、适合我们远郊学校教师需求的校本研修的模式。当然，这一模式并不是一成不变，可根据学校师资结构、学科特点在操作顺序上作调整。这对于丰富校本研修的理论作了贡献。

近年来，我校教师在“三步曲实践课”的研究中迅速成长，课堂教学能力得到了普遍提高，专家在我校调研时，对我校教师的课堂教学作了充分肯定，特别是对我校“三步曲实践课”促进教师专业成长的作用，大为赞赏。

这还仅是“三步曲实践课”成效的一个方面。更为可喜的是，“三步曲实践课”这一新型的校本研修模式，形成了良好的学校研修氛围。原先教师对于上课、评课都抱有一种事不关己的态度，认为公开课是骨干教师、教研组长或备课组长的事，能推则推。通过“三步实践课”的实施，教师们参与的热情得到了激发，教师们主动参与，特别是在评课时，都敢于亮出自己的观点，发表自己的意见。教研活动时，往往能见到教师们为了一个问题争论不休，各抒己见。我作为校长，从前后的对照中，更深刻感到正是“三步曲实践课”的实施，给教师教学科研提供了契机和切入口。教师们通过对平时教学中反思、发现问题，引发他们思维的火花，一个个案例，一篇篇小论文应运而生，从而提高了教师的科研能力，强化了教师科研意识，教师们撰写的论文、案例多次在区级以上的评比中获奖或发表。

“三步曲实践课”的最大成功之处是，它不仅为每个教师创造了专业发展的舞台，更为教师中的骨干教师创造了施展才华的舞台。对于骨干教师，学校从内外两方面引导、激励、培养，努力创设一个有利于他们成长的氛围，优先给他们创造学习机会和搭建成长舞台。我校采取多种形式，促进了这些教师的成长。如派部分教师到市、区兄弟学校取经、向带教教师学习教学方法、本领，把学到的东西及时运用到自己的课堂之中，学以致用；充分发挥名师作用，聘请区教研员、区学科带头人作为指导老师，带教我校部分中青年教师。通过一系列措施，我校教师的整体素质得到提高，部分教师脱颖而出，涌现出了一批在区内外有一定影响的骨干教师。

“三步曲实践课”的实施，促进了新教师迅速成长。新教师一年中一般都要至少上四节三步曲实践课，最多的上了六节，高频率的上课、磨课、实践、反思使他们迅速成长起来，大大缩短了新教师的成长期。有两位新教师获区新苗杯一等奖，两位新教师获市见习教师综合能力比赛一等奖，一位青年教师获区见习教师综合能力比赛一等奖，多位不到三年就已经成为我校教学骨干，担任备课组长。

“三步曲实践课”的实施，促进了平时随堂课的质量。我们要求教师要把在“三步曲实践课”中学到的理念方法运用到平时的课堂中去，把随堂课中碰到的问题带到实践课中来，让实践课逐步走向常态。每学期，学校都要安排一周为“课堂开放周”，每位教师打开课堂大门，欢迎任何教师、领导来听课。同时，学校领导班子及教研组长、年级组长，全学期对每位教师进行常态课的听课，其目的就是关注每一节课，全面提升教师的课堂教学水平，让教师的“实践课”更专业，让教师的“随堂课”更敬业，让“实践课”和“专业课”相辅相成。

“三步曲实践课”的实施，推动了师生全面发展。教师们课堂效率和专业素养明显提高，学生的个性和综合素质得到全面提高。学生微笑相迎，彬彬有礼，特别阳光、自信、活泼、快乐、健康，是“开心果、智多星”的具体写照，我校的农家孩子走进中央电视台，走进上海旅游节开幕式，走进上海世博园，走进上海大世界表演亮相、崭露锋芒；近年来，教师整体素质上升了一个层次，也培养了一批在区内有一定影响的骨干教师：学校现有区级骨干教师 7 人，区学科中心组成员 5 人；市名师培养对象 1 人，上海市教学评比一等奖 1 人，上海市见习教师综合能力比赛一等奖 1 人，市二等奖 2 人，市朗读比赛金奖 1 人；金山区教学评比一等奖 6 人，二等奖 5 人，三等奖 8 人；金山区师德标兵 2 人，金山区十佳辅导员和十佳教师各 1 人，金山区教工钢笔字、粉笔字比赛一等奖各 1 人。

“教师发展”和“课堂教学”是学校永恒的两个最重要的课题，永远在路上。在研究过程中，我们也碰到了许多困惑，如如何尽快转变农村学校教师特别是已有一定年龄的中老年教师的观念来适应课改要求，这是一个需要破解的问题；另外，怎样把研究的成果进行全面的推广，从而真正提高每一节随堂课的质量，这些都需要我们在今后作进一步深入研究。

第四章　打造充满生机和活力的智慧课堂

课堂，是学校教育、教学的主阵地。从生态的角度来看，课堂是一个丰富的、复杂的、具有生命活力的生态系统。

如何让课堂充满生机和活力？我校依据“开启智慧，润泽生命”这一办学宗旨，提出并践行“智慧课堂”。这不仅是基于学校“爱教、善教”的教风和“乐学、智学”的学风的秉承，也是打破课堂边界，实现课堂从关注知识和技能到关注学生智慧和生命提升的跨越。

“智慧课堂”的核心，应是“心中有学生”。它要营造的，应是科学、高效的人本课堂，学生自主探究的课堂，更是师生互动、心灵对话的课堂，是舒展灵性、思维碰撞的课堂。

教师专业水平高不高主要看其课堂素养。打造充满生机和活力的智慧课堂就成了我校教师专业发展的永恒主题。

第一节　引人入胜的“智慧课堂”

智慧课堂，对不少学校来说，也许是个新名词，但在我们廊下小学，老师们已探索研究多年了。如今，你只要推门走进教室，总会看到课堂上不时地闪现出智慧的光芒。

就以数学课为例，大家知道，数学是以其严谨的逻辑体系和思维特征而区别于其他学科的，它具有一种理性的美。但由于年龄特点，小学生们往往还不能欣赏这种美。在他们看来，那些数字、公式、规律和法则都是比较枯燥的。如何在这枯燥而紧张的数学课堂教学上使学生学得轻松、愉快，引人入胜呢？我校数学陆老师运用教学机智作了积极有益的探索。

这是一节讲“分数的认识”的课，陆老师为使孩子们能形象地认识分子、分母和分数这一抽象概念，利用得体的小幽默，创设了一种轻松的教学氛围：

“同学们，小时候，是你抱母亲，还是母亲抱你？”

这一问，问得同学们哈哈大笑，当然是“妈妈抱我”呀！于是，学生们轻松地明白了分子、分母在分数线上下位置。同时，在一刹那，同学们脑子一“转”，智慧生成了：儿子的年龄不可能与母亲相同，所以分子、分母相同时，一定是假分数。这样，一个原先在教学中难以讲清的问题，运用了一个小幽默，同学们轻松地懂了，会了，掌握了。

同学们很爱听陆老师上数学课，因为他的课堂充满智慧，会时不时运用多种方式巧妙地将“新知”引入。

比如，陆老师在教“列方程解应用题”时，他运用类比的方法，先让同学们猜老师的年龄。然后，他根据学生猜想的年龄，微笑着对学生们说：

“同学们，老师没有这么年轻，你们的妈妈中有几位也是老师的学生呢！”

“是吗？”同学们很是惊讶。

……

课堂上，顿时充满了愉快的交流氛围。学生们急切地想知道老师的年龄。

这时，陆老师适时地告诉大家：“老师的年龄除以 2，再减去 10，正好等于你们的年龄（12 岁）。”

学生们惊喜地发现，用方程解决实际问题，原来就这么简单！

因此，学生们很喜欢陆老师的数学课，因为他的课堂充满智慧。

课堂，经常会出现许多意想不到的事情。智慧型的教师，必须具有处理课堂突发事件的能力。当问题生成时，老师不要拘泥于预设的内容、过程不放，必须要独具慧眼，及时捕捉并临场决策，使之在教师的巧妙化解中得以完善，走向智慧。爱因斯坦说过：“提出一个问题远比解决一个问题重要。”在课堂教学中，老师的教学智慧往往彰显在教学细节中，犹如“跳荡在教学情境中的燧火”。而且，这种“意外”情况的出现，是十分难得的教学资源，只要处理得当，很有可能转化成本节课最大的亮点，从而播下了“智慧”的种子。

有一次，陆老师在教“角的度量”时，有个学生在度量一个钝角时折断了量角器的一个角。正当这个学生不知所措时，老师说：“这位同学的量角器还有大半个，上面有中心点与刻度，只是缺了一个角，大家想一想有没有解决这个问题的办法？分小组讨论一下。”

进过一番分组讨论，于是，就得到了如下结果：

方法 1：先在钝角内画一个直角，然后量余下角的度数，再加上 90 度。

方法 2：把这个钝角分成两个小的锐角，分别两次度数后相加。

方法 3：先把钝角补成平角，量出补上角的度数，再用 180 度减去……

在惊叹学生的智慧火花如此耀眼的同时，也折射出老师善于发现、洞若观火地捕捉偶然发生的稍纵即逝的生成资源的能力，将我们的数学课变成一方智慧飞扬的天地。

什么是“智慧课堂”？陆老师的课堂教学中就充满教学智慧。智慧课堂，是指以学生学习为中心，以适宜学生学习的教学方式，促进师生积极互动，学生学习充分化的课堂。课堂教学活动，是师生、生生交互影响、相互作用的过程。因此，教学过程需要教师充分运用教学智慧，采用适宜的教学方式，使双方之间能被彼此敞开自己的思维世界、互相倾听和诉说，达到教学相长、携手共进的理想境界。亚里士多德在《尼各马可伦理学》中认为：智慧是“就那些对人类有益或有害的事情采取行动的真实的、伴随着理性的能力状态”。美国研究者认为，“智慧”的核心是“能力”，主要指抽象思维能力、创新能力、适应生命新情境的能力、获得知识的能力、从已有的知识和经验中获取教训的能力。因此，智慧的课堂教学应把培养学生的能力作为智慧成长的重要内容、途径和标志。我们的教学，就是要时时处处围绕着这些能力对学生进行有目的地培养。

要使课堂不时地生成智慧，教师还要善于欣赏学生的个性。学生是有感情、有想法的人，在教学中关注个性、承认差异，允许学生思维方式多样化、思维水平多层次，是教师智慧的重要表现，也是对学生最大的尊重。教师要培养学生独立运用所学知识思考能力与创新的意识，促进学生创新能力的发展。课堂上一些孩子的另类表现是每位老师都会遇上的，关键是老师要有一颗宽容的心，学会倾听不同的声音，给学生一个自由的空间。

例如，在教学“5＋4＝?”时，有位老师提问：“你会算吗？怎么想的?”

——小朋友踊跃回答“我先数 5，再数 4 个数，得 9”。

——“9 可以分成 5 和 4，所以 5 加 4 得 9”。

——“我先数 5 个小圆片，再数 4 个小圆片，合起来一共 9 个小圆片”……

正在这时，一个小朋友突然站起来大声地说：“5 加 4 得 2”。

话音一落，全班哄堂大笑。老师对于这位学生的异想天开没有立即进行评价，而是鼓励他说出自己的想法。

结果，非常出人意料的事情发生了，学生说：“今天是星期五，再过 4 天是星期二，所以 5 加 4 得 2”。

这是一个多么奇妙的想法呀！在短暂的惊愕后，老师对他跷起了大拇指："虽然你的算式在正常情况下是不对的，但你的解释非常棒！你的知识超过了大多数小朋友已有的知识。"

同学们也给予这位学生热烈的掌声，让这位敢于另类发言的学生自信心、创新意识得到了呵护、激发和增强！

孩子的天性是好奇、好动、好问、好表现，智慧型的老师都会有意识地保护并激励孩子的积极思维。这是智慧型教学所必需的。在这样的智慧教学方式下，学生的思维能力才能在问题情境中不断得以碰撞和提升。当有学生标新立异时，老师们应当真诚地尊重他们的选择和想象，更多的给予喝彩，这样，学生才能真正地成为学习的主人，他们的智慧才会在个性欣赏中生成。陆老师经过多年的实践探索，深有体会地说："智慧课堂成就智慧学生。充满智慧的课堂教学，一定是师生关系轻松和谐的课堂，一定会经常出现由'意外'到'惊喜'的升华，一定有交相互动的交流与激辩。学生一定有强烈的好奇心和探究欲，在老师的宽容与欣赏中张扬个性，提升顺应时代发展的综合素质。我们要让课堂、让教师和学生像沐浴阳光一样沐浴智慧。"

课堂，是学生获得智慧的大地；课堂，也是教师实现智慧的天空。我校在引领全校师生开展"智慧课堂"的探索研究中，更深深地体会到，只有通过智慧型管理，才能进一步推进学校的智慧课堂的开展，从而实现智慧型学校的建设。

第二节　"智慧课堂"的提出及其价值取向

"智慧课堂"的提出，源于我校创办者何静渊先生。

创办于 1904 年的廊下小学，她的第一个名字叫"开智初等小学"（又称"开智学堂"），创始人是当时廊下镇名人何静渊先生。何先生早在 1903 年就已经在廊下庞家村办了金山区第一所乡村学堂"育英"学校，紧接着在 1908 年又办了一所校名叫"启发"的村校。

当时，何静渊先生抱着"开启智慧，办学救国"的壮志，在金山开始了新教育历程。何先生有一个鲜明的办学宗旨，就是"鉴于国家贫穷落后，民智没有得到开发，国家需要'育英'，百姓子女需要'开智'、需要'启发'，他要尽心尽力地通过教育来办学救国，振兴中华"。一百多年来，学校虽历经风雨，但一直在传承

“育英”“开智”和“启发”这些办学理念。后任二十多位校长都遵循这一办学宗旨，开发百姓子女的智慧，建设家乡，振兴中华。这是最值得我们引以为豪的。

当今，我们站在“廊小”新百年的起点上，努力把每个学生培养成为“快乐生活、健康向上、能歌善舞的开心果和全面发展、兴趣广泛、敢于提问的智多星”，全力打造一所风气正、有特色的具有浓厚百年文化气息的新农村素质教育实验校，实现建构“智慧型学校”的办学目标。因此，“智慧办学”成为我们的行动口号，造就一批智慧型教师，打造“智慧型课堂”，促进智慧型学生成长，成为我们廊下小学的必然选择。

我们廊下小学就是一直朝着这个目标做的，其核心理念是“开启智慧、润泽生命”，它外化为学校的学风、教风、校风。这是在学校发展过程中逐步积淀下来的内在气质，是学校发展哲学和学校教育力的集中体现。

一个校名就是一种教育理念，在20世纪初提出“开智”“启发”真的很了不起，至今很有现实意义。根据“开智”“启发”校名，我们想到了现在的启发式教学。大家知道，启发式教学，就是根据教学目的、内容、学生的知识水平和知识规律，运用各种教学手段，采用启发诱导办法传授知识、培养能力，使学生积极主动地学习，以促进身心发展。启发式教学不仅是教学方法，更是一种教学思想，是教学原则和教学观。就这样，受校名“开智”“启发”启示，我们提出了“智慧课堂”，蕴含了“开智”“启发”的理念和启发式教学的思想。“启发”为了“开智”，“开智”为了“育英”，当然我们结合学校实际，赋予“智慧课堂”很多新的内涵。

“智慧课堂”的提出，旨在师生用自己的智慧和创造力，挖掘蕴涵其中的无限生机和活力，把课堂营造成生动活泼的学习乐园，让学生在愉快的学习环境中自然、有序地学习。作为课堂的意义层面，课堂的价值在于提升学生和教师的可持续发展的生命质量。

“智慧课堂”是以学生学习为中心的课堂。课堂应该成为学生快乐学习的园地，成为体验幸福成长的乐园。课堂是学校教育生态的主要组成部分，是一个丰富、复杂的具有生命活力的生态系统。课堂是用来进行教学与学习活动，旨在掌握知识、发展智力和能力，培养品德和促进个性的场所。因此，我们认为，课堂应该是开放而富有创新活力的地方。这正如华东师范大学叶澜教授指出的那样，要有意义，有效率，有生成，也会有缺憾。有意义，即学有所得，学有所乐，学有所求；有效率，就是说在课堂教学中能使学生在“三维目标”等方面有所提高，要使每一位学生都有不同程度的提高；有生成，就是在充分预设课堂教学的前提下，一定要关注学生的动态生成，即动态生成知识，动态生成方法，动态生成资源；有缺憾，就是说真实的教学不应该是尽善尽美的。课堂教学，永远是一门有缺憾的艺术。学有遗憾，我们才能力图弥补缺憾，才能不断进步。我们提出的“智慧课堂”，正是要全方位的建构和打造这样的“开放而富有创新活力”的课堂。

我校遵循“开启智慧，润泽生命”这一办学宗旨而提出的“智慧课堂”，不仅是基于学校“开智”理念的秉承，而且也是对“课堂发展”的国际发展的把握。

纵观世界教育上的课堂发展史，曾出现自然课堂、主知课堂、经验课堂、主考课堂等范式。

自然课堂范式主要是指夸美纽斯前的课堂。自然课堂是自然开放并从自然吸取营养的课堂。课堂是浓缩的自然，自然是开放的课堂。顺其自然是其特点。自然课堂镶嵌于自然经济生产的时代背景中，对应着时代的要求，是自然崇拜的反映。

主知课堂范式为把“最有价值的知识”传授给学生作出了历史的贡献。它根植于工业文明的土壤之中，铸模了大批标准化的学生产品，同时也牺牲了学生的个性和尊严。课堂教学死板，缺乏生气。

主考课堂范式即以应试为主要目的的课堂范式。主考课堂是20世纪第二次世界大战以后的文凭化社会产物。主考课堂是镶嵌于科技理性的时代背景之中的，科学技术的力量前所未有的凸显，文凭则成为精英们的象征。为获取文凭而学成为社会的潜意识。学校成了社会分层的工具，选拔和淘汰义不容辞地成了考试唯一的目的。以升学为要务的目的观必然导致以知识传递为基点的课堂价值观。课堂教学以单一传递教科书上的现成知识为价值追求，教学目标的难点、重点、要点首先是课堂知识目标，其他技能发展、情感目标只是课堂点缀，甚至根本没有。主考课堂以题海为重点策略，课堂是“题海”不仅成为教师教的策略，也成为学生学的战术。主考课堂通常以教师的“传”，或者以学生“做”练习为主。主考课堂的功利主义的追求导致课堂荒漠化，学生学业负担过重，精神世界萎缩。学习成为猎取功名的工具，人才培养畸形。

各种课堂范式的价值观和具体课堂原理不尽相同，随社会历史的发展和主流文化的发展、变迁而变，都有其存在的合理性依据。但是自然课堂、主知课堂、主考课堂都显现出时代发展的局限性，成为新时代教育理念实施的羁绊。

随着时代的发展，课堂范式也经历着变革与发展，其中值得关注的有经验课堂与生态课堂。经验课堂是杜威在其经验主义教育哲学指导下，提出了“儿童为中心”，关注学生经历与经验的民主开放的一种课堂范式。杜威开创了一个时代，揭开了现代教育的序幕。经验课堂范式是以课堂为中介复演的社会生活。课堂上，儿童是生活的主人。依据教师精心选取的以他们的兴趣为根据和典型社会职业为内容的课程进行主动作业，以获得作为过程和结果相统一的经验。这是一种生活化的课堂，是以儿童为中心，教师围绕儿童旋转的课堂，从一定的意义上说，杜威把学生从课堂里解放了。

在当今，“生态课堂”广受关注，将生态观引入课程研究是20世纪80年代中期以后的课程研究领域的热点之一。高夫提出了“课程范式的更新”，呼吁加强“生态素养”。美国课程理论家斯拉特瑞也充分注意到课堂生态与教学过程的问题，研究与实践了“生态模式”的改变。他就如何把整体观、生态观融入课程与教学，提出了两点主张：第一，改变课程与教学的组织方法，要改善现行课程与教学中的教与学的关系。通过内部关系的变化，培养学生的生态意识和全球意义。斯拉特瑞指出，“事实上，我的经验是，在一个整体的环境中，当赋予学生以信任和权力以后，学习的质和量都会出现指数级变化，尤其是当学习和自我发现取代了分数和等级而成为课程核心以后，学生对自己的要求就会更高”。第二，改变课程与教学的实施环境，指出这是课程教学中至关重要的。在斯拉特瑞看来，传统的、现代的教室已经与后现代的整体观和生态观格格不入，更不用说体现权力意志的教室布置方式，那种方式强化了教师作为权威和信息发送者的角色，教师与为了成为令人满意的生产力还需要被测量的、被动的学生是分离的。斯拉特瑞认为，“在整体的和生态的课程研究中，课程与教学的实施环境及其中学习经验的相互关联是至关重要的”。生态课堂已经成为当今主流的课堂，是对现代主义的强调效率的“有效教学”的课堂范式的一种改革。

智慧课堂，正是在经验课堂与生态课堂的理论与实践的基础上提出。本校的“智慧课堂”属于生态课堂范畴，强调教学是一种特殊的生态，是由教师、学生、环境之间交互作用共同使教学成为有机的生态系统。

教与学的生活是师生相伴的教育人生，是生命的对话，拥有互属的生命意义和共有的发展空间，实现在课堂学习生活中师生间的交往、理解和学生的健康成长。我们呼唤智慧的教学，构建充满生命活力的生态的课堂，让学生的生命得以充分地舒展,成为可持续发展的一代新人。教师们以一种智慧的精神去发现学生,从每个学生不同的特点、已有的知识结构、变化的情感世界出发,研究学生的学习,重新解读教学,重新理解教学的意义和价值。

智慧课堂,强调生长和发展是作为人的学生的本性。发展是生命的权利,也就是强调要为学生创设全面发展、可持续发展的环境,强调师生双方的共同发展,师生的整体发展。师生的生命,既指生物向度的生命,也是精神向度的生命,既承载着本原的自然生命,又承载着超自然的意义生命。师生的生命发展,就是生命在良好课堂生态中生生不息和蓬勃向上,师生彼此生命发展意义上的自觉,对生命的虔诚和负责。因此,我们要积极营造为师生生命发展的良性生态课堂环境,促进处于课堂生态中的师生获得健康发展。学生的发展需要有良好的生态环境,发展需要从"整体"去关照,建立课程与教学的内外部良好关系,建构学生成长的生态。这就是我们倾心打造充满生机和活力的"智慧课堂"的价值取向。

智慧课堂是一种充满生命力度的课堂,是一种创生发展的课堂。智慧课堂激发师生生命活力、凸显其人性、唤醒其自由天性、展现其多彩自我的舞台,是师生点燃灵感、激发创新、集聚智慧的发展生态。

第三节　"智慧课堂"的界定、要义与途径

什么是"智慧课堂"? 多年来,我们在探究中认识到,"智慧课堂"的核心应是"心中有学生",是以学生学习为中心的,运用适宜学生主动学习的教学方式,学生学习充分化的课堂。智慧课堂要营造的应是科学高效的人本课堂,学生自主探究的课堂,更是师生互动心灵对话的课堂,是舒展灵性、思维碰撞的课堂。因此,我们在实践研究中一直秉持教育生态观念,根据"智慧课堂"的内涵和特征,努力打造充满生机和活力的课堂。

"智慧课堂"与传统课堂相比较,它不再是充满专制被动压抑的课堂。"智慧课堂"强调因学定教,根据学生的学习实际,创设必要的学习情境,为学生提供学习与运用知识与技能的机会。让学生学习体验,使他们在活动中感悟知识、发展能力、体验感情,提升智慧水平。

智慧课堂,强调课堂教学内容从既定、割裂到开放、整体。首先不能把知识完全客观化。课堂教学的客观化模式削弱了学生联想、反思和创新的可能

性。知识并不仅仅与外部现实有关,更为重要的是,它是一种自我认知,强调学生把知识内化为自己头脑里的图式,有自己的理解和独立判断,形成自己的智慧。

智慧课堂的重要特征是开放性。开放性意味着生成诠释的多层性以及意义世界的多样性。同时也强调整体性,将知识置于整体的交互的框架之中,要求承认并重视认知者与认识者对象间的交互作用。

智慧课堂,强调课堂教学方法从机械、灌输到融合、参与。传统课堂是大生产的复制"克隆"学生,课堂教学采取"四步曲":即"赶鸭子"(不管学生愿意不愿意、喜欢不喜欢,都被赶到教室去),"填鸭子"(不管学生能否消化,都被塞给很多东西),"考鸭子"(到了期终就要考,以检测灌的效果),"板鸭子"(经过前面三道工序,最后学生都变成了无个性、无特色、无活力的唯书、唯上、唯教师、唯标准答案是从的"板鸭子")。总而言之,传统的课堂教学不是在挖掘、发现和培养学生别具一格的创造力,而是自觉不自觉地制造一种思维模型"加工厂"——以一个模子、一种方式、一个标准把原本千姿百态、生动活泼的孩子都加工成"标准件""通用件",习惯于教导学生去寻找一个正确答案,是"唯一"而不是"多种",是"单数"而不是"复数"。这种课堂教学方法充满着教学的工具性,学习的机械性,湮灭了教与学过程中师生的有意义对话,异化了教育的意义。人是思想的生命体,课堂学习应该充满智慧,智慧的碰撞所闪烁的创新精神与独立人格。

我们的"智慧课堂"认为,因材施教是最有效的教学,授人以渔是最有用的教学。智慧课堂还把兴趣激发作为课堂最重要的切入点,思维激活是课堂最重要的着力点,学以致用是智慧课堂最重要的关注点,习惯培养是课堂最重要的落脚点。教师要向驾校教练员和游泳教练员学习,因为他们注重实践、体验、感悟,真正做到了"教是为了不需要教"。这样的课堂才能像城区的课堂一样精彩,"廊小"孩子的课堂表现也才能像城区孩子一样出色。

结合我校"爱教善教"的教风和"乐学智学"的学风,我们提出"智慧课堂"的主要内涵和关键要素。

其主要内涵如下:

因学定教,以学评教——因材施教是最有效的教学。

评价看学,诊断看教——授人以渔是最有用的教学。

以教开智,因学得慧——充满智慧是最有价值的教学。

其关键要素如下：

学生：自信乐学，主动智学。

教师：科学善教，艺术施教。

环境：民主和谐，温馨舒适。

根据“智慧课堂”的内涵和关键要素，我们提炼出一条营造“智慧课堂”的最基本经验，那就是从各教学环节入手，精心设计教案，做到“脑中有文本，心中有学生”，以学定教，课前预设求真，课堂生成求美，课后反思求新，以教师的“善教”促进学生的“智学”，打造生动有趣而又充满生机和活力的智慧课堂，从教学层面做大做强基础课程校本化。

为实现“智慧课堂”，我们提出了五点具体要求：

其一，从备课入手，采用“集智式”备课模式，即个人独立钻研，同伴互助，合作探讨，营造“智慧课堂”。

其二，根据文本，因学定教，激发兴趣，为课堂注入生命活力。

其三，以学生学习为中心，给学生自主学习权利，在教学互动中提升学生的主体地位。

其四，创建民主平等融洽的师生关系，营造温馨和谐的教学氛围，增强课堂活跃度。

其五，运用评价的手段，通过学生作业和学业评估，及时诊断教学效果，掌握把握以教开智的效果。

智慧课堂的上述五点要求，从教学规律上来看，既是抓好课堂教学的基本要素，又是营造“智慧课堂”不可或缺的五项基本策略。但要真正落实做到，对我们这样一所地处远郊的乡镇小学来说，因师资力量的参差不齐，单靠个体的力量那是很难实现的。因此，我们本着提升教师实践智慧，从三方面着手整体提高教师的专业水平。

第一，开展校本研修，注重教师实践智慧深度。

校本研修是教师专业成长的有效途径，尤其是适合教师发展的校本研修。“三步曲实践课校本研修模式”是我校富有特色、富有成效的教师专业发展的最佳途径。

第一步：实践反思（每个教师每学期上一节实践课，重在展示个人风采）；

第二步：同伴互助（每个备课组每学期上一节代表备课组的实践课，重在发挥团队智慧）；

第三步：专业引领（每个教研组每学期在专业人员引领下每学期上两节实践课，重在理念提升）。

第二，进行师徒结对，提升教师实践智慧品质。

形式：专家带教学校骨干，学校骨干带教青年教师。

内容：专家既指导骨干教师的课堂教学，又指导骨干教师如何更有效的带教；骨干教师带教青年教师时不定期邀请专家一起参与。

途径：备课组、教研组活动。

目的：提升备课组、教研组活动质量；提高骨干教师和新教师的课堂教学能力；扩大专业引领的范围；通过备课组教研组活动让每个教师得到专业引领。

第三，抓好平时随堂课，强化教师实践智慧转化。

进一步强化“向随堂课要质量”的意识，引导全体教师把实践课中学到的先进理念方法运用到平时的随堂课中，同时又要把在随堂课中碰到的问题带到实践课中，真正关注每节随堂课，认真备好每节随堂课，扎实上好每节随堂课。

实践证明，提升教师专业水平的这三条途径，融“群体”与“个体”为一炉，并以教研组或备课组为实体，围绕课堂教学内容及教学方法进行研讨，不泛泛而谈，具体实在。同时，辅以师徒结对，强化平时随堂课，这对教师专业发展，可以说是卓有成效。

智慧课堂旨在努力实现为学生智慧的生长而教，关注课堂教给学生的知识更具价值，能促进学生智慧的生长；关注更有效的过程方法，能有利学生智慧的生成与发展。智慧教师彰显的智慧是一种整体品质，它在情境中诞生和表现，以美德和创造为方向，以能力为核心，以敏感和顿悟为特征，以机智为主要表现形式，科学素养与人文素养的结合赋予它底蕴和张力，创造着教育教学动人的诗篇。让我们的校园、我们的课堂、我们的教师和学生像沐浴阳光一样沐浴智慧。

第四节　“智慧课堂”实施的“十要则”

课堂，是学校教育教学的主阵地。它是用来进行教育教学活动，旨在引导和帮助学生掌握知识，发展智力和能力，培养品德和促进学生个性发展的场所。课堂，是学校教育生态的主要组成部分，是一个丰富的、复杂的、具有生命活力的生态系统。它应该成为学生快乐学习的园地,成为体验幸福成长的乐园。

那么,“智慧课堂”究竟如何实施呢？在实践研究中,我们注重在建构中不断加以总结。我们开展了“智慧课堂的标准是什么”的学习与讨论,也展开了以教研组为单位的“智慧课堂教学”的实践课,边实践,边研讨,边总结提炼。经过反复几轮的“智慧课堂教学”的实践活动,我们在智慧课堂教学的要则、师生智慧教与学的表现要求、智慧课堂的评价三个方面展开宝贵的独特的研究成果。

我们归纳与提出智慧课堂教学要则,旨在让教师对如何实施“智慧课堂”有一个基本方向,便于引导教学实践。我们的“智慧课堂”教学的“十要则”如下：

第一,教学目标定位准确,目标定位符合学生学习基础。

具体要求:基于教材要求提出适宜的教学目标;基于学生学习基础的教学目标正确定位与落实。

第二,教学内容以学定教选择与组织教学内容。

具体要求:从学生的“学”出发,选择教学内容要适切;教学内容组织要合理,能有利于学生学得主动;设计的作业能突破教学重点、难点。

第三,教学方法适合学生,鼓励学生独立思考、质疑,注重学习体验性。

具体要求:在教学中注重培养学生的独立思考;在教学中增强学生质疑与能力;在教学中增强学生对学习内容体验的强度、深度。

第四,教学组织形式多样,全班、小组个别化教学灵活切换。

具体要求:在课堂教学中积极运用小组教学;在课堂教学中运用多种教学组织形式;在教学中灵活切换多种教学形式、教学方法。

第五,教学过程以学为主,学生学习充分、主动,学习兴趣高、思维活。

具体要求:学生在教学过程中充分学习、主动表现;精心设计与实施作业,增强学生思维活动。

第六,师生关系民主融洽,学与教互动度高,注重调动学生情绪。

具体要求:增强课堂教与学中的师生实质性互动;以民主的师生关系调动学生学习情绪。

第七,师生情感激励性强,赏识成功、鼓励进步、帮助困难。

具体要求:课堂教学中抓住时机及时激励学生;课堂教学中帮助困难学生学习,给予指导与辅导。

第八,教学艺术高超机智,关注生成,善于应变,灵活处理课堂与教学问题。

具体要求:灵活应变处理学生在课堂中发生的学习问题;课堂教学中合理

生成新的学习内容。

第九,教学导向求真创新,尊重学生探究,鼓励学生追求真理。

具体要求:教学中注重学生创新精神、创新思维、创新能力的培养;设计、运用让学生探究的作业。

第十,学生学习实效性高,学有所得,有满足感。

具体要求:教学目标达成度高;课堂上关注学生的学习动态,注意调节教学过程;保持学生在课堂学习过程中精神饱满。

这"智慧课堂"教学的"十要则",在具体教学中又是如何体现的呢?这里,我们不妨以何庆其老师任教的《只有一个儿子》一课为案例,看一看何老师在备课中是如何遵循"十要则"的运用,一步步建构"智慧课堂"的。

教学内容:《只有一个儿子》(沪教版小学语文第四册)

一、教学分析

1. 教材分析

《只有一个儿子》是沪教版小学语文第四册中的一篇课文。这篇课文通过写三个儿子看见自己的母亲拎水时的不同表现,揭示了作为子女要孝敬、关心长辈的道理。课文前半部分,写三个妈妈对儿子的评价,后半部分写三个孩子对待拎着水的妈妈不同的表现,最后以一位老爷爷"只看见一个儿子"这句耐人寻味的话作为结尾,来揭示前两个儿子没尽子女的义务,所以不像儿子。唯有最后一个才"是"儿子。

2. 学情分析

作为二年级第二学期的学生,已经具备了较强的独立识字能力,有了较好的自学生字的习惯,加上本课的生字不多,也不难。因此,可以放手让学生自学,要鼓励学生运用多种识字方法学习生字。在学习课文内容时,教师则应通过分步指导,教给学生抓词句理解课文内容的具体方法。因为二年级学生还未掌握"通过语言文字理解课文内容"这项阅读基本功,教师还得手把手的教。

二、教学目标

1. 随文学习 10 个生字,认识偏旁包字头。

2. 理解妈妈说儿子的话和三个儿子面对妈妈的不同态度,以及老爷爷说的话。有感情地朗读课文。

3. 懂得小孩子应关心长辈、孝敬长辈的道理。

本课的教学目标围绕着识字和阅读两方面进行的。识字方面除了知识上的要求外，更强调的是识字的兴趣和能力。阅读方面，结合本单元的训练重点，主要采用抓住重要词句读悟的方法，来达到阅读理解的目标。

三、教学过程

（一）导入课文

1. 板书课题：《只有一个儿子》。

今天我们学习这篇课文。谁来把课题读一下？

（评价预设：读课题声音要响亮，要让每个人都能听到。“儿子”的“子”念轻声。）

教师根据学生轻声朗读的实际情况，对学生进行朗读指导，体现了教师以学生定教的理念。

2. 抓关键词读懂课题。

再读课题，突出你认为最应该强调的词。

（“只有”是唯一、仅有、独一无二的意思。）

3. 小结：读好课题，对我们进一步学习课文很有帮助。

（二）初步学习

1. 大家已经读过课文了，你发现课文中一共出现了几个人物？

（课文中出现了七个人物，他们是三个妈妈三个儿子和白胡子老爷爷。）

2. 联系课题问：“你发现什么问题了？”

（课文中讲到了三个儿子，可课题说“只有一个儿子”。）

在初读课文的同时，教师抓住了内容与课题之间的矛盾，在这里安排了让学生质疑，培养了学生独立思考的能力，激发学生探究课文的兴趣。

小结：你们很会动脑筋，学习就应该这样，要善于发现问题，更重要的是还要想办法解决问题。

教师的评价即时而富有鼓励性，对激发学生的学习积极性很有帮助。

（三）深入感悟

1. 请大家轻声读第2—6自然段，找出三个妈妈说自己儿子的句子，用横线画出来。（师巡视指导）

我们来读读找到的句子。

（生读；师应相应给予评价指导，并学习生字“伶俐、赛、嗓、莺”；板书：伶俐

有力气）

句子 1 评价预设：句子找对了，但你读得不像是妈妈说儿子。你为什么要这样读？

句子 2 评价预设：你为什么这样读？在妈妈心里孩子总是最棒的。（板书：唱歌赛过黄莺）

句子 3 评价预设：听听老师是怎么读的，想想老师为什么要这样读。妈妈把她对孩子的爱埋在心里，不挂在嘴上。（板书：没什么特别）

这一环节，让学生先找有关句子，划一划，读一读。教师注重学生学习的过程，真正体现教师注重学生体验性学习。同时对于学生的朗读评价有预设，体现出教师的教学智慧，关注学生的生成，善于应变。

2. 有感情地朗读这三句话。（指名 3 个学生、齐读）

小结：三个儿子，都是妈妈心头的宝贝。妈妈最爱自己的孩子。

3. 过渡：那么三个孩子又是怎样对待自己的妈妈的呢？

(1) 我们来看一个生字“拎”，用双线画出课文中带有“拎”字的句子。谁来读？（注意前鼻音）怎么才是拎？（垂着手，用力向上）假设你身边有一桶水，拎拎看。

A. 教师引读：“一桶水可重啦！”学生练读。

B. 指出“啦”表示语气的强调，强调这桶水很重。

文中有一个词也写出了这桶水很重，那个词？（沉甸甸）

（强调“甸”的书写，引导学生知道，“沉甸甸”说明一桶水很重。）

C. 学生再读，读后教师小结：妈妈真是辛苦啊！

（重点句采用互读、师生对读、男女声读等方式，让学生明白水很重，妈妈很辛苦。）

(2) 在妈妈们最需要帮助的时候，他们的儿子来了。第 9—11 自然段分别写了他们的表现，我们来读一读。

（抓住重点句，突出重点词“只顾”“看也不看”“也不看”“跑到”“接过”“提走了”，反复读，让学生体会三个儿子的不同表现。）

你喜欢哪一个儿子，为什么？（第三个儿子懂得妈妈的辛苦，会关心长辈。）

小结：你们都是懂事的孩子，知道爸爸妈妈也需要我们做子女的关心、爱护。

(3) 在一边把事情看的清清楚楚的白胡子老爷爷，是怎么评价这三个儿子的呢？用波浪线在课文中画出相关句子，我们一起读第 13 自然段。

(4) 回到课题，理解内涵。

填空：课题“只有一个儿子”是老爷爷的话，他想告诉三个妈妈，三个儿子中，只有一个是(　　　　　　　　)的儿子。(孝顺关心妈妈)

第二天，又要去打水了，请你们同桌合作演其中的一对母子。想怎么演都可以，先说说演的时候要注意什么。

通过演一演，学生对课文的理解更深入，把学生的学习热情推向高潮，学生的情感也得到升华。同时，教师用不同的教学方式，使学生始终有着很高的学习热情。

4. 老师也提一个要求：文章中有一个“歇”字，“歇”是休息的意思，(指导书写)请大家在表演的时候一定要把这个字放进去。

(学生语言中的错误，教师及时予以纠正。)

5. 总结：孝顺父母是中华民族千百年来的一种传统美德。

父母给了我们生命，抚育我们成长，给了我们人世间最伟大、最无私的爱。我们在享受父爱母爱的时候，更要懂得珍惜，懂得回报。“妈妈，我能帮你什么吗？”——希望你经常这样说，经常帮妈妈做力所能及的事。

何庆其老师的课，为什么要这样“备”？这样的教学设计又是如何来体现“智慧课堂”的“十要则”的？我们还是来看一看何庆其老师对案例的分析吧！

何老师从以下三个方面进行了十分透彻的分析：

一、用教师的智慧解读文本，优化教学环节

准确的文本解读，就能带来有效的课堂教学。小学生无论在知识结构上，还是在生活阅历上都是比较匮乏的，他们对文本的情感体验有待教师的激发，他们对于文本的理解程度有待教师引导，他们的阅读兴趣有待教师去培养。因此，语文教师在小学阅读教学中，既需要尊重学生作为主体的独特体验，更需要提升学生的阅读品位、培养学生的阅读能力和兴趣。也就是说，阅读课堂中师生基于文本的对话质量决定了阅读课的质量，它取决于教师对于文本的理解和把握，取决于教师在课堂中的启发引导。因此，可以说，文本解读是构建有效语文课堂的基础与关键。而这基础与关键正是教师

的教学智慧。

初读《只有一个儿子》这篇课文，我将文章分成两个部分，一个是“妈妈眼中的儿子”，另一个是“儿子眼中的妈妈”。前半部分要求指导读好三个妈妈的话，后半部分要求理解老爷爷的话。我反思自己的解读，其中有两个角色的转变，学生理解起来有些费劲。怎样才能让思路更清晰呢？细读课文，我发现这位不明身份的老爷爷早在课文开头就已经出现：三位妈妈在打水，而他则是坐在一边的石头上休息。第二次出现的老爷爷仍然一语不发，只是慢慢地跟在妈妈们身后。看似路人的一个角色，却能引发全文最关键的一个焦点。老爷爷的第三次出现，是作为一个旁观者的身份发表自己对三个儿子的看法。于是，我把文章分成三个部分：1.老爷爷听到了什么？2.老爷爷看到了什么？3.老爷爷说些什么？这样思路清晰明了，老爷爷如一条主线把散落的珍珠串起来了。因此，我以此为线索，设计本课的教学。

二、以学定教，合理运用教学方式

小学语文教学的实质，是对学生进行语言训练。通过训练，全面培养学生的听、说、读、写的能力。叶圣陶先生曾经讲过：“什么是训练呢？就是要使学生学的东西变成他们自己的东西。”语文的核心问题是语言，语言是工具，学生在学习语文的过程中，如何把语言这个工具变成自己手里的工具，唯一的途径也就是训练。但在课堂的阅读教学中，如何训练才有效，老师在学生的训练中该如何发挥引领作用，这是我常常思考的。

儿童是用声音、色彩和感觉去思维的，而表演这种方式就非常形象、具体、直观，易于儿童接受。《只有一个儿子》这一课，故事情节简单易懂，而故事中蕴含的道理对于二年级学生也是能够理解的。但关心母亲，孝顺长辈要潜移默化到孩子的心灵与行动中去则是不易的，而仅通过空洞的说教也是苍白无力的。

我在教学中将表演运用到课堂，让同桌合作演一对母子。学生踊跃参与，在说一说、演一演的过程中，学生再次感悟了课文的内容，有了自己的价值取向。在说话中，学生运用了新学的词“歇”“拎”，运用了几个连贯的动作词，还学会了对长辈的尊称“您”。在这个情境中，通过孩子自己的说和做，也让“孝顺长辈应该从身边的小事做起”的主旨“润物细无声”地进入了孩子的心田。

三、善于调控课堂，提高教学过程的引导力

对文本的解读，是基于对学生对学情的了解，对课堂学生学习的充分预设与调控。在本节课上，老师创设的情境给了学生学习的平台，学生有了学习的热情，跃跃欲试。但对于两年级的孩子来说，要上台表演选哪个角色，学生就要争议半天，说说笑笑中也许并没有实质性的进展。而在课堂上有限的时间内如何有效的引导，充分让学生回归到语言的实践中去，我在教学中做了两个引导：一是在学生表演之前的交流引导：选哪一个儿子，为什么？这既是学生在感悟课文后的反馈，又是学生第一次语言的输出，在说一说中，学生有了自己的价值取向，孝顺妈妈的儿子是大家学习的榜样，做错了的儿子第二天会用自己的实际行动来改正自己的错误；二是在引导一对学生表演后的重新组织：谁能当好导演，设计对白与动作。这样的引导，一是基于学生通过一组学生上台表演的指导，已明白表演就是要完整的对话，还要通过动作来体现。鉴于课堂时间的有限，我设计了让学生当当“导演”，说一说如何“演”，要说什么，做些什么。倡导学生有不一样的表演。这一方面避免了低年级学生的从众心理而导致的重复，也促使孩子有创新的表达。

教学智慧不仅体现在文本解读方面，体现在课堂教学过程中，还体现在教学的反思上。《只有一个儿子》在我们二年级的备课组中进行“同课同构”，集体备好的教案不同老师在不同的班级上课，效果不一。通过多次的研磨后再次修改，重建，最后我在“家长开放日”上呈现了这堂课，取得了良好的教学效果。在课堂教学中，教师怎样发挥自身的智慧，运用智慧课堂的理论来改变我们的教学行为和学生的学习方式，提高语文教学的有效性，还值得我们研究与实践。

我校的这一智慧课堂教学的“十要则”是一个相对的系统，教师要不断努力，逐步完善“要则”操作系统；也需要有一个过程，才能形成稳定的智慧课堂。智慧课堂，是通过师生共同的“教”与“学”的表现活动呈现。因此，智慧课堂教学在完成备课后，必然要通过课堂教学实施来实现教学目标。在实施过程中，为了更好地落实智慧课堂“十要则”，我们进一步提出了体现师生智慧“教”与智慧“学”的可观察到的表现要求。具体内容如下：

1. 智慧课堂中教师表现要求——为学而教

智慧课堂教学的核心是为学而教，但是对于相当一部分教师而言，因教学行为定势，难以一下子转到为学而教之上。为此，我们选用了教师在课堂教学中最具典型意义的境况，对教师的智慧教学表现进行归纳，提出了四种课堂教学境况下的教师表现要求：

一是当学生碰到问题或疑惑时，教师及时启发并鼓励学生提出新问题。

二是当学生表现优秀或进步时，教师及时赏识并激励学生取得新成功。

三是当学生受到挫折或困难时，教师及时鞭策并勉励学生克服新困难。

四是当学生遇到分心或疲倦时，教师及时调节并促进学生激发新情绪。

经过一段时间的试用，教师普遍感到能起到自我提示、警示的作用。这四个特别的课堂教学境况的正确、合理处置，对于提高教师的“为学而教”的能力，起到了重点突破中广泛迁移的作用，有力地提升了教师的教学艺术。同时，我们还依据智慧课堂的基本精神，提出了“每节课教师讲的时间最多半节课”，促进教师认真备课，突出关键作业，精讲多练，把课堂真正还给学生学习。

2. 学生智慧学习的表现要求——主动学习

智慧课堂就其目标而言是让学生学会学习。这是最具智慧的表现。我们课题组在研究过程中，根据小学生的心理特征以及开智教育的本意，从学会学习的最基本的要求做起，强调学习的习惯、学习态度，把“主动学习”作为小学生智慧学习的关键表现要求，并提出了八项基本要求：

(1) 兴趣高：精神饱满，眼睛有神；

(2) 坐得好：坐姿自然，思想集中；

(3) 会倾听：听得清楚，动脑思考；

(4) 勤发言：举手积极，大胆发言；

(5) 爱互动：有问有答，合作分享；

(6) 敢提问：质疑问难，主动探究；

(7) 乐动手：动手操作，体验感悟；

(8) 巧做题：仔细独立，又快又好。

我们为了让学生更好地把握与践行智慧学习的表现，还运用本校特色的拍手歌，编写出了《上课乐》，让学生边唱边记，促进学生课堂上的日常践行：

你拍一，我拍一，廊小课堂有活力。
你拍二，我拍二，生动有趣真快乐。
你拍三，我拍三，精神饱满坐自然。
你拍四，我拍四，睁大眼睛看仔细。

你拍五，我拍五，竖起耳朵听清楚。
你拍六，我拍六，积极发言常开口。
你拍七，我拍七，动手动脑巧做题。
你拍八，我拍八，敢于提问收获大。
你拍九，我拍九，互帮互学多交流。
你拍十，我拍十，共同进步乐无比。

第五节 “智慧课堂”教学设计的操作要求

智慧课堂，作为教与学的活动体系，需要教师的精心设计与实施。我们在研究过程中，首先抓住教学的第一环节——教学设计，即备课。在明确了智慧课堂教学的“十个要则”的基础上，我们提出了“智慧课堂教学备课要点”，并通过教学实践不断完善。

1.“智慧课堂教学备课要点”的针对性

“智慧课堂教学备课要点”的提出是针对备课中存在的问题：

（1）教案不符合格式。例如三维目标割裂写，教学目标不合理、不规范。

（2）教学过程与教学目标不一致。教学目标中提出的目标在教学中看不出怎样落实。

（3）教案中缺乏能力培养，大多是“理解”“知道”等。

（4）大多教案对于如何作“学情分析”没有掌握，不少教材分析是教学内容介绍或者空泛笼统。

（5）教学方法陈旧。例如，一年级重点教几个生字，也是从初读、整体感悟、重点读套路来教，是否应该灵活运用教法。“教无定法”，万能的定法是不智慧的。

（6）点评（说明）、反思（分析）空话多，什么自主学习、激发兴趣等。缺少从本课题的智慧课堂的角度解析，而是从说明教材，或者一般的教学意图出发做点评（说明）。分析是套话，缺乏用智慧课堂思想与原理来解释自己的教学，不结合自己的教学案例中的事实做分析。

2.“智慧课堂教学备课要点”的具体内容

通过大量的课堂听课、教案调研，我们提出了智慧课堂教学备课的基本要求与格式规定。

“智慧课堂”教学备课要点与格式

一、教学内容

本课时的教材名称与版本、教材章节、教学课题名称。

1. 教材分析

○ 针对本节课的教材分析,不是泛泛而谈。

○ 分析出在教材什么地方有哪些知识点,特别是能力点,要写出能力表现,要具体。例如不能笼统讲朗读能力,必须具体到读准某声母、读出问号语气、读出某些角色的情感等。

○ 分析出哪些教学内容可以培养学生“过程与方法”。“过程与方法”不是指教学方法与过程,是与学习内容有关的过程与方法。

2. 学情分析

○ 本班学生学本节课内容的基础、可接受性,不能笼统讲学生学习基础差等。

○ 以前关于这些学习内容学过些什么,新学的与原先学习的关联性,学生学习会有什么困难等。

二、教学目标

教学目标是依据教学分析确定的。

○ 三维目标不能分开写。

○ 教学目标要按照“四要素”表述。

○ 每条目标要具体,知识点、能力点等要写清楚。

三、教学过程

○ 教学过程要具体,要有教学过程的展开,不能概括,不能写成标题式的过程。(研究用教案用陈述式,不要用表格式)

○ 教学过程的环节要清晰,各环节要有相应的作业,明确学生的学习活动内容、方式与要求等。

○ 教学过程中要清晰看到每一条教学目标的落实在什么地方,怎样落实。

○ 教学过程中涉及教师智慧表现的地方要做点评,用方框表示。

教师智慧主要表现在两个方面:

一是教学创新,对照自己过去、对照别人、对照本本(例如参考书)有什么改进或者创意。

二是通过什么具体方法提高教学实效，学生学得好。（“十条要则”的运用）

四、教学反思

○ 提出本教案的教学智慧表现在几个方面，并阐述这些智慧表现为什么是合理、科学的，分析的道理讲透。把点评的内容综合起来，进一步进行阐述。

○ 分点写教学智慧表现，每一点用小标题或者第一句关键句表明，后面的论述环绕小标题展开。

○ 提出的教学智慧不说套话，注意要在上述教案中可以找到的事实基础上才能进行分析阐述，不能无中生有，说空话，必须针对教案中的教学事实。教案中教学智慧是什么、表现在什么地方、为什么是教学智慧是关键，要写具体，讲透彻。

○ 教学反思与教学过程中的点评不同，点评是就事论事，点到为止，而且点评处较多，也简要。而教学反思是从几个点评的共同之处作分析阐述，要站在点评之上作分析。教学反思要充分揭示所蕴含的教学智慧，“点评”是事实基础，有了点评可以有利于教学反思。

○ 教案的教学分析、教学过程、教学反思三个部分是一个整体，必须环环相扣，在这三个环节中表现出教师的教学智慧。有了教学案例的教学事实，才可能有分析的东西。反思是案例研究的价值所在，讲出道道，但是呈现的教案是关键，没有教案本身，反思是不应该存在的。

○ 必须打破一般教案的思维定势，不要用平时认为的时髦话或者有“文采”的语句。应该先掌握智慧课堂教学的话语体系，并运用到教学中，反映在教案中。

第六节　“智慧课堂”教与学的评价

智慧课堂教与学的评价，是智慧课堂的重要组成部分，是对智慧课堂教学目标落实的检测，也是对智慧课堂教学的整体反思，起着促进教与学发展的作用。

我们对智慧课堂教学评价的设计与实施经历了三个重要阶段：

第一阶段，是对评价整体框架设计。此阶段要解决智慧课堂评价对象，其特征如何体现的问题。当时我们提出了众多方案：

方案之一，课堂教学要素评价法。这个方案，从教学目标、内容、方法、过程与整体性、时效性、教学特点作为评价维度，并以评价要素作评价规定性；

方案之二，从课程教学三维目标与教师（教得智慧）、学生（学得智慧）两个维度建构，并辅以创新加分。

当时在讨论时，感到这两个方案没有区别智慧课堂教学与一般的课堂的评价，基本上采用了教学要素、教学目标建构评价维度，智慧课堂教学不够凸显，或者评价内容复杂。

第二阶段，确定智慧课堂教学评价的两个维度。根据"开启智慧，润泽生命"的基本理念，及智慧型学生、智慧型教师的表现要求，从智慧课堂教学表现的时空上考量，从而来确定智慧课堂教学评价的两个维度。第一个维度是老师的教，即预设智慧（备课）、实施智慧（上课）。第二个维度是学生的学，即学生在课堂上的智慧表现。

第三阶段是制定智慧课堂教学评价表。

通过一学期的使用，这个"智慧课堂教学评价表"基本可以用于实际的课堂教学，评价智慧教学水平可信度较高，教师基本认可。

我们通过智慧课堂，让学生懂得珍惜学习是一种生活的智慧，懂得了生命力的质量基石是心智健康。我们通过智慧课堂，让学生养成良好的学习心态、学习方式和学习习惯，使学习过程成为心智健康发展的过程。智慧课堂，旨在解决课堂教学内容的价值性与学生成长需要的矛盾、教师教学方式的陈旧性与学生过重学业负担的矛盾。

开启智慧，强调教学内容的科学价值，使学生学有所得；强调在学习过程中学生得到尊重，得到人文关怀；强调学习兴趣高涨、创新精神高昂，从学习中获得的满足感。我们聚焦课堂，关注教学，着眼于教学促进学生的有效学习，让学生学会学习，形成科学的学习方式，并帮助不同层次的学生从学习中感受自己的进步和发展，获得智慧感。我们关注"智慧"是强调教学的规律、教学的艺术、教学内容的科学价值。

智慧课堂，基于"开启智慧，滋润生命"办学理念，着力建构一种关注教育生命性、创设和谐的课堂气氛、建立良好的师生关系，优化教学过程，让学生处于良好的学习生态之中，师生在其中生命涌动、心灵交流的智慧课堂。

附：廊下小学“智慧课堂”教学评价表

学科________　　班级________　　教师________　　课型________　　日期________

<table>
<tr><th rowspan="2">评价对象</th><th colspan="2" rowspan="2">评价指标及要求</th><th colspan="4">达　成　度</th></tr>
<tr><th>好</th><th>较好</th><th>一般</th><th>需努力</th></tr>
<tr><td rowspan="8">教师</td><td rowspan="4">预设智慧讲究科学</td><td>目标明确：教学目标适当、清晰、具体、可操作，符合课标要求，适合学生学习基础，重视“层次性”和“生成性”，学生有认同和期待。</td><td></td><td></td><td></td><td></td></tr>
<tr><td>内容适切：教师对教学内容深入理解和合理取舍，重视“针对性”和“发展性”，学生乐于接纳。</td><td></td><td></td><td></td><td></td></tr>
<tr><td>策略有效：学生参与面广，自主思考时间充分；设计程序得当、展开有序，有效突破重点难点，教学环节时间比例合理；教学方法形式多样，注重“合作性”和“开放性”，学生能灵活运用。</td><td></td><td></td><td></td><td></td></tr>
<tr><td>评价多元：评价目标多元、评价手段多样、评价方式灵活、评价主体参与，关注学习过程与学习习惯，关注学生学习经历和学习收益的超越。</td><td></td><td></td><td></td><td></td></tr>
<tr><td rowspan="4">生成智慧讲究艺术</td><td>激情感染：教师语言生动，富有激情，有亲和力和感染力。</td><td></td><td></td><td></td><td></td></tr>
<tr><td>应变灵活：随机应变，因势利导，推波助澜灵活机智处理课堂与教学中出现的各类问题。</td><td></td><td></td><td></td><td></td></tr>
<tr><td>点拨引导：善于捕捉学生思维的火花和闪光点并予以引导，鼓励引导学生独立思考、质疑，提出有价值的问题，体现探究性学习和创造性。</td><td></td><td></td><td></td><td></td></tr>
<tr><td>赏识激励：理解学生异想天开的甚至无理的想法和做法，赏识成功、鼓励进步、帮助困难，有效调动全体学生积极情绪。</td><td></td><td></td><td></td><td></td></tr>
<tr><td rowspan="4">学生</td><td rowspan="4">乐学智学讲究主动</td><td>兴趣高：精神饱满，眼睛有神</td><td></td><td></td><td></td><td></td></tr>
<tr><td>坐得好：坐姿自然，思想集中</td><td></td><td></td><td></td><td></td></tr>
<tr><td>会倾听：听得清楚，动脑思考</td><td></td><td></td><td></td><td></td></tr>
<tr><td>勤发言：举手积极，大胆发言</td><td></td><td></td><td></td><td></td></tr>
</table>

（续表）

<table>
<tr><th rowspan="2">评价对象</th><th rowspan="2" colspan="2">评价指标及要求</th><th colspan="4">达成度</th></tr>
<tr><th>好</th><th>较好</th><th>一般</th><th>需努力</th></tr>
<tr><td rowspan="4">学生</td><td rowspan="4">乐学智学讲究主动</td><td>爱互动：小组合作，互动热烈</td><td></td><td></td><td></td><td></td></tr>
<tr><td>敢提问：质疑问难，主动探究</td><td></td><td></td><td></td><td></td></tr>
<tr><td>乐动手：动手操作，体验感悟</td><td></td><td></td><td></td><td></td></tr>
<tr><td>巧做题：仔细独立，又快又好</td><td></td><td></td><td></td><td></td></tr>
<tr><td rowspan="2">简要描述</td><td>特色与亮点</td><td colspan="5"></td></tr>
<tr><td>不足与建议</td><td colspan="5"></td></tr>
<tr><td>总体评价</td><td colspan="6">综合教与学，对整节课的总体评价：好（　　）；较好（　　）；一般（　　）；需努力（　　）</td></tr>
</table>

填表人：________

第五章　非同寻常的“廊小”校本教材

校本教材，要以“校”为本，要有鲜明的学校特色。

无论是小学还是中学，因地域环境的差异，校园的文化底蕴和人文气息都各不一样，学校的教育资源也会迥然不同。这迥然不同的教育资源，正体现了学校之“本”，学校之“根”。这“本”和“根”往往蕴含着丰富而深刻的教育意义。

“廊小”深厚的文化积淀和众多富有特色的文化项目是学校宝贵的财富。作为学校管理者，要尽力站在培养人才的制高点上，充分运用先进的教育思想，把学校这些特有的教育资源一一挖掘出来，根据学生的年龄特点和现有的知识结构，通过有系统地编写，使它成为一个个优质育人的经典教材。

第一节　校本教材要以“校”为本

一定的课程结构，是为一定的培养目标服务的。把校本教材列为中小学课程的组成部分，这对于我国中小学的课程建设有着极为重要的意义，是我国教育史上的重大突破。

校本教材，顾名思义，要以“校”为本。每所学校，随着地域环境的不同，校园文化底蕴的差异，人文气息的各不一样，学校的教育资源也会迥然不同。这迥然不同的教育资源，正体现了学校之“本”，学校之“根”。这“本”和“根”，往往蕴含着丰富而深刻的教育意义。

作为学校管理者，就要尽力站在培养人才的制高点上，充分运用先进的教育理念，把学校特有的教育资源一一挖掘出来，根据学生的年龄特点和现有的知识结构，通过系统地编写，使它成为优质育人的一个个经典教材。回忆我校十多年来的教改之路，那一本本或呈现在校园，或可歌可舞的富有立体感和鲜活生命信息的“校本教材”，正是我校师生以“校”为本的一大创造。

现举几例。

百年“廊小”所在地廊下镇，是金山莲湘的发源地，是中国莲湘文化之乡。早在上世纪50年代，廊下就流行打莲湘这项富有乡土气息的文化活动。这是一门集多种文化功能于一体的民间艺术。学莲湘，也就是学家乡史，学家乡的文化。作为传统民族文化艺术，莲湘以其独特的艺术魅力和较强的健身效果，有着培养民风的文化教育功能。于是，我们就充分运用这一“校本”之源，发动师生搜集材料，编写教材，制定课程，把“打莲湘”打造成别具一格——艺教和体教完美结合的“一校一品”，取得了令人赞叹的成绩。

“学鲜军”，则是“廊小”以校为本的又一亮丽特色。

在“廊小”的百年校史上，有一个特别引人注目、美丽而又闪光的名字，他就是张鲜军。1997年8月1日下午2时许，这位“廊小”的校友在金山石化戚家墩海滩边为抢救三个落水孩子而光荣牺牲。同年被上海市人民政府追认为革命烈士。当他舍己救人的事迹传开后，平时他默默无闻、习以为常的很多细小事迹也跟着浮出水面。事实上，爱他人、助他人，已是他生活的常态；诚实、勤劳，已是他一贯的作风；而上进、自强早已是他长期的追求。张鲜军从小是在学雷锋的环境中成长起来的，他的优秀品质就是雷锋精神的体现和写照。这是我们身边的特殊的教育品牌。因此，我校在最初收集大量的鲜军事迹的基础上，组织教师编写校本教材。我们从鲜军平时的学习生活和工作中，挑选了一些适合小学生理解的材料，编写了适宜小学生阅读的20个鲜军故事。

为使“学鲜军”进一步有效地开展下去，2012年，我们又组织力量编写了一本适应时代需要、更贴近学生实际的校本教材——《闪光的年华——廊下雷锋张鲜军的故事》。这本教材，以生动的文笔，真实地记述了英雄的一生，寓教于英雄的一颦一笑、一点一滴、一言一行之中。这样的校本教材，也是百年廊小绝无仅有的。

运用拍手歌对学生进行行为规范教育，这是我校的又一创举。2006年，学校遵循儿童的心理特点，根据教育、教学的需要，正式出版校本教材《我爱廊小拍手歌》，共30首。通过近十年的努力，它已成为学校德育教育的品牌。2011年，拍手歌荣获上海市中小学德育教育十佳优秀项目奖；2013年，拍手歌又荣获上海市教育系统校园文化十佳优秀项目奖。为什么短短3年能荣获上海市双十佳？因为拍手歌营养好，味道好，听觉好，效果好，具有生命活力，深受学生欢迎。

最近几年,我又陆续写了70多首拍手歌,亲眼目睹了学生对拍手歌的喜爱之情,为此,我更坚信,拍手歌是对学生进行行为规范教育的好途径、好形式。同时,我也更坚定,创作更多更好的拍手歌献给学生。

运用"何鄂雕塑馆"开设玩泥巴课程是"廊小"又一个特色。

2014年建成的"何鄂雕塑馆"展出作品图片80余件,原作20件,其中有何鄂的处女作、代表作、成名作,这些作品充满着对历史的追寻、对大爱的执着、对艺术的钻研、对教育的倾情,是学校得天独厚的教育资源。为此,学校开设了玩泥巴课程,编印了雕塑折页,编写了校本教材,创建了雕塑专用教室和学生作品展示室,并分年级对习得雕塑提出了整体方案。玩是儿童的天性,玩泥巴每个学生都喜欢。通过玩泥巴,拓展了学生有关雕塑的视野,增长了学生书本外的知识,培养了学生的动手能力,陶冶了学生美的情趣,是学校非常有潜力的一门校本教材。

打莲湘、学鲜军、拍手歌、玩泥巴,凡此等等,这些校本教材,无一不是"以校为本"的。所以,它的生命力特别强,不仅深受学生喜爱,而且效果特别好,成为学校教育的一个个亮点。

以上列举的这一本本校本教材,仅是"以校为本"的一个方面。其实,在我校的校园中,还有不少立体的、系统的、有历史纵深感的校本教材。

不是吗?走进"廊小",走进"五园三区、一阁一馆、双十景",这里,处处充满生机和活力,时时散发着浓浓的乡土文化魅力,它不是学校非常珍贵、非常有价值的校本教育资源吗?为了使这"五园三区、一阁一馆、双十景",更具教材化,我亲笔写了两万字的导游词,供"廊小"小导游使用,以起到"声"与"情"与"景"相互交融的教育作用。

第二节 别具一格的"廊小"校本教材

一所学校的校本教材,往往是一所学校办学特色的体现。因为校本教材彰显的,不仅仅是一所学校独特的教育资源,更反映了学校不一样的师资,不一样的教育水准。

我校虽是一所乡镇小学,但由于有着114年的办学历史,有着深厚的文化底蕴,有着取之不竭的教育资源,这为我校校本教材建设打下了坚实的基础。

历史是一本厚重的书。为了留住历史根脉,2002年,我担任"廊小"校长后，面对着即将到来的百年校庆，我带领班子成员，发动教师，特别是已退休的老校长、老教师四方征集校史资料，追寻“廊小”百年文化。经过一年的整理精选，一本近 15 万字的百年校庆纪念册——《百年廊小》终于编成出版。2014 年，110 周年校庆期间，我又编写了《百年廊小斗姥阁》纪念册，其中补充了大量的新挖掘出来的珍贵史料，又增加了新百年新十年的章节。两本纪念册为学校开展爱国主义教育、民族教育和实施素质教育提供了最真实、最生动的教材，也为我校别具一格的校本教材建设打下了很好的基础。

百年校庆之后，我脑中想得最多的是，如何将历史和文化穿越时空，把它物化成一个个景点，使它成为一部立体教科书。于是，在这一思想的指导下，我带领师生开始了一项长达 10 年之久的校园文化建设工程，先后创建了“创始人纪念碑”“革命烈士张鲜军雕像”“百年庆典纪念碑”“书山有路雕塑”等 10 多个人文景点。这些景点，是廊小百年历史的浓缩和凝固，是活生生的教材。当时，我们虽没有用笔把它撰写成看上去很显眼的“校本教材”，但这一个个立体的、物化了的校史故事，确实是最具感染力的生动教材。它能让孩子们一进校园，就会时时处处感受到历史的熏陶、文化的感染。这一个个景点，我认为，就是一本本别具一格的校本教材。

不是吗？早在八九年前，中国人民大学教授、博士生导师程方平先生在考察了百年廊小后，就曾作过这样不寻常的评价：“我走过无数国内国外城市和乡间的学校，见过无数标新立异的校本教材，给我感受最深的，是廊下小学这立体的、系统的、有历史纵深感和鲜活生命信息的‘校本教材’，它已经超出了通常我们思想中认识的‘校本教材’的作用和功效，是‘润物细无声’的环境熏陶、‘睹物思情’的历史浸染、‘英雄贤达’的言行引导、‘名言古训’的暗示和启迪，等等。能与学校的日常教育教学水乳交融地结合在一起，构成学校教育的有机整体。”

程教授所言极是。是啊，这些在外人看来也许并不怎么宏伟壮观的“景点”，但在教育者的心中，它却蕴含了丰富深刻的教育意义。随后，在这十大人文景点的基础上，我校又借助“校园安全工程”，用了三年时光，新建了“静渊亭”“何朱两先生铜像”“1917 年老照片石刻画”等十大新人文景点，使“廊小”进一步成为一座绚丽的“校园人文博物馆”。我打算，在我退休前再打造十个景点，并编辑出版《百年廊小三十景》。我们打造景点，不是为打造而打造，是为传承而打造，为教育而打造，为文化而打造。

为使这“双十景”更具教育意义，更具操作性，可授性，我们组织教师，并借助“升力”，先后正式编写出版了《十大人文景点》《百年廊小二十景》。

我们还利用“何鄂雕塑馆”进行了系统勾画，开设了雕塑课程，编印了雕塑折页，编了校本教材，创建了雕塑专用教室和学生作品展示室，并分年级对习得雕塑提出了整体方案；我们还专门设计、创建了一间具有民族风格和富有文化气息的专用书法教室，编写“书法”习得校本教材，有专职书法教师分年级进行传授。

我校的校本教材，虽没有别校的那样洋洋大观，但却本本“以校为本”，本本具有鲜明的特色。

一是将校史文化平面变为立体，使之成为具有“鲜活生命信息”的生动教材。

比如，我校的“特殊的教育品牌”——学鲜军，做鲜军式的好少年，早在2004年“廊小”百年校庆时，全国著名雕塑家何鄂就根据张鲜军烈士的英雄事迹雕塑一尊“勇敢的鲜军”的雕像赠送给学校，如今作为“双十景”中一“景”，矗立于桃李园中。学生们在学习校本教材《闪光的年华——廊下雷锋张鲜军的故事》时，在歌唱《做鲜军式好少年》校歌时，再来瞻仰一下烈士的塑像，读一读旁边石碑上何鄂写的那首散文诗《勇敢的鲜军》，那就更具有真情实感。

二是将特色活动系统化，使之能更好地发挥课程功能效应。

比如，我校的特色系列活动课程“民间艺术——打莲湘”，作为一门课程排入了全校拓展课程表中，普及到每个学生，做到凡是“廊小”毕业的学生人人都会打莲湘。我们通过“天天有莲湘操、周周有莲湘课、月月有莲湘赛、学期有主题课，年年有莲湘节”和“人人有莲湘棒、班班有莲湘队”来营造浓厚的莲湘氛围，以说莲湘、玩莲湘、打莲湘、传莲湘、写莲湘来凸显“莲湘健身、莲湘娱乐、莲湘怡情、莲湘益智、莲湘育德、莲湘育人”的功效，给学生生活带来了道不尽的莲湘乐，抒不尽的莲湘情，讲不完的莲湘缘，美不尽的莲湘颂。

三是教材充满“鲜活生命信息”，深受小朋友们喜爱。

比如，校本教材《我爱廊小拍手歌》，之所以能在“廊小”校园扎根、开花、结果，成为教育的“常青树”，一是因为它源于内容的生活化，贴近小学生的生活，气象万千，不单调，不枯燥；二是因为它在不同教育层面的上下接气，相互影响，融为一体，并始终紧随时代脉搏，结合校情，联系学生实际，使许多教育内容充满童心、童趣和童真。

四是将小朋友喜欢的项目做深做透,做大做强。

比如,学校墙上有两面深受小朋友喜欢的围墙画廊,其中北围墙上画着春节、元宵节、清明节、端午节、中秋节、重阳节等六个中国传统节日,每一个节日分别用一首拍手歌和一幅农民画表达,小朋友非常喜欢。每到这些传统节日,老师总要带着学生去看一看、说一说。但我们觉得还不够,层次不够深。从2018年开始,我们着手编写校本教材《中国传统节日》,共六个单元,从带有乡土特色和学校特色的农民画与拍手歌入手,全面解读六个主要的传统节日。第一单元春节,细数春节传统习俗,例如贴倒福、摇竹头、拜年等,学生能够学会餐桌礼仪,同时制作节日物品。第二单元元宵节,在了解元宵佳节习俗的同时,学生能够有孝顺父母的思想,学会廊下传统文化打莲湘,懂得制作莲湘棒。第三单元清明节,了解先烈事迹,扫墓礼仪,探究清明历史,学生能够积极参与公益活动。第四单元端午节,参与赛龙舟等传统活动,懂得比赛礼仪规范,能够制作端午小香包。第五单元中秋节,了解中秋节为什么要与家人团聚、赏月,在节日中学会送礼礼仪、制作手工月饼、探究月圆传说。第六单元重阳节,了解登高、敬老习俗,学会制作传统纸鸢,懂得敬老礼仪,参加社会志愿者活动。这本书准备从知习俗、讲礼仪、善制作、能探究、会展示五个不同方面,针对每个传统节日进行具体的指导和方案策划,为开展教育活动提供有效的指导。

小朋友非常喜欢十二生肖,我们设想2019年把东操场围墙上《中国十二生肖》也编成校本教材。

"廊小"校本教材的这四大特色,缘自"廊小"的不一样的培养目标——"倾心培养快乐生活、健康向上、能歌善舞的开心果和全面发展、兴趣广泛、敢于提问的智多星"。为更好地实现这一培养目标,我们在《廊下小学十三五发展规划》中,特地就"拓展型课程"作出了规划,共分七大类:校园节日课程、主题教育课程、社团活动课程、体育活动课程、兴趣分流课程、社会实践课程、智慧阅读课程。这七大类的"拓展型课程",同"基础型课程"和"探究型课程"一样,都是其落脚点,都是要培养出学校所期待的——"快乐生活、健康向上、能歌善舞的开心果和全面发展、兴趣广泛、敢于提问的智多星"。

第三节　学校标识:凸显学校个性的声形结合的校本教材

学校标识,就是带有鲜明学校特征的特别记号,是指一所学校为了获得社会的理解与信任，将其办学的宗旨和文化内涵传达给公众而建立的视觉、听觉相结合的立体式的形象系统。

百年校庆后，我校逐步构建了一套文字、符号与行动文化相结合的标识文化体系，将学校的优良传统、办学理念、办学特色和办学追求等抽象因素，转换成易被识别、记忆并接受的符号系统，以标准化的视觉形象呈现给全校师生员工和社会大众，从而使人们对学校形成清晰的形象概念和文化认知，起着明责、励志、抒情、奋进的教育鼓舞作用，对于进一步增强全校师生员工的认同感、归属感、自豪感和凝聚力，进一步塑造学校文化形象，提升学校文化品位、打造学校文化品牌，具有重要意义。

一、校徽

校徽呈正圆形，图案以“山”字构成，新颖、简洁、美观，节奏韵律感强；色彩由红、绿、黄三色组成，绿色代表春天和学校地处现代农业园区，黄色代表阳光，红色代表生命。外环是中英文校名全称，图案左边建筑象征学校创始时的校舍“斗姥阁”，数字“1904”表明建校时间；图案右边是学校第一景点——西校门的缩影；中部圆柱形似一支笔，又似一根栋梁，三面梯次墙面恰似三本书，含有唐代大诗人杜甫“读书破万卷，下笔如有神”的诗意；水平线为一根莲湘棒，示意学校富有特色、远近闻名的地域文化——打莲湘；“开启智慧，润泽生命”是学校办学的核心理念。校徽寓意百年廊小具有深厚的文化底蕴和美好的理想追求，展示了廊小学子每天走进校园“天天要写好字，天天要读好书，天天要搞好活动，长大了做祖国的栋梁之材”的精神风貌。

二、吉祥物：乐乐和星星

“倾心培养快乐生活、健康向上、能歌善舞的开心果和全面发展、兴趣广泛、敢于提问的智多星”是我校的培养目标。为了让学生更喜欢“开心果”和“智多星”，人人争做“开心果”和“智多星”，学校又请学校创始人后裔、高级工艺美术师何顾继德先生根据我的想法创作了学校吉祥物：乐乐和星星。乐乐，就是“开心果”，星星，就是“智多星”。乐乐，最大的特征是开心，她的眼睛像粒开心果，两只辫子伴随三粒黄黄的开心果在不断舞动着，双手得意地撑住下巴，象征天真活泼、阳光快乐；星星，最大的特征是乐思，他的眼睛像颗小星星，头发伴随三颗闪亮的星星像火花一样在不断跳跃着，双手托住下巴，象征乐于思考、富有智慧。

用吉祥物代表学校的培养目标是学校的一个创举，我们把吉祥物做成标牌，让学生天天佩戴在胸前，学生感到很自豪。我们还把大大的吉祥物挂在学生天天走过、天天看见的教学楼外墙上，乐乐和星星似乎天天在和每一个学生打招呼。

三、校旗

校旗上，中间是学校校徽，上面是学校名称——上海市金山区廊下小学，下面是代表学校校树和校花的雪松叶子和梅花，整面校旗既富有文化内涵又非常美观。学校重大活动有校旗飘扬，很有学校归属感、自豪感。

四、学校校训

学校的校训为“文渊德厚，志远行近”八个字，这八个字有故事、有内涵，是一笔宝贵的精神财富，时时激励着每一个“廊小”人。“文渊德厚”与创始人何静渊有渊源，“志远行近”与另一位创始人朱志贤有渊源，且“文渊德厚”还与创始人何静渊的后裔何顾继德有关系，非常接地气。现在，我们对校训赋予新的内涵，既有历史积淀，又有时代意义：

> 文渊德厚：学识渊博，道德高尚。
>
> 志远行近：志向远大，脚踏实地。

我们有两个校门，对准校门都摆放了一块大石头。靠近漕廊公路的北校门的石头上刻着由中国人民大学程方平教授题写的“文渊德厚”，对准学校创始人之一朱志贤故居的西校门的石头上刻着由著名书法家、中国书法研究院副院长李鑫华先生题写的“志远行近”。这八字校训，天天与师生见面，又有故事相伴，非常有意义、有价值。

五、校歌

校歌，是学校精神风貌的重要标志，与校徽、校训、校风等相得益彰。它集中体现了学校的优良传统、办学理念、办学特色和办学追求，是学校优良校风及教风、学风的高度概括，起着明责、励志、抒情、奋进的教育鼓舞作用。

我校共有七首校歌：

主歌：《做鲜军式好少年》。

副歌：《好美的花园学堂》《上课乐》《课间乐》《莲湘乐》《上学乐》《放学乐》。

这一“主”六“副”的七首校歌，不是一下子连续创作完毕的，而是在创作了主歌，并尝到了唱校歌的甜头后，根据需要，不断地出现创作欲望，成熟一首创作一首，最终形成了这七首校歌。

这一"主"六"副"的七首校歌主题，我们称之为"鲜军引领，美景怡情，五乐伴行"，融合了学校的办学传统、理念和特色，凝聚了学校对学生的所有情和爱，寄托了老师对学生所有的勉励和希望。

现在，中午 11:30 分到 12:00，校园广播里连续滚动播放七首校歌，成为全校学生中午休息时最快乐轻松、最甜美可口的营养午餐。少先队活动、两分钟预备铃、课间、大舞台表演，学生们常要高歌一曲，时时唱响他们成长中最美好的心声。

六、校树校花

2013 年，学校建造了一个松梅园，里面有一棵近八十年的大雪松，两棵小雪松，两棵近百年的红梅，十几棵颜色各异的小梅花。为了让学生印象更深刻，我又通过评选雪松为校树，梅花为校花，并竖了介绍校树校花的牌子，加深学生对雪松和梅花的印象，进一步让学生记取梅花和雪松那坚强不屈的精神。现在的独生子女大多吃不起苦，经不起困难挫折，需要一种坚强不屈的精神。所以建造一个松梅园，用松梅精神教育学生，我们觉得非常有意义。

校树：雪松

品质：无论严寒酷暑，疾风暴雨，永远昂然挺立，四季常青。

寓意：碰到挫折时，要像雪松一样昂首挺胸，天天向上。

校花：梅花

品质：不经冰天雪地，寒风刺骨，哪来迎春吐艳，芳香扑鼻。

寓意：碰到困难时，要像梅花一样自信自强，永不低头。

我校"校徽、校旗、吉祥物、校训、校歌、校树、校花"这样的学校标识，形象生动，可视性强，成为学校独一无二的校本教材，时时影响、感染、激励着"廊小"每一个学子，甚至让人铭记一生。

第四节 知识问答：一本简单、实用的校本教材

我校没有室内活动场，但我们在西操场建了个室外古色古香的大舞台。

我们让每一个学生有机会上舞台，每个年级每学期半天在欢乐大舞台搞活动。我们有活动仪式：以年级联合中队举行主题集会；我们有活动口号：欢乐大舞台，雏鹰展风采，人人上舞台，班班展风采；我们有活动评比：每次都要评出最佳行为规范奖和最佳舞台表演奖；我们有活动亮点：把学校的特色作为保留节目尽可能地在舞台上展示出来；我们有活动人气：学生人人上舞台，年级组教师人人到场，人人有事干，每次活动都要请每个学生的家长一起参与活动，部分老师和家长还要和孩子上台表演。你听：

欢乐大舞台

你拍一，我拍一，廊小舞台真亮丽，古朴典雅有人气。
你拍二，我拍二，联合中队汇这儿，主题集会好样儿。
你拍三，我拍三，人人上台风采展，阳光自信多灿烂。
你拍四，我拍四，班班亮相比一比，不甘落后有志气。
你拍五，我拍五，能歌善舞踏音符，多才多艺绘前途。
您拍六，我拍六，知识问答争举手，体育游戏达人秀。
你拍七，我拍七，老师家长齐参与，加油助威高潮起。
你拍八，我拍八，节目个个顶呱呱，传承创新大家夸。
你拍九，我拍九，时间太短还想留，意犹未尽不肯走。
你拍十，我拍十，廊小学生好福气，欢天喜地长志气。

在欢乐大舞台活动中，有一个深受小朋友喜欢的保留节目：校园知识问答。我们汇编了学校最重要的校园知识二十题，浓缩了校园文化的精华，留给学生浓浓的母校情结——

百年廊小校园知识问答

1. 我校的办学核心理念是什么？（开启智慧，润泽生命）

2. 我校的培养目标是什么？（倾心培养快乐生活、健康向上、能歌善舞的开心果和全面发展、兴趣广泛、敢于提问的智多星）

3. 我校的校训是什么？（文渊德厚，志远行近）

4. 我校的校风是什么？（方方正正做人，踏踏实实做事）

5. 我校的教风和学风是什么？他们之间有什么关系（教风是爱教，善教；

学风是乐学、智学。教学相长，只有教师爱教学生才会乐学，只有教师善教学生才会智学）

6. 我校的新师生观指什么？（每个学生在老师的心目中都是好学生，每个老师在学生的心目中都是好老师）

7. 校徽上面的文化符号各代表什么？（校徽上左边房子代表学校斗姥阁，“1904”代表学校创建于1904年；右边是西校门的柱子和围墙，这根柱子像一支笔，又像一根栋梁，围墙像三本书，寓意廊小学生走进校园天天要读好书，天天要写好字，长大了做祖国的栋梁之材；地上的竹竿代表学校的一校一品打莲湘；“开启智慧，润泽生命”是学校的办学理念）

8. 我校的吉祥物是什么？（学校的吉祥物是乐乐和星星，乐乐代表开心果，星星代表智多星）

9. 我校的校树和校花是什么？我们要学习松梅什么精神？（雪松是学校的校树，梅花是学校的校花。我们要学习雪松和梅花坚强不屈的精神，碰到困难不低头，碰到挫折不屈服，要昂首挺胸，积极向上）

10. 我校有几首校歌？主歌是什么？副歌是什么？（学校有七首校歌；主歌是《做鲜军式好少年》，副歌是《上课乐》《课间乐》《莲湘乐》《上学乐》《放学乐》《好美的花园校园》）

11. 我校学生的精神风貌是什么？哪个景点代表廊小学生的精神风貌？“能歌善舞雕塑”中的“歌”和“舞”主要指什么？（廊小学生的精神风貌是“阳光自信，活泼可爱，快乐健康”；“能歌善舞雕塑”这个景点代表廊小学生的精神风貌；“能歌善舞”中的“歌”主要指“拍手歌”和六首校歌，“舞”主要指“莲湘舞”和上课乐集体舞）

12. 我校提出的“三个一样”是哪三个一样？（校内与校外一个样；老师在与不在一个样；有人督促和没人督促一个样）

13. 我校提出的“每天四问”是哪四问？今天，我努力进步了吗？今天，我上课提问了吗？今天，我露出微笑了吗？今天，我帮助他人了吗？

14. 我校“五园三区”指什么？“一阁一馆”指什么？（五园指“桃李园、松梅园、莲湘园、童趣园和稚乐园”；三区指运动区、表演区和休闲区；一阁指“斗姆阁”，现在是学校的“校史馆”；一馆指“何鄂雕塑馆”）

15. 我校有二十个景点，你能讲出多少个？（西校门、校训石、书香苑、欢乐大舞台、开智石、老照片石刻画、静渊亭、志贤门、何朱两先生铜像、何朱两先生纪念堂遗址遗迹、老房子、张鲜军雕像、思源石、百年老井、百年校庆纪念碑、张鲜军铜像、牡丹石、书山有路雕塑、能歌善舞雕塑、思乡泉)

16. 我校创始人“何朱两先生”具体指哪两位?我校的第一个校舍叫什么?第一个校名叫什么?(何静渊和朱志贤两位先生;学校的第一个校舍叫“斗姥阁”;学校的第一个校名叫“开智初等小学”)

17. 何鄂奶奶是谁?何鄂奶奶在我校办了一个什么馆?(何鄂奶奶是学校创始人何静渊的后裔、全国著名雕塑家;何鄂奶奶在学校创办了“何鄂雕塑馆”)

18. 我们学校校园环境非常非常漂亮,是谁设计的?用了多少时间?(我们学校校园环境是由何鄂胞弟、学校创始人后裔、高级工艺美术师何顾继德先生设计的;何顾继德爷爷整整用三年时间设计了美丽而富有文化的校园)

19. 东操场上的围墙上画着十二生肖分哪六对?(老鼠和牛;老虎和兔子;龙和蛇;马和羊;猴和鸡;狗和猪)

20. 中国传统节日墙上用一首拍手歌和一幅农民画解释一个传统节日,共有哪几个传统节日?(共有“春节、元宵节、清明节、端午节、中秋节、重阳节”等六个传统节日)

如果这些知识让学生单纯的记,学生可能感到枯燥,不感兴趣,不肯记,不愿记。但我们把它放在大舞台,以一个保留节目的形式出现,效果就不一样。学生觉得有趣、有劲、有味、有乐。我们有必答题,有抢答题,有奖品。每一次校园知识问答都把大舞台推向高潮。为了让家长也来更多地了解一下学校,进一步拉近家长和学校的距离,我们还给每个班级的家长留了一道知识问答题,家长们兴趣盎然。

这样的校本教材简单、实在、有用,接地气。实施、操作、评价均简易可行,现场氛围好,学生又喜欢,何乐而不为?

第五节 因地因校制宜,做好校本教材师资的选择与培训

有了接地气的校本教材,如何用好实施好,一项重要的工作就是要做好师资的选择与培训。

师资哪里来?我校的一条基本经验,就是要因地因校制宜。

我校的第一本校本教材《打莲湘》，就是一种地域文化的结晶。早在1989年，“廊小”打莲湘作为一个特色活动编入学校的兴趣小组。那时，莲湘活动不仅是“廊小”师生的喜爱，也是家长和社区乡亲们的喜爱，不少男女老少都会打莲湘，而且能打出各种各样的“花式”。因此，我们从探究乡土莲湘文化开始，诚邀当年积极投身于这项活动的老教师、老村民一起来进行“传、帮、带”。在他们的帮助指导下，我们先后收集整理出十四节莲湘操，而且在传承的基础上进行了一系列的创新，无论在道具、音乐还是在形式上都有了新的发展。这就为后来校本教材《打莲湘》师资的选择与培训打下了坚实的基础，从而使这一课程的教师，不再仅限于校内，校外也有着丰富的资源，他们随时随地并乐于为学校这一课程的开设作出奉献。

《百年廊小》，这是我走上校长这一岗位为“廊小”百年校庆最初编写的一本校本教材。在这一教材中，我们搜集到了很多丰富而又教育价值的校史资源，这既是学校文化的主要组成部分，也是学校核心价值观念的体现，百年校庆后，“廊小”经过两次精心打造，从最初的“十大人文景点”到现在的建有“五园三区、一阁一馆、二十景”，古朴典雅、风韵独特，如花园似园林，犹如一座校园人文博物馆，可谓景景关情藏底蕴、点点励志领后人，凸显“廊小”独有的育人环境。这是利用校史对学生进行爱国主义教育的不可多得的立体教材。

但如何读懂这些在外人看来并不雄伟壮观的“景点”里蕴涵着丰富教育意义，如何读取在人文景点背后代代相承的“文渊德厚、志远行近”的校训，这是廊下小学每个教育工作者都在积极思索、创新实践的一个有价值的课题。我们经过一番思索和研究，有针对性地编写了一本校本教材《我爱廊小小导游》，尝试让学生做小导游，由学生来讲解学校的美。这一创意赢得了师生的一致欢迎。于是，我们分批对学生进行了培训。学生通过培训，穿上小导游马甲后，自豪地介绍美丽可爱的校园，既锻炼了学生的口头表达能力和社交能力，又培养了学生热爱学校、感恩学校的感情，使学生更阳光自信，更活泼可爱。

《我爱廊小小导游》这本校本教材作为校园文化的延伸，在教会学生学会感受校园馥郁浓厚的文化气息之外，也另有侧重。从教学角度来看，我们的初衷是希望练就学生能说会道、口齿伶俐、出口成章的思辨与语言组织技能，此项校本课程的设立不求强记死背，而是专注于帮助同学在语文、自然科学、历史地理、社会交际等综合能力的提升。从育德的角度来看，重温校园文化背景下的历史拾遗，无论是开智石、校训石还是牡丹石，无论松梅园、莲湘园还是桃李园,无论斗姥阁、何鄂馆还是书香苑,其中的校史教育、感恩教育、爱国主义教育和两纲教育都如影随形,而感恩教育一直是廊下淳朴民风中极其注重的一条,乘凉谨记栽树者,喝水不忘挖井人。

如今,小导游们漫步在校园之中,文化气息扑面而来,睹物思人,触景生情,这使我们认识到只有踏上前人的肩膀才能站得更高些,这正像习总书记引用的“风物长宜放眼量”一样,新时期形势下,我们需要致力于学生综合素质的全面提高,这也是“廊小”自我要求与不懈奋斗的方向。“廊小”的明天,是“润物细无声”的环境熏陶、“睹物思情”的历史浸润,“英雄贤达”的言行引导、“名言古训”的暗示启迪。

《我爱廊小小导游》这本校本教材闪耀出了学校的办学智慧,诠释了师生参与校园文化建设的高涨热情,同时还离不开关心学校和谐发展的社会同仁给予的大力支持和竭诚帮助。我们充满着感激之情。当然,回报给大家的应该就是如何在今后扎扎实实把此项工作认真做好、做足、做透,让“小导游”又成为校园文化的一个经典、一个品牌,这才是真正的成绩和效果。

从《打莲湘》到《百年廊小》,到《我爱廊小小导游》到《斗姥阁》,到《中国传统节日》,这十多本校本教材,师资的选择和培训,我们都是本着“因地因校制宜”的原则进行的。从我校来看,大部分校本教材的师资从编写到实施,一般都可在校内解决。因为校本教材,其本身就是从学校的实际出发,以校为本的,在编写的过程中就考虑到了今后实施中的师资问题。

就校歌来说,我校有三位年轻的音乐教师,校本教材《七首校歌》就非常容易实施,而且一定能实施好,完全能让学生时时唱响快乐、幸福成长的心声。其他学校标识校本教材,一般教师都能胜任。

当然,学校在办学过程中,为进一步办出学校特色,师资在某一方面也会出现“短板”,需要借助外界力量,或通过其他途径来解决。

学校有一个松梅园,小朋友很喜欢。2018 年开始,学校在社会上聘任了一个国画老师,开设了一个学生国画班,从画校树雪松和校花梅花开始,因为画校树校花,学生兴趣盎然。

学校在低年级开设了一门编织课程,学校没有合适的教师,我们就聘请两位幼儿园教师来上这门课程,效果也非常不错。

2014 年,学校创建了何鄂雕塑馆,开设了雕塑课程,雕塑专业性比较强,一般的老师很难胜任,学校就特地招聘了一位雕塑专业的新老师,为搞好雕塑这门课程创造了条件。

我校非常重视书法教育，但随着教师年龄的老化，很快就会出现“青黄不接”。为了解决这一问题，使我校书法传统特色得以传承，并进一步发扬光大，我校特地从师范院校毕业生中招聘进了一位热爱书法的研究生，专门从事书法教育。如今，我们不仅有彰显民族风格的书法教室，而且有这位书法研究生的引领，组成了一个力量比较雄厚的书法教师团队，书法校本教材也即将应运而生。经过短短几年的努力，学校的书法教育成了我校一张亮丽的“名片”，2017 年上海市五年级书法等级考试，我校的毛笔字名列全区第一、钢笔字名列全区第二，取得了历史性的突破。

校本教材要以“校”为本，同样，校本教材的师资也要因地因校制宜，以“校”为本。

附录：媒体报道

多一点童趣

教育是一件大事，但对于孩子怎么教育是不能以大为优的。在这点上，上海市金山区廊下中心小学的做法给了我们有益的启示。该校把婴幼儿的童谣创造性迁移到小学教育活动中来，以校园生活为主要内容，采用孩子们喜欢的传统的"拍手歌"形式，让学生拍拍手、唱唱歌，在快乐中学知识、学道理、学做人，颇见效果。

"拍手歌"，大家耳熟目详，让它"高移"给小学生，也很有市场。廊下中心小学编成了 30 首的童谣校本教材《我爱廊小拍手歌》，并结合思品课、班队课、午会课等对学生进行民族精神教育。他们给部分拍手歌配上不同的曲子，让小朋友们学起来津津有味，又拍又唱，又跳又舞，又思又悟，乐在其中，益在其中，得在其中，别有一番韵味。

对此，校长朱保良有感而发："如果我们的教育多一点童心，多一点童趣，多一点童真，那么我们的教育一定会有效。"

对孩子的教育要童趣引路，这是由教育对象决定的。教育，不能千人一面，而要有所适从。小学生刚从幼儿阶段走来，他们最容易接受的可能是童谣之类的"小儿科"，这符合他们的认知特点。如创建节约型社会和节约型学校，要对学生进行勤俭节约的教育，如何让这些教育内容让学生容易记住并懂得节约的意义呢？他们编的"你拍一，我拍一，节约光荣心中记。你拍二，我拍二，浪费可耻红脸儿……"将大道理融于朗朗上口的小童谣里，少了"板面孔"，多了亲切感。

对孩子教育还要引导童趣。教育不是迁就，讲童趣并不是把它当成追求的唯一目的，而帮助孩子获得童趣的同时获得善良与真知，从而促进成长。教育家吕型伟在肯定用拍手歌的形式对学生进行教育时，对拍手歌中还缺少"学会关心”这方面的内容提出了建议,于是校长回家后连夜查阅了有关资料,然后一口气写了一首“学会关心”的拍手歌,不少学生认为这是30首中最好的一首。

显然,童趣中有教育与教育中有童趣,这是一篇文章的两个方面,值得一探。

(此文刊登于2006年5月15日《文汇报》,作者:苏军)

廊下小学:新优质的乡土样本

社区问卷满意率达到100%,全校适龄儿童按时入学率、结业率以及残障儿童随班就读率均达到100%;学生体质合格率逐年提升……

在充满诗情画意的上海市新农村示范区——廊下镇上,坐落着一所百年老校——金山区廊下小学。提到廊下小学,当地老百姓无不跷起大拇指,都说这是一所风气正、有特色的学校。

以教师的发展促进学生和学校的发展

刚刚送走愉快温馨的六一儿童节,廊下小学的孩子们又在翘首期盼中迎来了一年一度的校园节日——第七届校园英语节,这次的主题是"My China, my dream",吸引了全校师生的热情参与,师生们尝试着在英语学习中编织"中国梦",在交流中分享一个个年少梦想。

虽说学校地处上海远郊、沪浙交界,但致力于打造农村小学英语教育特色一直是学校不懈追求的目标。在日常的校园生活中进行课外英语内容的拓展教学,正是学校在英语学科建设中的一大亮点。比如,结合本地区特色,在区研训员的帮助下,学校相继开发并实施了一、二年级英语校本教材,并以洪恩节拍英语作为选用教材,利用早晨时间开展"英语早餐"活动,对低年级学生进行语音语调的训练。每学期,由教导处选定一定量的课外英语歌曲进行教学演唱,以此活跃课堂气氛,激发学生学习兴趣。为了使农村的孩子也有学用英语的良好环境,教师们还自编了《廊下小学校园英语100句》,每学期每个年段安排10句交际用语供学生学习使用,鼓励学生在课间尽可能地使用英语进行简单的交流……

"作为农村小学,老师们的教法并不落后,能够跟着二期课改开展教学。老师们还需要反思的是,如何在课堂上拓展一些内容,如何培养学生的听说能力，如何规范地使用课堂用语，如何给学生充分的发散思维空间。”这是8年前上海市教委教研室英语教研员、特级教师朱浦来到廊下小学听课后的感受。在校长朱保良看来，这鼓励背后无疑寄寓着对老师们更高的期望。8年来，廊小为此一直努力着，并取得了实效。

和不少学校一样，廊下小学也选派了部分教师赴区内和上海市的兄弟学校学习取经，使校内部分骨干教师迅速成长，但大部分教师长期形成的观念并未被打破：“新课改倡导的自主探索的学习方式只能适用于城区学生，农村学生的素质根本不行。”听归听、看归看，学校的课堂教学仍未有较大改观。

面对这样的状况，朱保良提出，要把二期课改的教学理念落实到教师的教学行为中，唯有开放每个教师的课堂，让教师们“在课堂磨炼中学会教学”，在不断地教学实践和反思中成长。“三步曲实践课”正是在基于面向学校实际、面向全体教师、面向课堂的理念下提出来的。2005年初，在两年的理论学习、实践探索后，学校开始了以“聚焦课堂，探索课堂教学有效性”为主题的“三步曲实践课的研究与探索”。

所谓实践课，是指具有研究性的教学课，但不是考核课和评价课，不打分、不排名次，目的在于实践锻炼。所谓三步曲，是由这样三步构成。第一步是指每位教师在备课组内上一节实践课；第二步是在第一步的基础上，每个备课组推荐一位教师（或毛遂自荐）代表备课组在组内上一节实践课；第三步是在第一步、第二步的基础上，由语、数、英、综合学科教研组各推荐1—2节课在学科教研组内上课。每学期一次，一学年一个循环。第一步的活动以个人为主，同伴互助为辅，重在发掘授课教师个体原有的经验；第二步的活动突出同伴互助合作，重在凝聚备课组群体的实践智慧；第三步是以专业引领为主，请区学科带头人或区教研员或专家现场指导，与教师一起备课、听课、评课，重在理念的提升。

“三步曲实践课”启动之初，很多教师不太理解，只求完成任务。数学教师张天生是一位有20多年教龄的中年教师，他起初觉得参与应付一下就够了。但是随着实践课的推进，他发现自己以往总是“包办”学生学习的不足，原来故步自封的心态彻底消解。而在体育教师邵军眼里，自己能从原来默默无闻的体育教师，到现在作为区体育骨干教师经常执教区教师进修学院组织的各种示范课，还获得过金山区体育课堂教学评优活动一等奖，这一切的变化，都离不开“三步曲实践课”的引领。

近几年，学校先后涌现出了一批优秀教师，2 人获区师德标兵，1 名青年教师获市教学评比一等奖，4 名青年教师获区课堂教学评比一等奖，多名青年教师获区课堂教学评比二、三等奖。最令朱保良感到欣慰的是，现在学校的魅力越来越足，虽然学校有近 80％教师的房子都买在石化、朱泾等地，但大家依然能够扎根学校安心工作。

让校史与校园融为一体

与不少学校建校史陈列馆室平时门庭冷落不同，廊小的校史几乎是在与自然融为一体的校园环境中陈列着，天天与师生见面。

走进廊小校园的人，都会有一种感觉，这实在是一所有故事的学校。学校有十大人文景点，蕴含了学校深厚的文化积淀，且每一个景点都有一个故事。还未进校园，就会看到学校的新校门。学校的新校门非常简朴，但含义深刻。大门右侧由一根圆柱与三面梯次墙面组成，那根圆柱形似一支笔，又象征一根栋梁，三面梯次墙面恰似三本书，整体寓意“读书破万卷，下笔如有神”，展示了廊小培养的学生“人人要写好字，人人要读好书，长大了做祖国的栋梁之材”的求知梦想。对于已在廊小执教、履职 30 年的朱保良来说，脚下的一草一木极具历史底蕴，廊小的历史传统他都如数家珍。面对教学楼一面墙上挂着的 1917 年全校师生的合影照片，朱保良告诉记者，廊下小学由何静渊先生创办于 1904 年，最初叫开智初等小学，已历经一个世纪的风风雨雨。

如今，学校南侧依然有一排陈旧的老房子，开窗的房顶、低矮的屋檐、残破的砖壁，还有风一吹会发出“丝丝”响的木窗，与新校舍形成强烈反差，曾有人提议砌一堵围墙或种一排冬青树遮挡起来。可朱保良却非常钟情这幢老房子，因为它有“故事”：这个老房子是廊下镇 20 世纪 30 年代的警察所，1937 年，廊小校舍被日寇全部烧毁，当年有识之士借用这幢老房子作校舍，断断续续办了 5 年。在这个老房子的旁边还有当年校舍烧毁后残留的三块柱石。2006 年，学校在老房子边种了桃树、李树等果树。现在看到老房子，就想到学校百年沧桑，历史悠久；看到石柱，就联想到日本侵略者多么凶恶残暴；看到桃树李树，想到百年育人，桃李满天下，硕果累累。

不仅如此，在校园曲径蜿蜒处，还坐落着百年校庆纪念碑、烈士校友张鲜军的雕像、开智石、学校创始人纪念堂遗址、书香苑、思源石等。廊小的十大人文景点,有的经历了百年风雨,有的还是数年前的新作,但都蕴涵了丰富深刻的教育意义。学校在2006年编辑出版了校本教材《百年廊小十大人文景点》,让见过无数国内外城市和乡间学校的教育专家程方平感受深刻的是,这一校本教材是“立体的、系统的、有历史纵深感和鲜活生命信息的校本教材……使润物细无声的环境熏陶、睹物思情的历史浸染、英雄贤达的言行引导等,能与学校日常的教育教学水乳交融地结合在一起……对于一所乡村小学来说,经济条件方面可能与城市的学校无法相比,但在精神和文化方面,不仅不会逊色,还可能有更多创新和改革的探索空间”。

廊小的教师们都记得,2004年借百年校庆之东风,彻底改建了旧校舍,让土墙变成绿树,让瓦砾变成草坪,让资源变成文化,让文化变成生活。学校没有像样的图书馆,而为了让师生拥有一个读书好场所,朱保良千方百计争取外援,并集资到13.1万元,2005年对原闲置的老食堂进行改建装修,朱保良更是亲自去市区采购书籍。此举得到了教育家吕型伟先生的关心和支持,吕老亲自为图书馆取名并题词“书香苑”。现在书香苑成了学生读书圣地和求知乐园。

校史与校园融为一体,不断丰富的校园环境,点点滴滴滋润着廊小师生们的精神世界。2012年,百年廊小十大人文景点荣获上海市教育系统十佳优秀项目。

学校德育可以如此受学生欢迎

迈入新的百年征程,学校提出,把每个学生培养成为快乐生活、健康向上、能歌善舞的开心果和全面发展、富有个性、乐于提问的智多星。如此具有童真和亲和力的培养目标,也不是拍脑袋的产物,而是与学校原名“开智”二字一脉相承的,且又融合了现代理念。如何实现这一培养目标,廊小给出的答案是,利用学校历史的、现有的、身边的、民俗的、地域的、学生需要的、喜欢的资源。

廊小的孩子们都非常看重一份廊小独特的荣誉,即每月一次的“鲜军式好少年”评奖活动。原来,曾在廊小就读的张鲜军,1997年8月1日下午在金山石化戚家墩海滩边为抢救三个落水孩子而光荣牺牲。这位出生于廊下镇勇敢村的农民孩子,成为勇敢村和廊小的骄傲。学校将鲜军事迹编成多个通俗易懂的故事,分为乐于助人篇、勤奋学习篇、乐观开朗篇、勤俭节约篇、吃苦耐劳篇、孝敬父母篇、诚实守信篇和自强自立篇，并开展了丰富多彩的活动，其中最受学生欢迎的是“鲜军式好少年”评选活动。每月每班评选 5 名鲜军式好少年，其中三名为综合表现优秀，两名是在某一方面优秀或进步明显，评选面向每一位学生，只要努力、只要有进步，人人都有可能当选，这个活动已经坚持了 16 年。2011 年，学校请上海著名作曲家左翼建和著名词作家陈念祖联袂创作了校歌《做鲜军式好少年》。每周的升旗仪式上、重要的活动场合中，学生们总要高歌一曲。“做鲜军式好少年”成了廊小学生的荣耀和追求的目标。2012 年，学校“学鲜军，做鲜军式好少年”荣获上海市“学雷锋，我践行”优秀项目评选二等奖。

“你拍一，我拍一，百年廊小有魅力。你拍二，我拍二，校园文化成特色……”一走进廊小校园，就能听到那节奏欢快、富有童趣的拍手歌。运用拍手歌开展德育工作是廊小非常知名而有效的经典品牌。那是缘起一次无意的邂逅。有一天，朱保良看见几个孩子在树荫下兴趣盎然地唱着童谣：“一、二、三，我们都是木头人，不许讲话，不许动。”朱保良突发奇想，为什么不把学校对学生的要求融化到儿歌中，让学生在玩玩唱唱中，学知识、学道理、学做人呢？于是，他结合当时学校开展的安全教育一口气写了第一首拍手歌《安全旋律》。第二天发给孩子们的时候，想不到大家都特别喜欢，起到了意想不到的教育效果。随后，朱保良在短短两个月内写了 30 多首，并正式出版了校本教材《我爱廊小拍手歌》。后来，朱保良又坚持写了 20 多首。“由校长亲自创编的拍手歌，内容非常丰富，既有赞美美丽校园、崇尚文明礼仪的，又有讲究学习方法、锻炼身体的，学校还给部分拍手歌配上曲子，进一步增强了拍手歌的艺术性与感染力，所以深受孩子们喜欢。”学校大队辅导员孙引忠告诉记者。老教育家吕型伟对拍手歌给予充分肯定，并亲自题词：“我爱廊小拍手歌”。少先队教育专家段镇特别为这一校本教材写了序言，儿童文学作家张秋生多次给拍手歌修改指导，儿童画家陆汝浩还为每首拍手歌和每篇导语配了插图。2011 年，学校拍手歌荣获上海市中小学德育十佳优秀项目。

在今年 4 月举行的“美丽中国梦，校园民族风”——上海市普教系统“一校一品”民族文化展示活动中，廊小的《莲湘乐》从入围的 233 个项目中脱颖而出，跻身于 12 个优秀项目之列。说起莲湘，这可是廊下镇一个富有特色的民间艺术形式，它历史悠久，相传有 300 多年，有史可考的也已有 100 多年。表演时，由一人、数人或数十人手执两端嵌有铜片、系扎若干彩色绸布细条、表面涂以色漆的莲湘棒,跟着哨子或乐曲敲击、起舞,场面非常壮观。廊小从上世纪 80 年代便开始在学校开展莲湘活动。在不断总结提炼的基础上,2006 年 5 月,廊小推出了校本教材《廊下民间艺术——打莲湘》,设置了课程,列入了课表,在体锻课中给每个班级开设一节莲湘课,并作为学生素质教育的特色项目加以重点推进,要求廊下小学每一位毕业生都能够打出一套漂亮的莲湘。目前,廊下已形成了"天天有莲湘操、周周有莲湘课、月月有莲湘赛、年年有莲湘节、人人有莲湘棒、班班有莲湘队"的特色活动,平时还与少先队争章活动、学科教育、家庭活动、社区活动等相结合,凸显"莲湘健身、莲湘娱乐、莲湘怡情、莲湘益智、莲湘育德、莲湘育人"的多重功效。近年来,廊小的莲湘舞相继获得市小学生表演舞二等奖、市教育系统校园文化优秀项目、第五届全国儿童艺术展演金奖,连续三届荣获金山区艺术节小学生舞蹈比赛一等奖,还在上海旅游节开幕式、上海世博会、上海国际艺术节上表演。

本学期,廊小掀起了校园游戏乐活动。每当下课铃声响起,孩子们便纷纷从教室后面的柜子里拿出学校专门购买的玩具,拉开架势玩游戏。在孩子们头顶头玩得不亦乐乎之时,经常还会看到教师的身影。如果哪一个班级课间游戏玩得特别好,还能获得一个特别的奖励——约校长一起玩游戏。不仅是校长,老师们也非常注重课间游戏育人,在游戏中和学生交谈,特别是与那些特殊的或外来务工人员子弟的学生进行交流,因为"在廊小老师的眼里每个学生都是好学生"。

近年来,学校先后获得全国中小学思想道德建设实践创新活动先进单位、全国艺术教育先进单位,上海市行为规范示范校、上海市校园文化环境建设示范校、上海市红旗大队、上海市中小学图书馆工作先进集体、金山区素质教育实验学校、金山区艺术教育特色学校等荣誉称号,朱保良本人也被国务院授予全国"两基"工作先进个人。校园越来越美丽,教师越来越敬业,学生越来越可爱,一所风气正、有特色的具有浓厚百年文化气息的新农村素质教育实验校,正在实现它新的发展。

(此文刊登于 2013 年第 6 期《上海教育》,作者:徐晶晶)

金山区廊下小学以校友马本初的家风为校风“方正做人”教诲莘莘学子

“方方正正做人，踏踏实实做事”——在金山区廊下小学，这两句校风被做成砖雕置于校门两侧，特别引人注目。“方正做人，是希望学生行好礼、说好话、做好事；踏实做事，是希望学生能养成从小事做起、从身边做起、从自己做起的务实作风。”廊下小学校长朱保良告诉记者，这两句校风来自“廊小”校友马本初的家风。

出生于 1917 年的马本初是金山廊下人。他自幼丧母，因生计所迫，12 岁就在一家南货店里当学徒，从早到晚搬货、晒货、挑水、扫地。尽管条件艰苦，秉持“方正做人、踏实做事”信念的他依然满怀读书报国之志，常挤出时间学习，17 岁那年考入上海国立中法公学院。为了省钱，马本初不在学校搭伙，常在街上买最便宜的食物充饥。由于外文基础差，刚进校时他功课跟不上，但他毫不气馁，只用了半年就赶上了其他同学，之后成绩一直名列前茅。同时，他积极参加抗日救亡运动，被选为该校学生救国会委员。

1937 年，“卢沟桥事变”爆发后日军大肆发动侵略。当年 11 月 5 日，日军从金山卫登陆，百姓纷纷出逃，马本初的父亲也决定去浙江避难。满腔热血的马本初不愿逃亡，向父亲要了 5 块大洋，联络了几个同学准备去延安投身革命事业。一个多月后，他在西安找到了八路军的办事处，经妥善安排最终来到了革命圣地延安，进入青训班学习。

翌年底，他加入了中国共产党。转战边区时，马本初将自己的名字改成了“方正之”。“我就是要老老实实、方方正正地做一个名副其实的共产党人！”在一次行军路上，他这样对战友说。在艰苦的环境里，他始终以乐观态度积极工作，完成党交给他的各项任务。新中国成立后，方正之先后在中共中央地区工作部和组织部工作，还曾担任劳动部办公厅副主任、代主任和党组秘书。

“方正做人，踏实做事”，这既是方正之的人生信条，也是他家人信奉的价值观。方正之的爱人侯荻以前是一名妇联干部，曾多次到内蒙古、山东、西藏等十多个省、自治区的基层调研。全国解放初期，男尊女卑的封建思想比较严重，村里开会很少吸收妇女参加。为了改变这一状况，侯荻在基层蹲点时给因家务缠身未参加村里会议的妇女另选时间“开小灶”补课。有的妇女不情愿来，她就挨家挨户去家里劝说，教妇女唱《翻身道情》，终于动员了全村妇女参加学习班。

在方、侯二人的言传身教下，他们的后代也都非常优秀，有的担任领导干部，有的致力于传承红色文化。今年 4 月初，侯荻和方正之之子、山西省晋绥文化教育发展基金会理事会副理事长马小鸣在晋绥烈士陵园参加了清明祭扫植树活动。“父母等革命前辈的精神和民族气节是我们宝贵的精神财富！”马小鸣说。

2004 年，廊下小学百年校庆时，校方挖掘出了校友方正之的故事，将“方方正正做人，踏踏实实做事”定为校风。“校风是一所学校的精神和灵魂。将校友的家风作为校风，旨在让孩子们从小学习革命前辈不畏艰险、无私奉献、坚韧不拔的民族气节，也是对中华民族传统美德的传承。”朱保良说。如今，廊下镇正以廊下小学校风校训为典范，推进家风家训建设，组织“名人家训讲堂”活动介绍方正之等人的家训，引导群众写家规、传家训、扬家风，金山区也正在全区开展“弘扬优秀校风，传承名人家训”活动，旨在以优秀校风、名人家训引导市民践行家庭美德。

（此文刊登于 2015 年 5 月 3 日《解放日报》，作者：茅冠隽）

杭州湾畔的廊下小学

两先生办学校开启民众智慧

清光绪辛丑年间，国家危机四伏，百姓贫穷落后，中华民族岌岌可危。又由于平民百姓文化落后，智力得不到开发，一些地方有识之士开始重视教育，勉励后辈求学读书，从而振兴中华。

1904 年(清光绪三十年)7 月，上海金山县廊下乡的名人何静渊(字汝诹，1867—1911 年)在镇上的斗姥阁创办开智初等小学，学校 7 月上旬招生开学，初期开设三个学级，共招收 23 名学生，利用一间房屋作教室，一至三年级为三复式教学。学校内还设有女塾，是全县第一所女子学校。1908 年正月，何先生又在光彭家沼租赁校舍开办南四启发学校，招收学生 11 人。

当时，乡里读书的风气虽有好转，但是，社会舆论对办新学女校的看法还不一致。为了开启学生的智慧，何先生在非常艰难的条件下，苦口婆心，循循善诱地引导启发学生。他广泛阅读报章杂志，普遍征求大家意见，想方设法扩大学校编制，提高办学效益。由于操劳过度，以至积劳成疾，于 1911 年过世，未能最终完成他的夙愿。

不久，廊下"西墙门"大宅出了位朱志贤(字炳文，1882 年生)先生，朱先生毕业于上海复旦学院，家世富而好义，是一位支持辛亥革命、热心公益事业的教育家、实业家。1913 年(民国二年)，市议会举荐朱志贤先生担任开智小学校长。朱先生接任开智小学校长后，出巨资在斗姥阁北面建造数间新校舍，不以地域为限，广收 33 名学生，开设四个学级，一、二、三、四年级均为复式，教师从原来的 2 名增加到 4 名。学校开设的科目有国文、算学、修身、劳作、体育、唱歌、美术。以后又增设了常识课，把"修身"改为公民课。高小还设英文、卫生、自然、地理、历史、社会等课程。几年后，学校规模和影响在金山与平湖都首屈一指，教育部嘉奖了朱先生，授予三等金质奖章。

朱先生一直认为办学就是为了报效社会，他曾经对朋友们说：人在年富力强的时候，正是应当为社会服务效劳的时候。1916 年，朱先生又捐资增设了高小，改名景阳高等小学，校舍大有扩展。1917 年，他又极力筹办中学，并曾计划增设工厂、商店，作为高小毕业学生实习的场所。可是计划刚定，朱先生却因病离世，宏愿未了。南社创始人之一高天梅为他写了挽联，南社后期主任姚光写了《吊朱志贤从表兄》一文，当时赴追悼会的有数千人。

1918 年，学校又改名为开智学校；到 1927 年，校名改为县立第七小学；1933 年，又改为廊下中心校；1937 年 10 月，日寇进犯，焚毁了学校的校舍，1940 年，学校借廊下旧警察所房屋复校；1945 年日寇投降，校名改为廊下乡中心国民学校；1949 年 5 月，金山解放，人民政府接管了学校，1950 年，学校改名为金山县廊下中心小学；1997 年，随着金山撤县建区，学校改名为金山区廊下小学。

马本初求进步投身革命运动

马本初，1917 年 11 月 6 日生于上海市金山县廊下镇。在开智小学上六年级时，为生活所迫，便到张堰镇协顺南货店当学徒。两年的学徒生活，他受尽了剥削和压迫。尽管日子过个很艰难，但求学的愿望在这个穷苦孩子的心中始终十分强烈。为了少花钱，小马考进了江苏省黄渡师范学校。他的语文教师——上海文坛的著名人物谭正璧，经常给他推荐进步书刊，并向他灌输一个人活着要为社会服务和热爱祖国的思想。老师的教导，对马本初的思想进步和爱好文学，都起了极其重要的作用。

1934 年，马本初考入了上海"中法国立工业学院"。在"中法"的两年多时间里，他读了很多进步书刊，热心无线电的研究和学习世界语。1935 年，面对国家危亡，马本初痛心疾首，积极投入抗日救国活动。在"中法"全体同学大会上，这个平时很不起眼的穷学生，竟然被选为该院学生救国会的领导成员之一。会后，救国会通电全国，发表宣言，反对"华北自治"，支持"一二·九"学生运动。马本初里里外外忙个不停，参加群众大会，印发传单，与校外务本女中、麦伦书院、震旦大学进行联络，并扩大游行队伍到市府请愿，带领大家高呼"要求政府枪口对外，停止内战"等口号。在校内，作为学联的代表，马本初到爱国人士沈钧儒的家去参加中国各界救国会的联席会议，研究讨论如何扩大宣传的事。会议决定，职救会、妇救会、工救会等各救国会应组织力量，分区分组在全市范围内扩大宣传。根据分工，马本初联络务本女中与“中法”同学在苏州河以北发表演讲，并高唱革命歌曲。在场的群众很受感动，主动募捐。1936 年 11 月，沈钧儒等爱国“七君子”被捕，引起爱国学生们的极大愤怒。事发后的第二天，章乃器的夫人胡子婴立刻派人通知“中法”学生会，要他们注意安全。马本初立刻和白孟云等同学迅速采取各种措施，把藏在学生宿舍和同学家中的传单、印刷品等进行转移和销毁，使来人的搜查落了个空。

1936 年 12 月，震惊中外的西安事变爆发后的第二天凌晨，马本初上街去买早点，忽然听到蒋介石被张学良扣压的“号外”声，他高兴得连早饭也顾不得吃，跑步回校向大家报告好消息。同学们高兴得跳了起来，热烈鼓掌。当时有的教员发起要求释放蒋介石的签名运动，马本初和一部分同学气愤地高喊：“蒋委员长不答应停止内战、一致抗日，决不释放!”并拒绝签名。

国内形势的发展，使“中法”的爱国运动一浪高一浪。同学们组织“新生歌咏队”和剧社排练节目进行演出，遭到反动势力和租界法警冲击，马本初在后台对付冲击，有同学在前台稳定观众。当法警蛮不讲理地占领舞台，胡说学生演唱的“保卫马德里”是唱“国际歌”时，引起全场哄堂大笑，把他们轰出了会场。

1937 年 11 月 5 日，日本侵略军在金山卫登陆，马本初联络了 8 位同学决定先到西安，再到延安，在共产党领导下参加抗日。到达西安后，中共在西安的八路军办事处决定先送他到安吴堡青训班学习，这成了马本初在人生道路上的重要转折点和新生活的起点。为纪念这一变化，他决心把马本初改为朗夏，意思是他现在生活在明朗的夏天和走在光明的大道上；另外这个名字也是家乡廊下镇的谐音，表示对家乡的怀念。青训班结业后，马本初被分配到陕北公学院继续学习时，便开始用“朗夏”这个名字了。1938 年 12 月，朗夏加入了中国共产党。

1939 年冬，国民党顽固派发起了又一次反共高潮——晋西事变，大批青年干部与洪赵纵队、八路军游击队边战斗边向晋西北转移。在行军的路上，有人开玩笑说：“朗夏，你的这个名字太热了，一年四季春夏秋冬，有热有冷，不能光过夏天。”朗夏觉得此言有理，便改名为方正之，意思是要老老实实、方方正正地做一个名符其实的共产党人。

1940年至1942年,日本鬼子对晋西北抗日革命根据地实行惨无人道的"三光"政策。在此期间,方正之写了大量揭露日寇暴行、鼓舞人民斗志的檄文。一篇题为《兴县基督教学的哀怨》的通讯,反映了一个并没有参战的挪威开设的教堂也被扫荡一空的真相,揭露了日本帝国主义不守信义和国际法的罪行,这篇文章登在《抗战日报》上,并被评为当年的优秀作品之一。那篇洋洋数万字的《日本纵横谈》分上下篇发表在《抗战日报》上。由他撰写的《社会发展史讲座》在《中国青年》晋西版上分七期连载,中共晋西区党委为这一讲座作出批示:"可作为基层干部的学习材料。"

在战争年代,方正之才华初露;新中国成立后,他又为劳动工资立法作出了突出贡献。

1956年,方正之被分配到中华人民共和国劳动部工作,先任部党组秘书,后兼任办公厅副主任、代主任。从1956年到1966年10年中,劳动部代中共中央、国务院起草的文件和劳动部本部的重要文件、报告、讲话、条例、法规等,绝大部分出自方正之之手。1957年11月17日,全国人大常委会原则批准《国务院关于工人、职员退休处理的暂行规定》等4个《规定》,经过一年的征求意见,再经过国务院全体会议通过,公布施行。为了4个《规定》的顺利实施,周总理要求劳动部代《人民日报》撰写社论。方正之将社论初稿写成后,亲自送中南海请周总理当面审阅指示。周总理阅后表示满意,当面略加修改,即告方正之送报社发表。那篇《我国劳动工资中的一件大事》的社论发表于1958年2月11日《人民日报》。周恩来总理亲自审定社论的情景,方正之永远难忘。

"十年浩劫",方正之遭受了残酷迫害,身心受到极大的摧残。1968年7月4日,在弥留之际,方正之竭尽全身力量,缓缓地举起右手,发出极其微弱而颤抖的声音:"中国共产党万岁!"这是一名忠诚党的事业的先锋战士留给世界的最后声音。

何穆为救国献身医学事业

1905年4月22日,何穆出生于金山县廊下乡五区头(现名勇敢村)的何家大宅,11岁那年进入廊下景阳高等小学。此后先后在上海中法通惠工商学校和上海震旦大学附中上学。此时,正逢国家内忧外患深重的时候。何穆爱读《新青年》等进步杂志,尤其爱读李大钊等人阐述马列主义和救亡图治的文章,他认为作为炎黄子孙，如何洗雪“东亚病夫”的耻辱，以抗拒帝国主义的侵略来振兴中华，这是一代青年人义不容辞的责任。1924 年秋，何穆考入马相伯主办的上海震旦大学医预科，毕业后自费赴法留学。

留学回国后，抗日战争爆发，何穆怀着抗日救亡的热忱，在国民党军队的伤兵医院当医生。1938 年，他去了重庆，在邹韬奋主办的生活书店担任医学顾问。在渝期间，他接触了不少爱国进步人士，萌生了要去革命圣地延安的愿望。经书店的好友中共地下党员李济安的联络，他在重庆八路军办事处见到了周恩来、董必武等领导同志，在周恩来介绍下，何穆怀揣 3 根金条，手提一台医用机，投奔延安参加革命。

到了延安后，何穆被任命为延安边区医院肺科主任，延安中央门诊部主任，陈云主动将自己的马送给何穆，为他行医创造良好的条件。1939 年 7 月 10 日，从重庆回延安的周恩来，因坠马右臂受重伤，情况十分紧急。但中央卫生处既无骨科医生，又无骨科诊断设备，在场的几位中央首长决定由傅连暲和何穆两位内科医生赶赴现场诊治。但两人毕竟不是专门的骨科医生，不禁有些紧张，额头上都沁出了细细的汗珠。周恩来见他俩不敢动手，忍着剧痛和蔼地鼓励他们：“不要紧，拿我做实验，就当是一次实习嘛。”听到周恩来如此轻松的话语，两人鼓起了勇气，运用仅有的一点骨科知识进行了诊断。由于当时延安医疗器材缺乏，他们仅发现周恩来的臂伤为右肘关节脱臼，却无法发现肱骨内髁骨骨折(裂缝)，于是只为周恩来做了脱臼整复，但未处理骨折。这件事后来成为何穆的终生遗憾。

也正是这一事件促使何穆向党中央建议在延安建立一个设备比较齐全的医院。这个建议很快得到党中央的同意和支持。经过两个多月的奋战，1939 年 11 月，一座建造在向阳山坡、有百多个窑洞作为医院用房、共分 9 层的中央直属医院落成了，远远望去，十分壮观。

医院建成后，何穆被任命为中央医院院长。他带领全院同志因地制宜、因陋就简，采取土洋结合的办法，使医务工作正常运转起来：病床是用几根木棍、几块木板制成的；医务人员需要讲究个人卫生，就架起一个周围打孔的大木盆，再接上胶皮管挂在钉子上，随时可以淋浴；手术室、产房、婴儿房既要保持一定温度又不能有灰尘，就用烧土坑的办法，砌成地炉火墙；手表极少，闹钟只有一个，为统一掌握时间，先设计制造一个日晷，再找一段铁轨吊起来敲，早晨 5 点到晚上 10 点之间，每小时报时一次；护士试体温、数脉搏，用玻璃试管制成的“沙漏表”计时；测试肾脏功能，应用尿素定量方法，只需比重计和量杯就能解决问题；治疗疟疾没有奎宁，用914注射液0.3克注射，也能达到同样效果。经过一年扩建，医院设置了内、外、妇、儿和传染等科以及药剂、化验、X线等室，病床达180张，医务人员有资深医生，也有刚到延安的医科大学毕业生，全盛时期包括护理人员达380人，门诊、治疗、护理工作秩序井然，一所比较正规的医院终于建成。一些国际友人和国统区民主人士到此参观，无不感到惊讶和赞叹。

1945年，蒋介石把内战的炮火烧到太行山革命根据地，中央委派何穆率队去那里开展医疗卫生工作，他又接受了参与领导筹建军区正规医院的任务。1946年7月1日，晋冀鲁豫军区白求恩国际和平医院正式成立。何穆关心伤病员，他说：“伤员们没有死在战场上，绝不能让他们在这里出问题。要想尽一切办法治好他们。”他每次查房，不仅查病，还要查抽屉、枕头和床单下，检查病人是否按时按剂量服药。他对病人饮食十分关心，当时副食品紧缺，何穆便用土办法制成可口的饼干。每天饮食，他常亲订食谱，注意病员输入热量。

医院一建立，培养医务人才，成了何穆另一个工作重点，他在医院附设医专学校和护士训练班。解放战争中，医院培训的大量医务人员分赴华北新解放区，为抢救伤病员作出不少贡献。当年的学员现已成为医务界翘楚的举不胜举。如当年仅15岁的“小萝卜头”护士班学员秦邦忠，今天已成为内科专家；何穆手把手教出来的陈鹤祥，如今已是放射学科专家。

解放后，何穆调任北京医科大学附属医院院长；1955年3月，作为我国著名的结核病专家，又奉调筹办中央结核病研究所。在何穆担任所长的22年间，在研究所内开创内、外、骨、儿等临床学科，使结核病临床从单纯内科向综合科室发展，从保守治疗向内外科结合、中西医结合发展。在为病人服务的前提下，开展了流行病学防治研究，还建立了系统的基础研究室，融科研、临床、防治于一体。

1978年，何穆担任国家卫生部顾问。他不顾年老体弱，还亲自领导了全国结核病流行病学抽样调查，并主持了全国第一次工矿企业结核病防治工作座谈会。他多次强调和建议结核病防治工作要为工农服务，把防治工作的重点放到农村去。

1989年12月，何穆病重住院。当知道自己的生命之火将要熄灭的时候，他嘱咐“不举行告别仪式”“后事从简，穿旧衣”“遗体不火化，献给北京医科大学，供科研或同学解剖之用”“家里不挂我遗像”，但“中共一大在南湖游船的图片要永远悬挂，应随时想到新中国来之不易”。字字句句，充分表现了一个共产党人的崇高品质。

张鲜军学雷锋勇救落水儿童

张鲜军，1975 年 12 月 20 日出身于廊下镇勇敢村的一个农民家庭，在廊下中心小学度过了他的小学时光。勇敢村地势低洼，农作物常常要被海水淹没，但村民们世世代代勇敢地坚守在这块土地上勤耕细作，力争有个好收成，因此村名定为“勇敢村”。在良好村风的感染下，小鲜军渐渐地懂得了应该做怎样的人。他学雷锋，勤俭节约，努力学习，乐于助人。从小学到高校，鲜军只用了三只书包；工作了，还穿着打补丁的长裤。在中专学习期间，他先后获得了上海市通用英语初级证书、上海市计算机应用能力初级优秀证书、上海市电算会计证书，并当上了校小卖部的义务进货员，经常蹬着黄鱼车往返十五六公里去进货。实习期间，鲜军的工作是负责职工考勤和记施工日记，可他每逢午休就到仓库帮助搬运材料、整理货架，一有空就主动帮助拉水泥、拖黄沙。公司根据他的出色表现，提前 4 个月结束了考察期，1997 年 5 月，鲜军当上了公司财务室出纳员。

1997 年 8 月 1 日下午 2 时许，金山戚家墩的丁字坝海岸边，欢聚着来自四面八方避暑消夏的人们，三名十二三岁的孩子正在海水齐腰的浅滩里嬉水。此时，正值落潮，海面看似平静，其实下部的海水正像抽水一般向外急流。一个浪头猛扑过来，无情地把三个孩子卷入了海水深处。被海潮抛来卷去的孩子惊恐地发出了撕心裂肺的呼救声。正在海边的张鲜军飞快地跑到出事地点，脱去 T 恤和长裤，拼命游向呼救中的孩子们。他奋力把第一个孩子推上了浅海滩，还来不及喘口气，便又下海抓住挣扎着的第二个孩子，尽力游向海岸。此时，他脸色苍白、精疲力尽了，然而面对海水中仍在拼命挣扎的第三个孩子，鲜军再次扑向大海，使出全力推着孩子游向海岸。这时，岸上有人跳入海中将救生圈抛向那个孩子，第三个孩子也从死亡线上被拉了回来。三个孩子得救了，而张鲜军却被紧接着扑来的一个海浪卷入了海底，海滩上只留下了他的一件白色 T 恤和一条浅色长裤、一副眼镜和一串钥匙。英雄的壮举，引起了各级领导和新闻媒体的关注。几经周折，一个星期后，人们根据那堆遗物终于找到了廊下镇，那串钥匙打开了廊下建筑工程公司财务室的大门，证实了那舍己救人的好青年正是廊下建筑工程公司的出纳员张鲜军。当年，上海市人民政府追认张鲜军为革命烈士。

廊下小学继传统营造校园文化

从以“开启智慧，报效社会”为宗旨创办“开智初等小学”至今，廊下小学已形成了浓厚的百年文化气息和深厚的百年文化积淀，学校围绕“以文化人，以智育人”这一宗旨，将校园文化建设作为推进素质教育的重要抓手，在传统中挖掘新意，在文化立校上勇攀高峰。风韵独特的“打莲湘”“拍手歌”“双十景”“学鲜军”是学校校园文化中的四张亮丽名片，尤其是根据校史设置的“双十景”，将校园建成了一个“人文博物馆”。优秀的校园文化，使学生在润物无声中得到精神的洗礼，思想境界的升华，正确价值观的树立，对学校“教育好每个学生，办一所老百姓满意、放心的家门口好学校”这一办学目标的实现起到了积极的推进作用。学校先后荣获全国教育系统先进集体、全国中小学思想道德建设实践创新活动先进单位，上海市教育系统文明单位、上海市校园文化环境建设示范校等诸多荣誉称号。

今日廊小，正继往开来，谱写新的教育篇章。

（此文刊登于 2015 年第 2 期《上海滩》，作者：徐本仁）

廊下小学开展“弘扬优秀校风 传承名人家训”实践活动

近年来，上海市金山区廊下小学细化社会主义核心价值观教育，以“弘扬优秀校风　传承名人家训”为载体，引导孩子们从小做人、从小立志、从小学习创造。

一是弘扬百年校训。廊下小学始建于1904年，积淀形成了“文渊德厚志远行近”的校训。为此，学校建成面积139平方米的校史纪念馆，将学校百年历史、校训的由来生动展现给师生，时时教育师生，使其成为廊下小学培育和践行核心价值观的有形课堂。

二是传播名人家训。学校注重将革命先烈、文化名人的家训作为德育教育内容，引导孩子们自觉学习和传承优良家风家训。著名抗日救亡领袖马本初，祖籍廊下，一生始终秉承“方正做人、踏实做事”的理念。2004年，小学百年校庆时，将其家风“方方正正做人、踏踏实实做事”定为校风，并做成砖雕，置于校门两侧，教导学生们学习革命前辈的革命精神和民族气节。学校还建起面积210平方米的“何鄂雕塑馆”，使其成为学生爱家乡、爱祖国的生动教材。

三是丰富校园文化。学校专门建立中国传统节日文化墙，图文并茂地展示春节、元宵、清明、端午、中秋和重阳等节庆活动在江南水乡的生活情景，使传统民俗民风变成赏心悦目、陶冶情操的景点，同时，将廊下文化名人的家训家教设计打造成十大人文景点，给校园增添了浓厚的民族文化韵味。

四是运用榜样引领。廊下小学良好的风尚和深厚的文化底蕴培育了一代又一代品德高尚的校友。1997年，廊下小学校友为抢救三名落水儿童而光荣牺牲，被上海市人民政府批准为烈士。学校坚持以张鲜军为榜样，通过拍手歌、诗歌、雕塑、校本课程等载体引导学生学习张鲜军英雄事迹。18年来持续开展“张鲜军式好少年”评比活动,每班每月评出5位,以实际行动诠释廊下小学的精神力量,营造立德树人浓厚氛围。

(此文刊登于2015年6月17日《中央未成年人思想道德建设工作简报》)

校园文化建设的“韧劲”

一所学校经得起看，是有本事的体现，也是有魅力的表现。每次到上海市金山区廊下小学，都会有新的感受，且这种印象是因为有积淀的文化元素在跳跃。

近日，笔者来到这块熟悉的校园，只见绿树更为茂盛，景观更为别致，氛围更为清新，古朴典雅，曲径通幽，风韵独特，不禁感叹道：这真是一片学习的绿洲啊，廊下百姓有福，廊下后代好运，能在这里享受到优质的教育，而学校环境就是最好的“背景”。下午放学后，笔者曾向一位系着绿领巾的小学生询问：“你在这里读书开心吗?”他起劲地点头，并环顾四周，露出了灿烂的笑容，如同校园的风光一样。

学校应当像什么？蕴藏在心中的谜底终于有了渐渐清晰的答案，而且在廊下小学找到了她的原形。记忆中，已经有好多年了，那一年到廊下小学，朱保良校长有点无奈地跟我说：“廊下小学可能要搬迁了。”我听了心中一怔：“学校是不能随意搬的呀，你看这么好的树就是文化，这是需要多少时间培育、积淀啊。”记得那一次后来写了一篇文章，意思就是学校不能随意移动地理的位置，也算是对学校发展的一种呼吁。还好，后来廊下小学没搬迁，保存了下来，不知究竟出于什么考虑，最后的结果是良性的。直到今天，笔者才更明白，朱校长及其团队的廊小情结，他们要在这里建设成沪上最有景致的校园，果然校园“五园三区、二十景”出现了，1904 年的初创校舍“斗姆阁”(现为校史馆)复建了，大师级的“何鄂雕塑馆”开馆了。不瞒你说，廊下小学是沪上少有保存这么好的校园文化的“大户人家”，一所校园简直就是一个大花园、博物馆，里面的自然、历史、文化、教育的元素是够你寻觅的。

校园不搬，是朱校长及其团队钟情教育，想的第一步，是为教育占“地盘”，而校园文化不断丰韵，则是朱校长及其团队执着教育，做的大手笔，是为教育树“品牌”。这几年，廊下小学的校园文化呈现向内容深刻化、景观美悦化、教育柔情化的方向发展,不是作秀式地点缀,也不是单纯地守护,而是有所创新,富有新意,追求品质。就像廊下小学培育的校友——舍身救人英雄张鲜军,作为校园景观,也进行了多元的开拓,院内有雕像,课堂里有教材,活动上有主题,还创作了校歌,很有看点。廊下民间舞蹈打莲相成为上海市非遗进校园的经典品牌课程,简直不敢相信该校的莲湘娃娃能走进中央电视台、上海旅游节开幕式、上海世博园。此外,拍手歌也成为校园景观和校本教材,而且拍出别样的景观:万千气象聚掌面,道义情趣出掌心,让人看了耳目一新,听了惬意无穷。

是的,校园文化的维护和发展,是一个永在路上的过程,只有起点,没有终点,关键是要有存在的"园林",这是底子,然后要有耕耘的"园丁",这是法子,只有这样才能有靓丽的"风景",这是面子。朱校长及其团队,对校园文化的建树,可用一个"韧"字来形容,且恰如其分。

(此文刊登于 2016 年 4 月 22 日《文汇报》,作者:苏军)

校史馆“以旧为荣”,好!

校史,是极为珍贵的学校财富,积淀着岁月与梦想凝成的精神力量。如今,许多学校借校庆之际,纷纷建立起校史馆,这是很有眼光和见地的。

校史馆最好建在什么地方?什么地方最容易勾起对学校的情怀?笔者以为,还是一个“旧”字。日前在上海市金山区廊下小学走访,一幢小阁楼引起了笔者的关注,原来这是该校的校史馆所在地,而选址在这里,还有着不凡的故事。清朝时期,廊下当地名人夏月舟等 12 名商民捐助建造小阁楼,最初为“文昌阁”,为本地儿童在求学前必须先礼拜祈求之处,后改称为“斗姥阁”,另称为“开智学堂”。1904 年(清光绪三十年),金山教育先驱何静渊先生在“斗姥阁”创办了“开智初等小学”,即廊下小学前身。

“校史馆要建在‘斗姥阁’,一是恢复历史原貌,记住根的位置,二是接上地气人脉,展现文化的氛围,三是提供教育素材,增加育人的元素”,尽管原始的“斗姥阁”已在 1979 年 5 月被拆掉,但校长朱保良果断决定,仍在与现在的“斗姥阁”有着地缘的校内的一个老阁楼建“校史馆”。

看来,校史馆的选址,不是简单的事情。现在不少的学校将校史馆建在专辟的专室,虽有大气但难有当年的氛围;设在大厅走廊,虽有点缀校园之美但难有历史的厚重感。显然,校史馆建在原来富有情结的旧址上,不论多么陈旧,不论多么落乡,但却有还原历史的真实感,容易触景生情。诚然,校史馆的价值,并不在于多么现代、多么时髦、多么漂亮,而在于尊重历史、回归本原、回眸往事。

同样,校史馆作为一种陈列,往往静态大于动态,但如何使校史馆“复活”起来,的确是很有讲究的。而以旧修“旧”,是校史馆的存在价值。你瞧,廊下小学的校史馆,现在的小阁楼里还留存着 1904 年前“斗姥阁”里一只红木茶几,阁楼的楼梯木板和木梁很多是原有“斗姥阁”上拆下来的。阁楼造型上也吸取了“斗姥阁”的很多元素,如柱子、檐面、翘角、观音兜、撑拱、隔扇门窗、风窗等木雕等。古色古香而又充满历史感和沧桑感的小阁楼里,浓缩了 110 年的校史。

别小看旧,它往往经过岁月积淀,蕴含着当时的历史风貌。学校坚持以旧揽"旧",是要保留历史的真实,揽下曾经的风云。据说,有一个茶几,原来一直放在学校领导办公室,置放电话机。后来很多收古董的爱好者要么出高价、要么托熟人想收购该茶几,学校始终不同意。后来当得知这个茶几是从原来"斗姥阁"里唯一传承下来的一件文物,至少已有 110 年,朱校长显得特别高兴和欣慰。现在连同从民间收购来的一对太师椅一起放在重新改建后的"斗姥阁"里,显得特别有意义、有价值,使历史元素得到"激活"。

旧与新对比,人们也许更倾向于"旧符换新桃",但在校史馆的建设上,一个"旧"倒是最需要珍重的。因为,校史馆,是一所学校记录诞生、演绎发展的"时空布局",也是学子后人视景知史、睹物思情的"触觉天地",更是师生抚今追昔、勇往直前的"能量磁场"。这样的"时空布局"以旧的遗迹为主线,这样的"触觉天地"以旧的情愫为主戏,这样的"能量磁场"以旧的励志为主力,显然,一个"旧"字,沉淀了多少岁月的精华,揽下了多少风云的经典,赋予了多少追寻的意义。

校史馆"以旧为荣",正恰如其分,它不需要粉饰,不需要做作,不需要拔高,一切以还原真实、还原历史来"怀旧"。只有这样的"旧貌""旧情""旧事",才能成为校史馆的真品、珍品、极品,才能成为对当今学子进行学校传统文化教育的最好教材。

(此文刊登于 2017 年 7 月《上海教育》,作者:苏军)

图书在版编目(CIP)数据

我与百年廊小/朱保良著.—上海:上海社会科学院出版社,2018

ISBN 978-7-5520-2326-8

Ⅰ.①我… Ⅱ.①朱… Ⅲ.①小学-校长-学校管理 Ⅳ.①G627.1

中国版本图书馆CIP数据核字(2018)第095825号

我与百年廊小

著　　者:朱保良
责任编辑:陈如江
封面设计:黄婧昉
出版发行:上海社会科学院出版社
　　　　　上海顺昌路622号　邮编200025
　　　　　电话总机021-63315900　销售热线021-53063735
　　　　　http://www.sassp.org.cn　E-mail:sassp@sass.org.cn
照　　排:南京理工出版信息技术有限公司
印　　刷:上海龙腾印务有限公司
开　　本:710×1010毫米　1/16开
印　　张:19.25
插　　页:8
字　　数:310千字
版　　次:2018年6月第1版　2018年6月第1次印刷

ISBN 978-7-5520-2326-8/G·728　　定价:78.00元